JN439950

감미로운 연말 정산

감미로운 연말 정산

초판 1쇄 인쇄 | 2021년 04월 30일
지은이 | 소현숙
펴낸이 | 이재욱(필명:이승훈)
펴낸곳 | 해드림출판사
주 소 | 서울 영등포구 경인로82길 3-4(문래동1가 39)
센터플러스빌딩 1004호(07371)
전 화 | 02-2612-5552
팩 스 | 02-2688-5568
E-mail | jlee5059@hanmail.net

등록번호 제2013-000076
등록일자 2008년 9월 29일

ISBN 979-11-5634-456-8

소현숙 수필집
감미로운
연말 정산
해드림출판사

삶의 감미로움

제가 신축생(辛丑生)인데, 2021년에 신축년이 다시 돌아왔습니다. 신축년을 새롭게 맞이하면서 지금까지 살아왔던 삶을 연말 정산하듯 돌이켜 보았습니다.

한 해가 지나가는 강물의 하구(河口)에 서서 시간의 여울머리로 거슬러 올라가는 범선 한 척 띄우고 저인망(底引網)을 던져보았습니다. 건져 올린 그물엔 조가비를 비롯하여 부끄럽게도 삶의 폐기물이 그득합니다. 눈을 크게 뜨고 잘 살펴보니 다행히 진주조개도 한 알 보였습니다. 진주의 생성과정은 삶의 고통과 눈물의 응결이었겠지만, 그 신산(辛酸)한 고통은 '빛나는 보석을 생성하는 아름다운 꿈'이었기에 정말 다행이었습니다. 진주를 품은 조개껍질에 어려 있는 삶의 문양들을 들여다보며 지금까지 살아온 시간을 되돌아보았습니다.

삶의 물결이 소용돌이치며 도도히 흘러내립니다. 여울머리의 소(沼)에서 물을 길어 물병에 담았습니다. 삶터의 일상으로 돌아와서 다기에 물을 부어 오미자차 한잔을 만들었습니다. 오미자차를 마시며 오미자에 함유된 짜고, 맵고, 시고, 쓰고, 단, 다섯 가지 맛으로 삶을 치유하는 처방전을 만들었습니다.

삶이 싱거워졌다면 짠맛으로 간을 더하고
삶이 허해졌다면 매운맛으로 활력을 찾고
삶에 지쳤다면 신맛으로 생기를 더하고
삶에 좋은 약이 된다면 쓴맛으로 치유하여
삶은 정녕 감미로움이어라.

그렇습니다. 삶은 정녕 감미로움이었습니다.

삶의 여정 중에 짠맛으로 움츠리고, 매운맛에 숨 가쁘고, 신맛으로 놀라고, 쓴맛의 오싹함이 복병처럼 도사리고 있었지만, 그 오묘한 맛의 치유력은 놀랍게도 감미로움으로 남아 이렇듯 다음 해를 향하여 항해할 무한한 힘을 선물해 줄 것입니다.

이 무한한 힘을 주시는 창조주께 감사드립니다.

신축년 봄나루(春浦)에서 소현숙 드림

목차

I

뒤란에 떠오른 새벽 별

II

선조의 고택에서

III

독서하는 여인

IV

쉐르 모나미

V

서쪽에 지친 어머니가 있으면

VI

신춘원단, 해맞이를 하며

VII

디기탈리스 꽃의 매혹으로

VIII

양처럼 어진 인형

I

뒤란에 떠오른 새벽 별

뒤란에 떠오른 새벽 별

아침 일찍 일어나신 아빠는 뒤란 꽃밭을 거닐다가 엄마를 부르셨다.

"여보, 이리 좀 와봐, 도라지꽃이 피었네."

엄마는 부엌에서 아궁이에 불을 때며 분주하게 아침을 짓다가 아빠가 부르는 소리에 뒤란으로 나가셨고, 나는 아직도 모기장 안에서 단잠에 빠져 있었다. 아빠의 목소리에 잠이 깨어 모기장 너머로 뒤란 마당을 바라보았다. 하늘색 너울 같은 모기장 너머로 아직 보랏빛 어스름이 가시지 않은 뒤란 마당의 꽃밭에 엄마와 아빠가 새벽 별처럼 피어난 꽃 한 송이를 함께 바라보고 있는 정경이 아슴푸레 보였다.

"어머, 참 예쁘기도 해라." 엄마의 목소리가 들렸다.

보랏빛 별 하나가 뒤란 장독대 옆, 작은 꽃밭에서 빛나고 있다. 아, 이 보라색 별 같은 꽃이 도라지꽃이구나, 하고 나는 아빠의 목소리를 들으며 마음속에 꽃 이름을 기억해 두었다.

그때 내가 여섯 살이었는지, 일곱 살이었는지는 잘 모르겠다. 곰곰 생각해보니 일곱 살 때인 듯도 싶다. 평생을 교직에 계시다가 정년퇴직 후 팔순을 바라보는 나의 아버지는 시골 학교에 근무하고 계셨다. 그때 내가 일곱 살이었다면 아빠는 서른여섯의 젊은 선생님이셨다. 가만있자, 엄마는 서른세 살의 젊은 새댁이셨네.

출근 전 젊은 아빠와 엄마는 이른 아침 뒤란에서 보랏빛 도라지꽃을 함께 바라보시며 그 청초한 아름다움을 함께 나누고 계셨다.

나는 예닐곱 살 때까지 부모님과 떨어져 살았다. 아버지는 부임지 학교로 전근하실 때 어린 나를 할머니 댁에 맡기고 어머니와 함께 가셨기 때문이었다. 어머니와 아버지가 간단히 살림을 꾸려서 떠나시던 날, 할머니 목소리가 지금도 생생하게 들리는 것 같다.

"방이 하나인데 얘까지 데리고 제금 나려면(분가하려면의 방언) 너무 옹색해서 안 된다. 얘는 여기 두고 가거라."

어린 나이에 '옹색'이라는 단어의 의미를 정확히 알 수는 없었지만, 왠지 좁고 답답함을 뜻하는 말이라는 것은 느낌으로 알 수 있었다. 그런 연유로 아버지의 전근 학교 부임지에 작은 초가 하나를 전세로 얻을 때까지 나는 가족들과 함께 살지 못하고 할

머니 댁에 머물렀다. 어린아이를 시부모에게 맡기고 애달파하시던 어머니는 그 작은 초가로 이사하면서 할머니 댁에서 나를 데려왔다.

그 작은 초가집은 방 두 칸과 부엌이 딸린 구조였다. 마루를 지나 안방이 있었고 안방에는 문고리가 달린 뒷문이 있었다. 정말 작은 초가였기에 대청마루가 없고 안방 뒷문을 열면 바로 뒤란 뜰이 내다보였다. 그 뒤란 뜰에는 간장, 된장, 고추장이 담겨 있는 항아리가 옹기종기 모여 있고 작은 꽃밭이 있었다. 작은 꽃밭 뒤로는 대나무 숲이 이어졌다. 바람이 부는 날이면 뒷문을 통하여 댓잎의 노래가 들려오곤 했다.

나의 유년의 꿈이 할머니 댁에서 제1막 1장을 마쳤다면 그다음 2장은 엄마 아빠와 함께 살던 작은 초가에서였다. 작은 초가살이 시절은 젊은 엄마, 아빠가 이른 아침에 함께 보며 즐기신 청초한 도라지꽃 같은 꿈 조각을 모으는 시기였다. 엄마는 장날, 장에 가서 분홍색 옷감을 끊어서 나의 원피스를 만들어 주시고 틈틈이 동요를 가르쳐 주셨다. 엄마가 만들어 주신 분홍색 원피스는 하얀 레이스 칼라가 달려 있었고 풀을 빳빳하게 먹여서 곱게 다려주셨기 때문에 정말 예뻤다. 엄마는 잠시도 쉴 틈 없이 작은 초가를 반짝반짝 윤이 나게 가꾸었다. 마루는 항상 반질반질했고 아빠의 책상은 손수 니스를 발라서 얼굴이 비칠 정도로 투명하게 빛났다. 바지랑대를 높이 올린 빨랫줄에는 맑은 물이 날 때까지 헹군 새하얀 이불깃이며 와이셔츠, 심지어 행주까지 바람에 날리며 상쾌한 노래를 부르고 있었다.

몇 년 전 어머니는 아버지를 남겨두시고 먼저 세상을 떠나셨다. 팔순을 바라보시는 아버지는 그 작은 초가에서 어머니와 함께 본 새벽 별 같은 도라지꽃을 기억하고 계실까? 어쩌면 가끔 새벽하늘의 별 하나를 바라보며 그곳에 계신 어머니를 그리워하고 계실 것이라는 생각이 든다.

산책길에 만난 청초한 도라지꽃을 보며 젊은 엄마와 아빠가 다정한 대화를 나눴던 뒤란의 새벽녘의 꽃밭을 그려보았다. 이제는 아버지도 어머니가 계신 곳으로 가셨지만, 나는 다시 그리운 예닐곱 살의 유년 시절로 돌아가 하늘색 모기장을 드리운 안방에서 단잠을 자고 엄마와 아빠는 뒤란 꽃밭에서 정담을 소곤거린다.

칠석 전야제

"내일은 견우직녀가 오작교를 건너 일 년에 단 한 번 만나는 날인 칠월 칠석입니다."

마루에 놓인 라디오에서 오후 5시 뉴스가 흘러나오고 있었다. 초저녁 무렵의 마당에는 진분홍의 분꽃이 활짝 피어있었다. 장마가 지난 후 이글이글 타오르며 조금만 움직여도 땀방울을 뚝뚝 흐르게 하는 폭염의 위세가 끝이 없을 것 같았던 여름이 다해가고 있는 때였다. 초가을에 접어드는 날씨였다. 아침저녁으론 날씨가 쌀쌀해졌고, 여름을 갈무리하려는 듯 분꽃은 까만 씨앗을 맺기 시작하고 있었다. 나는 학교에 다녀와서 숙제를 마치고 마당의 꽃밭에서 까맣게 익은 분꽃의 씨앗을 따서 돌에 찧어 가루를 낸 다음 부드럽고 매끄러운 분가루를 손등에 발라보는 놀이를 하다가 시들시들해진 꽃나무의 이파리들을 바라보며 꽃밭에 물을 주어야겠다고 생각했다.

물뿌리개에 물을 가득 부어 꽃에 물을 주며 라디오에 귀를 기울였다. 정글의 왕 모글리가 방송될 시간을 기다리고 있었다. 어제 시아칸에게 쫓기고 있었는데…… 그러다가 뉴스에서 내일이 칠월 칠석이라는 아나운서의 말에 물뿌리개를 꽃밭 앞에 던져두고 어머니가 계신 부엌으로 달려갔다.

"엄마! 낼이 칠월 칠석이래."

칠월 칠석이라는 말에 엄마는 나보다 더 놀라는 것 같았다. 엄마는 부랴부랴 장바구니를 챙겨 시장에 다녀오셨다. 시장에 다녀오신 엄마의 장바구니엔 달콤한 냄새가 나는 잘 익은 참외 대여섯 개와 백숙용 생닭이 담겨있었다. 저녁 밥상은 먹음직스러운 닭고기 백숙과 닭죽으로 콩나물과 깍두기, 두부 된장찌개만 먹던 다른 날에 비해 정말 맛있었다. 고소한 닭죽을 먹은 후 우물가로 달려가 우물에 담겨있던 참외를 두레박으로 건져 올려 먹는 맛은 시원하고 아삭아삭하고 달콤했다. 그뿐만이 아니었다. 엄마는 늦은 시간에도 팥을 삶고 찹쌀을 불려 방앗간에 가서 빻아다가 내가 좋아하는 팥 시루떡을 만들어주셨다.

"많이 먹어라, 올해는 윤달이 들어서 그만 깜빡 잊었구나, 엊그제까지 기억하고 있었는데…… 벌써 열두 살이 되었네."

엄마는 이마에 흐르는 땀을 손등으로 닦아내면서 한 손으로 내 등을 토닥거려주셨다. 엄마의 이마뿐만 아니고 엄마의 옥색 블라우스는 땀으로 흠뻑 젖어있었다. 땀 냄새와 함께 분 냄새가 기분 좋게 내 코끝을 맴돌았다.

칠월 칠석, 음력 칠월 이레를 하루 앞둔 칠월 초엿새 날은 바로 내가 세상에 태어난 날이었다. 엄마는 우리 육 남매와 시누이 시동생 등 모두 열 명이 넘는 식구를 뒷바라지하는 바쁜 일상에 딸의 생일을 잊고 계셨던 것이었다. 그날 저녁 무렵에야 라디오의 뉴스를 내게서 전해 듣고서 내 생일임을 아시고 늦게나마 조촐한 생일상을 차려주신 것이었다.

엄마는 내게 가끔 칠월 초엿새 날에 관해 이야기하곤 하셨다. 시부모를 모시고 시골에서 살던 시절, 밭에서 일하다가 산기를 느껴 집에 돌아오신 후 한두 시간 만에 낳은 아기가 바로 나였다고 하셨다. 그리고 사흘 만에 다시 밭으로 나가서 일했다고 하셨다. 아기는 신통하게(엄마는 신통하다는 표현을 하셨다) 젖만 먹여 뉘어 놓으면 칭얼거리지도 않고 잘 놀다가 잠들곤 하여 별로 업어주지도 않았다고 하셨다.

아기는 건강하게 잘 자랐고 다섯 살 무렵엔 엄마와 떨어져 살게 되었다. 부모님이 분가하시면서 할머니께 나를 맡기고 가셨기 때문이었다. 다정하고 자상하신 할머니의 사랑 속에 귀염둥이로 자랐지만, 항상 마음 한구석이 허전하다는 느낌을 들곤 했었다. 엄마는 어린 나를 떼놓고 살던 이삼 년 동안 가끔 악몽에 시달리셨다고 했다. 정체 모를 사람들이 아기를 납치해가는 꿈을 꾸다가 새벽에 놀라 잠이 깨신 적이 많았다고 하셨다. 그 꿈 이야기를 들려주시던 날은 엄마는 분꽃같이 화사하게 웃으면서도 눈물을 글썽이고 계셨다.

그 애틋해하시던 마음을 결혼 후 아이 엄마가 되어서야 비로소 느끼게 되었다. 첫 아이가 태어난 지 백일쯤 되었을 무렵 아기를 방에 재워 놓고 다른 방에서 책을 읽으면서, 아기와 멀리 떨어져 있는 느낌에 독서에 몰입하지 못하고 아기방에 수없이 들락거렸다. 건넌방에서 아기가 새근새근 잘 자고 있음에도 눈으로 확인할 수 있는 가시 공간이 아니라는 상황에서 그토록 애틋한 마음이 생기는데, 수년 동안 아이를 떼어놓는 어머니의 심정은 어떠셨을까 생각하니 가슴이 응어리지면서 아팠다. 나는 한(恨)이라는 말을 이해하지 못했었다. 어떤 애틋함이 한일까? 어떤 슬픔이 한일까 하고 진정 가슴으로 느껴보지 못한 우리말의 어휘가 한(恨)이었다. 그런데 어머니가 돌아가시고 난 후 한이라는 어휘가 비로소 절절하게 가슴에 다가왔다. 한은 가없는 그리움이었다. 보고 싶어도 만날 수 없는 안타까움이었다. 곁에 계시면, 살아 계신다면 어머니의 다정한 벗이 되어 모녀간의 정을 살갑게 나눌 수 있을 텐데…… 여인의 생애를 가슴 깊이 공감하며 분꽃처럼 화사했던 어머니의 미소를 싱그럽게 가꾸어드렸을 텐데.

올 칠석날도 그해 칠월 초이렛날처럼 초가을 분위기가 감돌고 있다. 올 오월에 윤달이 들었기에, 입추도 지나고 처서도 사흘이나 넘긴 날에 맞이하기에 그랬다. 칠석날 저녁, 밤하늘을 바라보러 공원에 나갔다. 하늘에는 은하수가 흐르고 있었다. 나는 마음 깊이 간직해두었던 그리움의 실타래를 꺼내어 은하수의 여울, 그 커다란 수틀에 한 땀 한 땀 오작(烏鵲)의 징검다리를 수놓기 시작했다. 가없는 그리움에 애틋한 마음이 까맣게 졸아들고 졸아들어 수놓아진 오작의 징검다리였다. 징검다리가 하나

둘 완성되고, 어머니는 드디어 은하수 저 건너편에서 분꽃 같은 미소로 다가오고 계셨다. 어머니의 미소는 칠석 전야제의 하늘에서 밤을 지새우고 아침 햇살이 비추기 전 새벽녘까지 흐르는 기쁘고도 슬픈 눈물이었다.

지와물떡 이야기

친정어머니의 택호는 지하물댁이었다. 외가의 마을이 진봉면 상궐리이니 어머니의 택호가 상궐댁일 것 같은데 지하물댁으로 호칭하는 이유가 늘 궁금했다. 나는 지하물의 어원을 찾아보아야겠다고 마음먹고 진봉면사무소에 문의했다. 민원 담당 직원에게 지하물이라는 어원이 궁금하다는 질문을 하니 잘 모르겠다고 하며 친절하게 상궐리 이장님 연락처를 일러준다. 전화를 받는 젊은 목소리의 이장님은 지하물의 어원을 묻는 내게 '서해에 인접한 만경강 하류 지역인 진봉면 일대는 원래 육지가 아니고 갯벌을 매립한 간척지이기에 땅을 조금만 파면 물이 배어 나왔다. 그렇게 지하에서 물이 흔하게 나오는 지역이기에 지하물이라고 불렀을 것'이라는 의견을 제시해 주었다. 나는 고개를 끄덕이며 듣다가 한편으로는 고개를 갸웃거렸다. 지하물은 지하

(地下)라는 한자가 아니고 순우리말일 것이라는 생각과 어머니나 이모님들이 하셨던 발음이 '지하물'이 아니고 '지와물'이었던 것이 뇌리를 스쳐 지나갔다.

정보의 바다인 인터넷 웹 사이트에서 밤새 검색을 하여 마침내 어머니의 고향 옛 이름을 찾아냈다. 진봉면 상궐리의 옛 지명이 와촌리(瓦村里)이고 우리말로 기와말 또는 기왓말이라고 불렀다는 자료를 찾은 것이었다. 만경강 하류의 광활한 평야 곡창지대에 우뚝우뚝 솟은 기와집이 돋보이는 마을이라는 의미로 와촌리라고 명명되었고 와촌리의 우리말인 '기와마을'을 줄여서 '기왓말'로 발음했다고 하는 기록이다. 기와의 구개음화(口蓋音化)된 사투리가 '지와'이니 기왓말은 지왓말로 발음되었을 것이다. 기와를 지와라고 발음했던 것은 기름을 사투리로 지름이라 부르는 경우와 같을 것이다. 한편, 갈대숲이 우거져 마치 비무장지대처럼 사람들의 왕래가 거의 없었던 만경강을 경계로 만경강 이남에서는 'ㅏ' 발음을 'ㅗ'로 발음했다. 팔뚝을 폴뚝으로, 팥죽을 퐅죽으로 발음한다. 그러한 연유로 지왓말은 지왓몰로 발음되다가 다시 음운 변화되어 지와물로 구전(口傳)되었다.

'징게 맹경 외애밋들'이라 불리는 광활한 금만평야에 고래 등처럼 우뚝 솟은 기와마을이 기왓말-지왓말-지왓몰-지와물로 구전된 마을, 그곳에서 태어나 출가한 어머니는 지와물떡으로 호칭되신 것이었다. 어머니의 고향 이름의 어원을 찾은 기쁨을 심산유곡에서 수백 년 묵은 산삼을 찾아낸 심마니의 마음에 비할까? 지와물의 어원을 알게 된 후 어머니가 태어나고 성장하셨던 나의 외가 마을의 당시 모습을 상상해 볼 수 있었다. 서해에서 유영하던 고래가 뭍으로 올라와 쉬고 있는 듯한 형상의 고래등 같은 기와집이 많은 지와물은 심포항을 지척에 두고 있다. 지금은 새만금 방조제 공사로 심포항의 명성이 사라졌지만, 어머니가 살던 그 시절에는 생선장수들이 이른 아침 서해에서 갓 잡은 싱싱한 생선을 심포항에서 받아서 지게에 지고 마을을 돌아다니며 팔았다고 했다. 특히 심포 갯벌의 백합은 임금님께 진상되어 수랏상에 오를 정도로 명성이 높았다고 전해진다. 외갓집에서는 물 때(조석간만潮汐干滿)에 맞추어 들어오는 황새기(황석어, 조기의 일종), 뻘떡 뻘떡 집게발을 놀리는 뻘떡기(꽃게), 큰 새옹개(대하), 생합(백합 조개), 죽합(껍질이 대나무처럼 생긴 조개), 꼬록(꼴뚜기), 쭈깨미(주꾸미) 등을 싱싱한 횟감으로 상에 올리고 꽃게무침, 꽃게찜, 대하찜, 죽합전, 생합죽 등 다양한 생선요리와 젓갈이 밥상에 빠지지 않았다고 했다. 막내딸이었던 어머니는, 음식 손맛 좋기로 근동에서 손꼽는 외숙모나 이모가 만들어주는 생선요리를 자주 드셨다고 말씀하시곤 했다.

어머니는 스물네 살 때, 지와물을 떠나 익산천 동쪽의 학못(鶴淵)으로 출가하셨다. 할아버지 댁 앞 냇깔(시냇가)에서는 쉬리, 버들치, 모래무지 등 민물고기가 지천으로 잡혔다. 민물고기는 채반에 널어 말려두었다가 생선이 귀한 농촌에서 찬거리로 요긴하게 이용되었다. 교통수단이 발달하지 않았던 그 시절, 농촌에서는 제삿날이나 명절이 되어야 홍어나 조기, 서대 등의 생선을 맛볼 수 있었겠다. 장날에 사 온 간고등어와 간갈치를 구워 시부모님의 상에 올리고, 말린 민물고기 한 줌에 무와 시래기를 넣고 고추장을 풀어 지져 먹는 것이 생선 반찬의 전부였다고 했다. 어머니는 나를 수태하면서 심한 입덧에 시달려 음식을 거의 드시지 못했다고 하셨다. 음식 냄새만 맡아도 구토하는 입덧을 심하게 겪으면서, 지와물에서 먹었던 음식들, 특히 싱싱한 뻘떡기 무젓(꽃게 무침)과 생합죽(백합죽)이 간절하셨다고 했다. 어머니는 찬물에 밥을 말아서 황새기젓(황석어 젓)을 반찬으로 드시며 겨우 입맛을 찾아 입덧을 이겨내셨다. 임산부들은 친정어머니가 만들어 준 고향의 음식으로 입덧을 가라앉히는데, 태어나 성장하면서 섭취했던 음식의 맛이 미뢰(味蕾)에 새겨져 입맛 유전자의 인식 부호처럼 작용하기에 그러하리라. 태어나서 자란 그 고장의 음식이 체질을 형성하는 신토불이(身土不二)의 이치처럼 자연스러운 현상이리라.

오랜만에 앨범을 뒤적이며 젊은 어머니의 모습을 찾다가 빛바랜 사진 한 장에 눈길이 한참 머물렀다. 아마 오십여 년이 넘은 사진인 듯하다. 명함보다 더 작은 크기의 사진을 해상도가 높은 카메라로 재촬영하여 확대해보았다. 세 살배기 아기인 나를 안고 외갓집 마루에 앉아 환하게 웃고 계시는 어머니의 모습이 정말 아름다우시다. 친정에 나들이하시려고 미용실에라도 다녀오셨는지 고데(머리 인두)를 하여 앞머리를 높이 빗어 올린 1960년대 서른 살 새댁의 모습은 단아하면서 세련된 아름다움이 빛나고 있었다. 그 사진엔 나와 어머니 외에 여덟 명의 등장인물이 더 존재했다. 외할머니와 외숙모, 큰이모, 둘째이모, 셋째이모가 대청마루에서 마주 보며 함박웃음을 짓고 있다. 또한, 섬돌 아래 토방에서는 외삼촌과 이모부 그리고 아버지가 화분대에 놓여있는 꽃들을 바라보며 담소를 나누고 계시는 모습이 매우 정겨운 한 장면이다. 지와물에서 학못으로 시집간 새댁이 수태하여 입덧을 이겨내고 드디어 아기 엄마가 되어 지아비와 함께 친정 나들이를 한 장면이 사진에 그려져 있었다.

시원한 갯바람이 사방에서 불어 드는 지와물에 돌아온 그 날 저녁, 어머니는 정지(부엌)에 들어가서 올케성(손위 올케, 올케 형님)을 도와 생합미역국(백합조개 미역국)을 끓이고 갑오징어와 쭈깨미(주꾸미)를 디치고(데치고) 번철에 들지름(들기름)을 듬뿍 둘러 죽합전을 부쳤을 것이다. 이윽고 한상 가득히 차려 외할머니와 온 가족들이 둘러앉아 맛있게 드시는 것을 보면서, 아기에게는 생합죽(백합조개살을 다져 끓인 죽)을 후후 불어 떠 멕이셨을 까? 그리고 당신은 올케성이 가진양님(갖은양념)으로 무쳐 놓은 뻘떡기 무젓을 맛보며 혀와 입술, 오장에 스며드는 고향의 게미(감칠맛)에 행복하셨을 것이다.

외가 마을의 어원 '지와물'을 찾으며 나의 어머니 '지와물떡'을 회상해보았다. 사투리는 문자로 기록되지 않고 그 지역만의 독특한 음운변화의 과정을 거쳐 구술(口述)로 전래되어 왔기에 그 어원을 찾기가 참 어려웠다. 비표준 발음인 사투리는 다분히 지역적인 특색을 띠게 되므로 방언(方言)이라고 부른다. 따라서 방언은 개성을 가진 발성(發聲) 유전자 부호가 내장된 음운이라 할 수 있겠다는 생각이 든다. 사람이 태어나기 전 어머니의 뱃속에서부터 듣고 배운 어머니의 발성 유전자 부호가 내장된 '탯말'이라고 부르는 방언은 그 지역의 역사와 문화, 전통, 관습 등이 고스란히 녹아있다고 볼 수 있겠다. 하여 사투리를 발음해 보면 고향과 어머니의 정서가 느껴지고 어머니의 소리맵시가 들려온다. 어머니는 돌아가신 지 오래이지만, 어머니의 고운 음성이 들리고 어머니의 분 냄새가 코끝을 간지럽히고 어머니의 소리가 이명처럼 귓가에 맴돈다. 정지에서 뽀독뽀독 소리 나도록 깨까시 기명을 쳐서 살강 위에 조심스레 올려놓고, 비눗물에 행주를 폭폭 쌂어서, 말강물이 똑똑 떨어질 때까지 헹겨서 간질대로 괴어놓은 빨랫줄에 널고 계시는 지와물 새댁의 박꽃처럼 청초한 미소가 선연하다. 나는 유년의 아이로 돌아가, 지와물 새댁이 빨랫줄에 널어놓은 새하얀 홑이불 자락 사이에서 숨바꼭질하며 그리움 한 자락을 찾아 헤매고 있다.

교두각시가 들려주는 이야기

젊은 어머니는 이불 홑청을 만들 커다란 천을 안방 윗목에서부터 아랫목까지 펼친 후 반으로 접었다. 일곱 살의 나에게는 아랫목으로 내려가 반으로 접은 천의 끝을 꽉 붙잡고 있으라고 이르고 어머니는 저만치 윗목에서부터 커다란 재단가위로 날렵하게 천을 자르면서 아랫목으로 점점 다가오셨다. 마침내 천의 말미가 잘릴 무렵, 나는 어머니가 실수로 내 손가락까지 자를까봐 겁에 질려 눈을 동그랗게 뜨고 안절부절 손을 떨었다. 그러나 어머니는 익숙한 가위 놀림으로 내가 잡은 손끝까지 가위질하면서 천을 정확히 이등분으로 잘라내셨고, 가윗날은 달리기의 결승점인 천의 말미를 벗어나 공중을 향하여 완주의 만세를 부르며, 경주의 피날레를 장식했다. 일곱 살배기 나의 눈에 어머니의 가위 놀림은 싹둑싹둑 가위질이 아닌, 쓰윽 쓱싹 가위 타기

달인의 손처럼 보였다.

내가 결혼할 때, 어머니는 혼수품의 하나로 예쁜 레이스로 장식된 네모난 반짇고리 속에 바늘, 실, 골무를 비롯하여 재단 가위까지 챙겨 넣어주셨다. 그런데 나는 그 가위를 사용할 기회가 거의 없었다. 옛날의 어머니처럼 할아버지 할머니의 저고리, 바지, 두루마기 등을 만들려고 공단이나 옥양목을 마름질할 일도 없었고, 이불 홑청이나 아기의 누비이불을 만들 일도 거의 없었기 때문이었다. 내가 결혼 후, 해본 바느질이라고는 나의 블라우스나 남편의 와이셔츠 단추가 떨어져서 단추를 달고 난 후 실을 자르는 정도였다. 그것도 색색의 실과 바늘, 그리고 작은 쪽가위가 들어있는 플라스틱 재질의 작은 반짇고리가 따로 있어서 어머니가 주신 재단가위가 들어있는 그 반짇고리를 열어볼 일이 거의 없었다.

며칠 전 모처럼 장롱을 정리하다가 장롱 속에서 아주 오래오래 깊은 잠을 자고 있던 그 반짇고리를 발견했다. 반짇고리를 열어보니 잊고 있던 커다란 재단가위가 들어있었다. 그 가위는 잠자는 숲속의 공주처럼 누워있었다. 긴 세월이 만든 검붉은 녹을 금침 삼아 잠들어있었던 나의 교두각시, 어머니의 분신인 듯했다. 나는 그 가위를 보는 순간 어머니를 만난 듯 마음이 설렜고 반가운 마음을 금할 길이 없었다. 잠자는 교두각시를 일으켜 검

붉은 녹을 사포로 말끔하게 닦아 벗겨냈다.

녹슨 옷을 벗고 반짝반짝 빛나는 교두각시는 몸의 가운데 부분에 잠자리 모양의 문신을 하고 있었다. 우리나라 해방 직후 전북 군산의 동양기업에서 제작한 잠자리표 재단가위였다. 지금은 군산에서 충남 장항으로 공장을 이전하여 미국을 비롯하여 중국, 이태리 등 전 세계 재단가위 시장의 절반을 점유하며 수출하고 있다고 한다. 기업의 전통이 무려 70여 년이나 되었고 재단가위 하나에만 오롯이 정진하여 세계적으로 명성을 떨치고 있다.

교두각시를 손에 들고 헝겊과 종이를 잘라보았다. 지금까지 즐겨 사용했던 쪽가위나 여타 가위에 비할 수 없이 묵직하면서도 경쾌하게 쓱싹쓱싹 소리를 내면서 헝겊을 자르고 종이를 잘

라냈다. 나는 교두각시를 기름걸레로 잘 닦아서 반짇고리에 다시 넣어두었다.

반짇고리에 깨끗한 몸으로 편하게 누운 교두각시는 나에게 나직한 음성으로 이야기를 들려주기 시작했다.

나는 태초부터 이 세상에 태어난 생명을
독립시켜 주는 역할을 하고 있었어.
어미와 연결된 탯줄을 자르는 도구로 사용되었지.
고구려 고분 벽화에도 전설상의 제왕인 여와가
손에 가위를 들고 있단다.
나의 결단으로 말미암아
한 생명이 스스로 호흡할 수 있게 된 것이지.

독립된 생명체인 나의 딸이여!
잘 들어보렴,

나의 본명은 맞물린 칼, 교도(交刀)란다.
하여 살아가면서 나를 잘 다루어서 도(道)와 예(禮)가 아니면
가차 없이 잘라낼 수 있는
칼의 노래를 부를 수 있어야 해.

하지만 자비(慈悲)와 인(仁)과 박애(博愛)로
여유를 남겨할 할 부분은 심사숙고하여
조심조심 잘라서 삶의 마름질을 잘하기를 당부하고 싶어.

덧붙여 나의 상징인 가위표도 요긴하게 사용할 수 있으면 좋겠단다.
정의가 아닌 곳에는 나의 상징 가위표 스티커를 부적으로 붙여야 하고
가족이나 이웃, 자신이 혹여 잘못된 길에 접어들려고 하면
두 팔로 가위표를 만들어 그대의 온몸으로 알려야 한단다.

나는 교두각시가 들려주는 이야기를 들으며 새삼스럽게 가위질 연습을 처음부터 다시 해야겠다고 생각하며 반짇고리에서 교두각시를 꺼내어 찰칵찰칵, 사각사각 가위소리를 내본다. 일곱 살 아이로 돌아가, 천을 마름질하면서 가위를 자유자재로 놀리는 어머니의 손길을 떠올리며 눈을 크게 떠보았다.

*교두각시(交頭閣氏 : 가위)

어머니의 목걸이와 붉은 고추

태양이 이글거리는 오후, 텃밭에 들어서니 어느새 고추가 익어 붉디붉은 선홍빛으로 강렬하게 눈길을 끈다. 지난 오월에 심어놓은 고추 모종에 하얀 꽃이 앙증맞게 피어나고 그 하얀 꽃잎에서 노란 나비가 춤추는가 했더니 며칠 후 꽃잎을 목걸이처럼 두른 초록빛 고추가 맺혀 하루하루 자라고 있었다. 한입 베어 무는 순간 매콤한 맛이 폐부에 스며들어 가슴속이 뚫리는 청량감을 주는 매운맛 고추와 또 한입 베어 물때 아삭아삭한 오이맛이 도는 오이고추를 여름 식탁에 올리며 갓 따낸 신선한 풋고추의 맛에 한참 빠져있었다. 한방에서는 매운맛, 즉 신미(辛味)는 폐(肺)에 귀경(歸經)하여 발산시켜주는 역할을 한다고 말한다. 매운맛의 발산 작용이 시원한 청량감을 주는 것이다.

흘러내리는 땀방울로 이열치열 하며 문득 그 여름날의 툇마루에 앉아 계셨던 어머니를 그려본다. 한낮에 장에 다녀온 어머니는 고춧가루가 담겨있는 봉지가 든 장바구니를 마루에 풀어놓으며 한숨 섞인 말씀을 하신다. 그러나 그 한숨엔 알듯 모를 듯 뿌듯한 미소가 서려 있었다.

"고춧가루가 금값이네……"

친정아버지의 봉급만으로 육 남매와 또한 시누이, 시동생들의 뒷바라지를 하며 살림을 꾸려가던 어머니는 이른 새벽부터 밤늦게까지 종종걸음으로 바빴다. 아침 일찍 열 개가 넘는 도시락을 준비하여 육 남매를 학교에 보내고 산더미처럼 쌓인 빨래를 하고 오후가 되면 장바구니를 들고 매일 시장에 다녀오셨다. 아버지의 봉급날은 아직 다가오지 않았고 생활비는 거의 바닥난 그날도 어머니는 장바구니를 들고 시장으로 향했다. 장에서 돌아온 어머니는 당신의 목에 걸린 금목걸이를 풀어 고춧가루 열 근으로 바꾸어 장바구니에 담아왔다. 어머니는 붉은 고춧물이 배인 맨손으로 열무김치를 버무리며 곁에 있던 내게 간을 보라고 김치 한줄기를 입에 넣어주었다. 미처 김치를 맛보기 전에 재채기가 일어났다. 그날 이후 금값 같은 고춧가루는 나의 뇌리에 깊이깊이 각인되어 맵싸한 고춧가루를 생각하면 심한 재채기가 일어나곤 하였다.

땀에 흠뻑 젖고 모기떼에 물리는 것도 아랑곳하지 않고 텃밭에 들어가 붉은 고추를 땄다. 잘 익은 고추의 선홍빛은 이글거리는 태양빛을 모조리 흡수한 듯 붉게 타오르고 있었다.

이렇고 곱고 뜨거운 색이 또 있을까? 이 붉은색은 절세가인이 입은 녹의홍상(綠衣紅裳)의 그 고운 다홍치마의 빛이다. 아니다. 심장의 박동에 맞추어 혈맥을 따라 돌고 있는 혈액의 뜨거운 빛이다. 피조물의 미숙과 허물을 온전한 사랑으로 감싸 안은 절대자의 보혈 빛이다. 어머니는 새색시의 고운 다홍치마와도 같고, 뜨거운 피와도 같고, 절대자의 보혈(寶血)과도 같은 붉은 고춧가루를 금목걸이와 바꾸어 장만해오셨기에 뿌듯한 미소를 지으셨을 것이다. 가족들이 어머니가 만든 음식을 먹고 피와 살을 더해가고 절대자인 대자연의 은총과 사랑을 깨달아 닮아간다면 신심(信心) 깊은 어머니에게 이보다 더한 기쁨과 보람이 있으랴?

바구니 가득 고추를 따서 집에 돌아왔다. 손발은 물론 얼굴까지 텃밭에서 모기떼에게 헌혈한 자국으로 벌겋게 부풀어 올라 가려웠지만, 찬물로 세안을 하고 식탁을 차리기 시작했다. 붉은 고추를 도마 위에 올려놓고 어슷어슷 썰었다. 신감(辛甘)한 방향(芳香)이 후각을 자극한다. 나는 칼질을 잠시 멈추고 향기요법(香氣療法)이라도 하는 양, 고추 한 조각을 집어 들고 매운듯하면서도 단맛이 감도는 그 향을 흡입했다. 이제 재채기는 일지 않는다. 그 아로마(aroma) 향으로 심호흡하며 다시 칼질한다. 어슷하게 썬 붉은 고추 세 조각을 투명한 얼음을 띄운 오이냉국 위에 꾸미로 얹었다. 생선찌개가 끓고 있는 냄비를 열어 찌개 위에도 얹고, 노르스름한 감자볶음에도 화룡점정(畵龍點睛)의 고명으로 얹었다. 식탁이 갑자기 붉은 꽃잎으로 만발했다. 아, 어머니가 오셔서 이 붉은 꽃잎이 만발한 식탁에 앉으신다면 얼마나 좋을까? 나는 어머니를 향기로운 화원에라도 모신 양, 어머니와 같은 그 뿌듯한 미소를 띠고 설렘에 잠겼다.

나머지 고추는 햇볕에 말려 태양초 고춧가루를 만들어야겠다. 고춧가루를 찹쌀풀을 넣은 액젓에 풀어 갖은양념을 하여 고구마순도 버무리고 고추소박이도 담가 식탁에 올려 그리운 어머니의 맛을 음미해야겠다. 그 맛은 어머니의 목걸이가 금싸라기처럼 풀려 입안이 깔깔해지고 아릿해져 가슴에 얹히겠지만 어머니의 깊은 감칠맛으로 다가올 것이다. 식탁에 앉아 이것저것 다 제쳐두고 풋고추 하나를 집어 덥석 베어 물었다. 입안에는 한여름의 낮빛 같은 어머니의 미소가 대지 위에서 마냥 뜨겁게 훅훅 달아올랐다. 콧등에 땀이 송골송골 맺히며 눈물이 흐르고 그 속에 어머니의 실루엣이 비친다. 친정어머니는 내 가슴에 그림자로 들어오시고 식탁에는 틀니를 낀 시모님이 김치를 오물거리고 계셨다. 연로하여 나날이 유아(幼兒)가 되어가는 시모님은 섬유소가 함유된 음식은 저작(咀嚼)하지 않고 입속에서 몇 번 오물거리다가 살짝 뱉어내곤 한다. 그런데 시모님은 붉은 고추를 다져서 버무린 고구마순은 연신 젓가락질을 하여 거의 한 접시를 비워내고 있었다. 시모님도 한여름이 농축된 매운맛으로 이열치열 하여 원기를 불러들이는 듯싶었다. 재래시장에 가서 고구마 순을 더 준비하여 겉절이를 만들어야겠다고 생각한다.

채반에 붉은 고추를 널어 볕에 말린다. 태양 빛을 온몸으로 흡수하여 붉게 익은 고추는 또다시 햇볕으로 담금질하듯 검붉은 빛을 띠며 바스락바스락 말라 간다. 양(陽)에 양(陽), 따뜻함에 따뜻함을 더하여 갈무리하여 따뜻한 기운이 절실해지는 설기에 요긴하게 사용해야겠다. 붉은 고추를 매만지던 손가락에 고춧물이 배어 손이 아릿하지만, 어느새 아릿함은 모세혈관을 자극하여 전신 혈맥을 순환시킨 듯 후끈후끈 기분 좋게 온몸의 근육이 풀려온다. 잘 마른 고추 한 개를 집어 들어 고추씨의 잘랑거리는 음률을 들어본다. 고추를 가위로 잘라 금싸라기를 털어낸다. 나는 금싸라기를 한 알 한 알 손끝으로 모아 목걸이를 만든다. 화사하게 웃고 계시는 어머니 목에서 금빛 목걸이가 빛나고 있다.

어머니의 그리운 옛날의 이야기

친정어머니는 칠순의 연세에 돌아가셨다. 휴일 오후, 불현듯 그리워지는 어머니 생각에 어머니 산소를 찾았다. 어머니를 만나 뵈러 가는 길은 지척이다. 석양 무렵 산소에 들어서는 길목은 벚꽃이 지고 난 후 피어난 잎들이 짙은 초록의 아치를 이루며 고즈넉한 분위기를 자아내고 있었다. 벚나무 터널을 벗어나 가까이 보이는 양지바른 언덕 아래 어머니는 잠들고 계시다.

조선 후기 주자학의 대가인 우암 송시열의 후손임을 항상 긍지로 여기며 대쪽 같은 의지로 사셨던 나의 어머니는 광활한 금만경 평야지대 김제에서 일제 침략 강점기인 1935년 1남 4녀 중 막내로 태어나셨다. 그런데 외조부께서 일찍 타계하시는 바람에 막내인 어머니는 고등교육의 혜택에서 뒤처지셨다. 어머니는 당시 국민학교를 졸업하고 여중에 합격했는데 가정의 실권을 쥐고 있었던 큰 며느리인 외숙모가 진학을 시키지 않았다. 외숙모에게는 어머니와 동갑내기의 딸이 있었는데 외숙모는 당신의 딸만 여중에 진학을 시키고 어머니는 집에서 살림만 거들게 했다 한다. 당시 어려운 가정 형편도 아니고 부농의 막내딸이었지만 마치 불우한 신데렐라나 콩쥐처럼 어머니는 무관심의 대상으로 소외되었던 것이었다.

어머니는 사춘기 소녀 시절, 향학에 대한 목마름과 외로움을 방대한 분량의 독서로 해갈했다고 말씀하시곤 했다. 아궁이 앞에서 불을 지피며 책을 읽었고, 들에 나가 나물을 뜯으며, 냇가에서 빨래하며, 읽었던 책의 내용을 다시 묵상하곤 했다 한다. 어쩌면 미미하게나마 가지고 있는 나의 지적 호기심과 독서열도 이러한 어머니의 영향을 받았는지 모를 일이다. 대학에서 영문학까지 전공하신 아버지와 대화 수준이 잘 통했다고 하니, 이머니의 독서열을 가히 짐작할 수 있겠다.

1960년대 후반, 내가 대여섯 살 무렵, 아버지가 시골 초등학교 선생님이셨던 당시, 부임지의 한 시골집에서 한 가족이 방 한 칸, 한 이불 속에서 살던 시절이었다. 새벽녘이면 젊은 어머니와 젊은 아버지의 정다운 대화가 이불속에서 소곤소곤 들려왔다. 어떤 때는 내가 알아듣지 못하는 일본어로 대화로 하고, 또 어느 날은 역사 소설 속의 주인공 이야기를 두 분이 나누고 계셨다. 비록 여섯 살배기였지만 또한 책 읽기를 좋아했던 나는 두 분의 이야기가 생생하게 귀에 들려왔다.

해골 물을 달게 마신 원효대사 이야기, 삼국을 통일한 김유신 장군 이야기, 석굴암을 창건한 김대성 이야기, 나는 부모님의 대화를 이불속에서 들으며 삼국사기를 배웠고, 삼국유사를 배웠다. 또한, 이야기는 조선왕조실록까지 이어지고, 유관순 열사, 백범 김구 선생, 해공 신익희 선생 이야기, 대한민국의 독립 역사까지 연일 이어졌다.

어느 날이었다. 아버지의 학교 수업에서 음악 시간이 있는 날이었나 보다. 역시 새벽녘에 두 분은 이불 속에서 아버지의 음악 수업 시연을 하고 계셨다. 음악으로는 다소 열세이셨던 아버지께서 어머니의 개인 교수를 받고 계셨던 것이었다. 음악 교과서에 나오는 동요 리듬을 어머니는 청아한 가락으로 불러주셨고 아버지는 그 리듬을 따라 부르셨다.

꽃놀이 달놀이 봄놀이, 봄놀이 물놀이 산놀이
엄마 아빠 손목을 잡고 들이나 산으로 놀러 가자

꽃노래 달노래 봄노래, 봄노래 새노래 내노래
목청 높여 노래를 하며 들이나 산에서 놀다 오자

지금도 가끔 그날 그 새벽녘 이불속에서 들었던 동요가 어머니를 생각할 때면 아련히 들려와서 어머니를 회상하는 나를 유년의 포근한 행복으로 데려다준다.

나는 어머니의 묘소를 한 바퀴 돌아보았다. 잠시 눈을 감고 어머니의 화사하면서도 조용한 미소를 떠올리며 어머니와 대화를 했다.

어머니! 저는 지금 어머니께서 누워 계시는 동산에 서 있답니다. 보랏빛 제비꽃이 어머니가 계시는 동산을 수놓고 있어요. 어머니 보이시죠? 어머니께서 좋아하시던 꽃들이 지천으로 피어났어요. 어머니의 삶처럼 힘든 겨울을 넘기고 피어난 인동과의 나무들이 활짝 피어나 향기를 뿜어내고 있어요. 어머니의 딸은 어머니의 소녀 시절, 어머니께서 가졌던 열정과 꿈을 이어받아 그렇게 살고자 한답니다.

어머니! 그리운 옛날의 그 새벽녘의 이야기를 다시 한번 들려주세요!

아버지의 등나무 교실

교직에서 정년퇴직한 아버지는 교단을 떠나온 지가 10여 년이 지났는데도 여전히 교재를 준비하여 수업 준비를 하신다. 동네 놀이터의 등나무 그늘 벤치가 아버지의 교실이다. 건강을 지키는 10훈에서부터 시작하여 생활에 도움이 되는 문구들을 스크랩하여 교재로 사용한다. 요즘은 불가의 108 참회문을 놀이터에 모인 친구분들에게 강의하시는 듯싶다. 지난 어느 여름날이었다. 볼펜으로 꾹꾹 눌러 당신의 자필로 쓴 108 참회문 원문을 들고 나의 일터에 찾아오셨다. 그것을 타이핑하여 20여 부를 복사해달라고 하셨다. 나는 바쁜 업무 중에 그 작업을 신속히 진행할 수 없었다. 그래서 조금씩 시간을 내어 타이핑을 하다가 미처 마치지 못한 상태에서 아버지에게 원본을 되돌려드렸다. 원본을 들고나간 그 날 오후 아버지는 나의 일터에 다시 들르셨다. 아버지는 108 참회문을 인쇄소에서 유인물로 만들어 온 것이었다. 그중 한 부를 나에게 전해주셨다. 상기된 얼굴로 땀 흘리는 아버지를 바라보며 나는 잠시 쉬어가시기를 권유했다. 그러나 아버지는 나의 인사를 만류하며 작열하는 한여름의 햇빛 속으로 바삐 걸어 나가셨다. 등나무 그늘 교실의 수업이 바쁘셨나 보다.

겉장에 내 이름이 쓰여 있는 그 유인물은 복사기의 열기가 아직 식지 않았는지, 혹은 한여름의 열기를 담아왔는지 따끈따끈하였다. 어쩌면 그 열기는 나에게 그것을 전해주고자 급히 달려온 아버지의 체온이었는지도 모르겠다.

삼라만상의 모든 생명을 지극히 내 안에 모시고 생명과 평화를 위해 108배를 올리며 자신을 되돌아보게 하는 108 참회문은 종교의 교리를 떠나 누구든지 마음에 담아두고 실천하면 좋을 내용이었다. 생명은 영혼의 율동임을 깨달으며, 또한 생명은 사랑과 그리움의 대상임을 알고 느끼며 진리 앞에 순명하는 절을 올리라 하였다.

그런데 아버지는 특히 반야지혜에 대하여 주석을 달고 설명해놓으셨다. 인쇄 과정에서 반야지혜를 반여지혜로 오기(誤記)된 것을 발견한 아버지는 자필로 교정을 한 후, 반야지혜를 '진리를 깨달은 최상의 지혜'라고 풀이해놓으셨다. 나는 그것을 읽으며 반야지혜라는 단어를 화두로 가슴에 담아두었다.

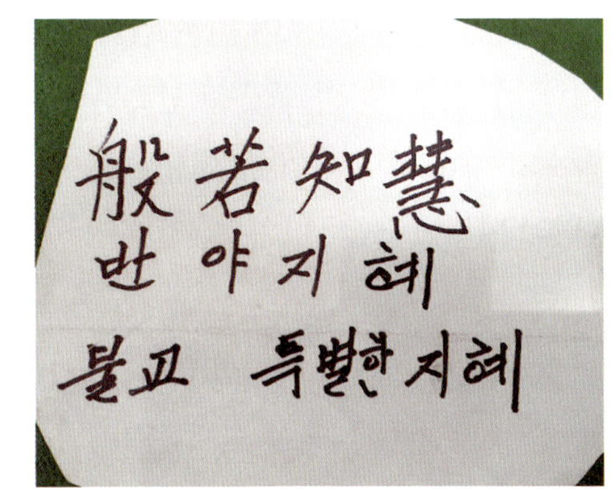

이후에도 아버지는 나의 일터에 찾아와 한 번에 10여 부씩 108 참회문 복사를 부탁하시곤 했다. 등나무 교실 수강생이 더 늘어난 것일까? 하고 생각하며 틈나는 대로 복사본을 만들어 서류봉투에 담아드렸다.

그러고 보니 아버지의 수업 교구를 만들어 드린 것이 이번 처음만은 아닌 듯싶다. 아마 내가 대학교 1학년 때였던 것 같다. 아버지는 내게 교구 제작을 가끔 부탁하시곤 했다. 학교 영어 수업에 필요한 단어카드를 굵은 매직펜으로 켄트지에 한 단어씩 쓴 다음 자를 대고 잘라서 만들었으며 A와 B가 등장하는 애니메이션 형태의 인물 그림도 켄트지 전지에 그렸다.

남학생과 여학생이 등장하는 인물 그림은 영어 대화 연습하는 자료로 사용되었다. 내가 만들어 드린 수업 교구를 보면서 만족스러운 표정을 지으시던 아버지의 모습이 해바라기의 함박웃음으로 떠 오른다.

훌륭하게 만들어진 교구라고 아버지에게 칭찬을 들었지만, 사실 교구 제작을 아버지의 어깨너머로 배운 것을 당신은 모르실 것이다. 내가 예닐곱 살 때 아버지는 초등학교 교사로 근무했다. 퇴근 후 아버지는 저녁 식사를 마치고 소반에 도화지를 한 장 펼쳐 놓고 '기역, 니은과 아야 어여' 등의 한글 자모음을 30센티미터 자를 대고 그린 다음 예리한 면도칼로 오렸다. 아마 그것은 아버지의 학교 수업시간에 학생들의 한글 공부 교구로 사용되었을 것이다. 예닐곱 살의 나는 저녁을 먹고 졸린 눈을 비벼가며 아버지가 만드는 교구를 신기한듯 바라보며 구경했다. 전기도 들어오지 않았던 작은 초가에서 살던 시절, 등잔불이 아늑하게 비춰던 방에서 소반을 교구 작업 책상 삼아 기역, 니은, 디귿, 리을 등의 자음판과 아야, 어여 등의 모음판이 서로 만나서 나, 너, 우리나라, 대한민국, 철수와 영이 등의 글자를 만들어갔던 그 문자의 세계가 정말 신비로웠던 기억이 생생하다.

정년퇴직하신 아버지의 강의실이었던 등나무 그늘이 있는 친정 동네의 놀이터를 지나노라면 아직도 강의하고 계시는 아버지의 음성이 들려와, 그곳에 한참 동안 서서 바람결에 들리는 아버지의 음성을 듣곤 한다.

아버지의 장례식 날, 아버지를 모신 운구차를 등나무 교실에 경유하도록 하여 아버지의 교실을 당신께 마지막으로 보여드렸다.

백소자즙탕(白蘇子汁湯)을 만들며

설날이 지나고 정월 대보름이 다가왔다. 마침 올 정월 대보름은 일요일이었다. 아침 일찍 일어나 여유로운 마음으로 주방에 들어섰다. 오곡밥을 지을 찹쌀을 물에 불리고, 팥을 삶았다. 또한, 진채를 만들기 위해 고사리, 취나물, 호박고지, 버섯 등을 물에 불려 담가놓았다. 그리고 들깨 한 홉을 씻어 소리에 받쳐 놓고, 쌀 한 홉을 물에 불려놓는 것도 잊지 않았다. 들깨탕을 만들기 위해서였다. 여름철에는 머윗대와 우렁이를 넣은 머위들깨탕을 만들어 먹지만, 두부와 쇠고기가 들어간 들깨탕은 친정아버지가 즐겨 드셨던 정월 대보름의 절식이다. 나는 결혼 전에 들깨탕 만드는 법을 어머니 곁에서 배웠었다. 우선 쌀 한 홉 가량을 물에 불려 두고 같은 분량의 들깨를 씻어 조리로 이는 일부터 해야 한다. 유분이 다량 함유되어 물보다 비중이 가벼운 들깨나 참깨는 물에 담그면 둥둥 떠오른다. 둥둥 떠오르는 깨를 손바닥으로 살살 문질러 깨에 붙어있는 미세한 흙이나 먼지를 녹여 물에 가라앉힌 후 조리로 일어 물기를 빼고 불려 둔 쌀을 함께 넣어 믹서에 갈아 체에 걸러내어 들깨즙을 만든다. 체에 남은 찌꺼기는 텃밭에 묻어 거름으로 쓰려고 따로 모아두었다. 봄이 오면 그 거름이 녹아든 땅에 들깨 씨앗을 뿌려야겠다. 아마도 진한 초록빛을 띤 싱싱한 깻잎으로 환생하겠지…….

국거리용 쇠고기를 잘게 다져 양념하여 볶다가 들깨즙을 붓고 주걱으로 저어가면서 끓였다. 마지막으로 두부를 썰어 넣고 국간장으로 간을 하면 두부들깨탕이 완성된다. 따뜻한 상태에서 먹어도 좋지만 차갑게 식으면 고소한 맛이 일품인 들깨탕이다.

들깨즙 만드는 일에서부터 탕이 완성되기까지 거의 한나절의 시간이 훌쩍 지나갔다. 재래시장에 생들깨를 사러 갔을 때 상인 아주머니가 들깨탕을 만들 들깨를 달라고 하는 나를 의아한 눈으로 바라보면서 들깻가루를 권했었다. 번거롭게 들깨즙을 만들지 말고 시판용 들깻가루를 물에 개어 사용하면 된다고 했지만 나는 굳이 들깨 한 되를 담아 달라고 했다. 아주머니가 권하는 대로 들깻가루를 사용해서 들깨탕을 만들었다면 한나절이 아니고 아마 십 여분이면 충분했을 것이다.

한나절 동안 들깨탕을 만들면서 나는 그리운 아버지를 만나고 어머니를 만났다. 할머니도 만났다. 스테인리스 볼에 들깨를 씻어 플라스틱과 금속으로 만든 조리를 사용하는 내 곁에, 하얀 무명 수건을 머리에 두르고 나무로 만든 이남박에 조릿대를 엮어 만든 커다란 조리로 조리질을 하는 할머니가 다가오셔서 주름 가득한 얼굴에 미소를 담뿍 담고 나를 바라보고 계셨다. 할머니의 감칠맛 나는 손맛을 어머니에게 종종 이야기하셨던 아버지의 말씀도 귓전에 소곤소곤 들려온다. 물보다 비중이 가벼운 종자류인 깨를 씻는 요령을 일러주셨던 어머니도 내 곁에 오셔서 어깨를 토닥거려주신다. 그때 어머니에게 배우지 않았다면 들깨를 씻으면서 아마도 반 정도는 물에 흘려보내버렸겠지. 어머니는 할머니의 손맛을 전수하여 아버지가 좋아하시는 음식을 절기에 맞추어 밤을 새워 가면서 만들곤 하셨다. 나도 어머니 곁에서 어머니의 손맛을 배웠지만, 전업주부의 역할에만 머무를 수 없는 현실에서 손수 '손맛내기 시간'을 내는 것은 요원하기만 한 일이다. 그래도 절기가 다가오면 할머니가 전수해 주신 어머니의 담백하고 감칠맛 나는 손맛을 재현하고자 새벽부터 일어나 분주히 주방을 누빈다.

어머니가 먼저 가신 후 당시 칠순이 넘으셨던 아버지는 혼자 사시면서 손수 음식을 만들어 드셨다. 아버지 댁 가까이 사는 여동생과 내가 반찬을 만들어서 가져다 드리고 종종 집에 모셔와 음식을 대접하긴 했지만, 아버지는 우리 집에 자주 오시지는 않았다. 아버지에게 안사돈 즉, 시모가 계시는 우리 집의 식탁이 편안한 밥상머리가 아니었을지도 모른다는 생각이 들었다. 어느 정월 대보름날 아침에 아버지가 나의 약국에 오셨다. 손수 지으신 오곡밥과 두부 들깨탕을 도시락에 담아오셨다. 일에 바쁜 딸에게 정월 대보름의 절식을 챙겨 먹이고자 하는 아버지의 마음을 도시락에 담아오신 것이었다. 마침 그날 아침 집에서 오곡밥은 지어 먹었지만, 휴일이 아니었기 때문에 나물이나 탕 등은 만들지 못했었다. 점심시간 무렵 아버지가 두고 가신 오곡밥과 두부 들깨탕을 맛보았다. 아버지가 만드신 음식은 할머니나 어머니가 만들어주셨던 것처럼 감칠맛도 없었고 간도 제대로 되지 않은 밍밍한 맛이었다. 시체어(時體語)로 무늬만 오곡밥이었고, 두부 들깨탕이었다. 아마 어머니 생전에 정월 대보름이면 함께 드셨던 음식들이 생각나서 아버지께서 손수 만드셨나 보다.

나는 눈가에 맺히는 눈물방울을 모아 싱거운 들깨탕에 눈물로 간을 해서, 아버지가 만들어 오신 정월 대보름의 절식을 깨끗이 비웠다. '아버지가 만들어주신 절식 덕분에 더위 타지 않는 여름을 보내며 건강하게 지낼게요.'

그해 여름에 흘릴 땀을 그날 하루 눈물로 다 흘려버리게 만든 아버지의 들깨탕, 소자즙탕(蘇子汁湯)이었다. 들깨에는 백소자(白蘇子)라는 이름이 있기에 나는 들깨탕을 소자즙탕(蘇子汁湯)

이라고 부른다. 오메가 3가 등푸른생선의 기름에 다량 함유되어 있다고 알려졌지만, 백소자에도 오메가 3가 다량 함유되어 있어서 들깨는 혈액 순환에 매우 좋은 식품이다. 식물성 오메가 3를 섭취하고 싶으면 신선한 들기름을 매일 한 수저씩 복용하면 된다. 들깨는 발한 작용으로 찬 기운을 날려 없애는 효능이 있어 찬 기운에 의해 감기에 걸린 경우나 기침, 천식 등을 치료한다. 또한, 기를 상하로 소통시키고 소화 효소의 분비를 촉진하고 구토, 설사 등을 치료하는 데 사용된다. 화병이나 스트레스 등으로 가슴에 기운이 뭉쳐 답답한 경우 소엽 특유의 향기와 매운맛으로 기운을 풀어헤치면서 막힌 기운을 소통시키는 작용이 있어 현대인들에게 유용한 생약재의 하나이다. 기(氣)를 소생(蘇生)시켜 주는 유용한 약재 소엽(蘇葉)이다. 또한, 생선회를 먹고 구토, 설사, 복통 등을 일으키거나 속이 불편하고 소화가 잘되지 않을 때 효과가 있어서 생선회를 먹을 때 곁들이는 채소 중 하나가 깻잎, 즉, 소엽(蘇葉)이다.

한나절 동안 아버지와 어머니, 그리고 할머니를 생각하며 만들었던 두부 들깨탕이 먹기에 좋을 정도로 차갑게 식었다. 오곡밥과 각종 진채와 함께 정월 대보름의 식탁을 차렸다.

아버지! 올 계사년 정월 대보름에 만든 두부들깨탕, 소자즙탕(蘇子汁湯)이에요. 어머니와 함께 오셔서 드세요. 아버지의 어머니이신 나의 할머니도 오시라고 기별을 드렸어요. 제가 국간장으로 간을 제대로 했으니 별도의 간은 하지 않으셔도 돼요. 할머니나 어머니의 손맛처럼 담백하고 감칠맛이 날지는 모르지만, 아버지의 입맛에 딱 맞으실 거예요. 이 음식을 만들었던 시간에 할머니와 어머니가 내 마음속에 오셔서 도와주셨거든요. 아버지의 눈매에서는 애틋한 눈물이 아닌 자애로운 미소만 보여주시면 됩니다. 아버지의 딸은 아버지가 남겨주신 사랑으로 건재(健在)하며 그 사랑을 이어가려고 혼신의 힘을 다하여 살아가고 있으니까요.

노부부의 열아홉 순정

아버지는 만면에 희색을 띠고 TV 가요무대 프로그램에서 트롯 가수가 열창하는 가요 한 소절을 큰 목소리로 따라 부르기 시작했다. 이른바 라이브 무대에 선 가수의 가창력과 견주어도 손색이 없을 만큼 리듬에 맞추어 흥겹게 노래를 부르셨다. 중환자실에서 일반 병실로 옮겨 와서 관주 수액에만 영양을 의존하다가 침상에 누운 상태로 이제 겨우 한두 수저의 죽만 드시고 조금 전 만 해도 통증으로 신음하던 분이었는데……

"와, 아버지! 노래를 정말 잘 부르시네요."

"내가 너희 엄마하고 소라산길을 거닐면서 백번도 더 부른 노래이지."

소라산길, 아버지와 어머니의 산책로였던 소라산 길은 친정 집 가까이에 있는 소나무 숲이 우거진 체련공원이다. 소라산길이라는 말을 듣는 순간, 나는 아득해지는 마음을 느꼈다. 엄마, 나의 어머니는 치매를 앓다가 5년 전에 돌아가셨다. 무엇이 어머니의 뇌세포를 마비시켰는지, 어떤 고뇌가 어머니의 뇌세포를 갉아먹었는지, 당신의 뇌리에서 무엇을 잊고자 하였는지, 어머니는 칠순이 가까워지면서부터 기억력이 급속도로 저하되기 시작했다. 집안에 잠시도 가만히 앉아 있질 못하고 집에 가야 한다고 하면서 어머니는 전형적인 치매 증세를 보이기 시작했다. 아버지가 잠시 외출한 사이에 잠가놓은 대문을 열고 나가곤 했다. 그때마다 아버지는 어머니가 자주 다니던 길을 이리저리 찾아다니며 가까스로 어머니를 찾아내거나, 길을 잃고 헤매고 있는 어머니의 팔찌에 새겨져 있던 전화번호를 본 사람들의 연락으로 어머니를 찾아내곤 하였다. 하지만 어머니는 다시 대문 안에 들어서는 순간부터 집에 가야 한다고 떼를 썼다. 아버지는 별 수 없이 어머니의 손을 잡고 집을 나섰다. 인근 소라산길로 산책하러 나가신다. 그 소라산길에서 아버지는 평소 즐겨 부르던 가요를 어머니와 함께 수십 번씩 부르며 시간을 보내셨다 한다. 어머니가 걷는 것에 지칠 때까지 소라산길을 산책하다가 저녁 무렵에야 집에 들어가곤 했다고 했다.

교직에서 정년퇴직하기 전까지는 어머니와 함께 여가를 보낼

부모님의 혼례식 날, 우인축사(友人祝辭)

시간이 거의 없었던 아버지는 어머니의 병환 덕분에 꼼짝없이 어머니에게 붙잡혀서 데이트해야 하는 처지가 되었다. 어머니는 아버지와 그렇게 데이트를 즐기면서 5년여를 보내다가 2005년 초여름, 가벼워진 나비처럼 몸이 마르더니 하늘나라로 홀연히 떠나가셨다.

나는 칠순이 넘은 노부부였던 아버지와 어머니가 손을 꼭 붙잡고 산책을 하면서 노래 불렀던 시간을 슬퍼하지 않으련다. 지상에서 가장 아름다운 사랑의 순간으로 기억하련다. 그 시간만큼은 어떤 고뇌도 고통도 두 분 사이에 끼어들지 못하고 오로지 음과 음의 아름다운 화음이 두 분을 행복하게 해주었으리라 생각하며……

병환 중의 아버지는 어머니와의 소라산길의 추억을 생각하며 즐겨 부르던 애창곡 '열아홉 순정'을 열창하며 행복한 추억에 잠기셨다.

숨어 있는 장미꽃보다 더 밝은 열아홉 순정,
바람이 스쳐도 울렁~
가만히 남몰래 응~ 내 가슴에 응~
담아보는 진주빛 보다 더 밝은 열아홉 순정이래요.

노래를 부르다가 눈을 감고 누워계시는 아버지 곁엔 어머니가 열아홉 순정으로 다가와 아버지를 소라산 산책길로 불러내실 듯싶다. 아버지는 어머니의 다정한 연인이 되어 어머니의 손을 꼭 붙잡고 피톤치드 상큼한 향 뿜어내는 소나무 숲길을 꿈길처럼 걷고 계시는 듯 미소가 안면에 가득하였다.

아버지! 나의 아버지! 그 꿈속에서 어머니와 오래오래 머물다 오세요!

제가 아버지의 침상을 아침 햇살이 떠오를 때까지 지켜드리겠어요.

열아홉 순정은 아버지가 하늘에 계신 어머니에게 돌아가시기 전 한 달 전에 병상에서 부르신 노래이다.

애들아, 너희들에게 물려줄 가보는

아이들과 충남 예산지역을 여행할 때의 일이었다. 예당저수지 가는 길에 이정표 하나를 발견하고 깜짝 놀랐다. '의좋은 형제' 공원이라는 푯말이 서 있었던 것이었다. 의좋은 형제라, 초등학교 2학년 때였는지 정확히 기억은 나지 않지만, 국어 교과서에서 읽은 '의좋은 형제' 이야기가 떠올랐나. 구전동화라고 생각한 그 이야기가 고려시대에 예산지역에서 있었던 실화였다니, '의좋은 형제' 실화의 현장을 접하고 기분 좋은 충격에 사로잡혔다.

보름달이 뜨던 밤, 형제가 서로 낟가리를 지고 만나던 그 흑백 삽화가 생생하게 생각난다.

"얘들아! 먼 옛날 고려시대에 이성만. 이순 형제가 살았대. 형과 아우는 어릴 적부터 한시도 떨어지지 않고 함께 메뚜기도 잡고, 개구리도 잡으며 항상 사이좋게 지냈단다. 어른이 되어서 각각 살림을 차렸지. 둘이 한동네에 살며 함께 농사를 지었어.

이른 봄에 볍씨도 함께 뿌리고 모내기도 함께하고 여름에는 땀을 흘리며 풀도 뽑았단다.

드디어 가을이 왔어. 와, 우리가 흘린 땀이 황금물결로 변했네. 형과 아우는 기뻐하며 추수를 했지. 그리고 낟가리를 똑같이 나누었어.

그런데 그날 밤 형은 생각했어. 아우가 새살림을 시작했으니 더 많이 필요할 거야. 내 몫을 동생에게 좀 더 주어야겠어. 형은 어두운 밤에 살짝 나와서 동생의 논에 낟가리를 옮겨놓았어. 그런데 동생도 그날 밤 똑같은 생각을 했어. 형님댁은 식구가 많으니까 더 많이 필요하실 거야. 내 몫을 형님께 좀 더 드려야겠어. 동생도 어두운 밤에 살짝 나와서 형님의 논에 낟가리를 옮겨놓았지. 다음 날 형과 동생이 각각 자기의 논에 가서 낟가리를 보고 깜짝 놀랐지. 조금도 줄어들지 않아서 말이지. 어라, 어젯밤 형님께 내 낟가리를 드렸는데…… 어라, 어젯밤 동생에게 내 낟가리를 주었는데…… 그래서 밤이 되기를 기다렸다가 형과 동생은 서로의 논에 낟가리를 날라서 쌓아 주었어. 그러니 다음 날 아침도 마찬가지로 서로의 낟가리는 조금도 줄어들지 않고 그대로였겠지. 그러다가 보름달이 뜨던 날 형제는 논에서 서

로 마주쳤어. 아, 형님이셨군요! 아, 동생이었구나! 형제는 서로 얼싸안고 함박웃음을 터트렸대. 구름 속에서 보름달이 살며시 나와서 이 형제들의 아름다운 모습을 밝게 비춰 주었지.

이 아름다운 이야기가 온 나라에 퍼져서 임금님께서도 아시고 이 의좋은 형제들에게 비석을 내려주셨대. 바로 이 공원에 있는 이성만. 이순 효제비란다."

"엄마! 우리 교과서에는 나오지 않았는데, 동화책에서 읽었어요. 이 이야기가 동화가 아니고 실화였군요. 고려 시대에 살았던 우리 할아버지들의 실제 이야기였군요."

아이들에게 의좋은 형제 이야기를 들려주며 문득 중학교 시절의 일기를 떠올려보았다. 어느 추운 겨울, 수업 중에 호명되어 강당으로 모이라는 지시를 받았다. 4분기 수업료를 미납한 학생들을 강당에 소집하여 수업료를 빨리 납부하라는 교장 선생님의 훈화를 들었다. 나는 3개월분의 수업료였기에 나름대로 계산을 하여, 한 달 후에 납부하려고 마음을 먹고 부모님께 수업료 고지서를 드리지 않았던 것이었다. 그 당시 친정아버지는 교직에 계셨는데 우리 육 남매 등 여덟 식구의 가장이셨다. 또한, 아홉 남매의 맏이셨다. 막내 삼촌은 아버지와 열일곱 살 차이가 난다. 시골에 할아버지와 할머니가 계시며 농사를 짓고 계셨지만, 아버지는 박봉의 교사 월급으로 고모들과 막내 삼촌의 학비까지 책임지셨다. 우리 육 남매 등 여덟 식구를 보살피기에도 힘드셨을 텐데……

아버지는 유난히 총명한 막내 삼촌이 관악 캠퍼스에 들어가 대학을 졸업할 때까지 뒷바라지하셨다. 그러한 형편의 아버지를 보면서 나는 용돈 같은 것은 거의 쓰지 않고 수업료 고지서도 미뤄 놓았다가 그런 상황을 맞이했다. 추운 강당에서 1시간 이상 수업료 독촉 훈화를 들은 그날 저녁 나는 그만 감기에 걸리고 말았다. 부모님은 밤에 잠을 못 자고 콜록콜록 기침하는 딸을 보며 걱정을 하셨다. 나는 눈물을 지으며 감기에 걸린 연유를 말씀드렸다. 이튿날 아침 식전 무렵 어머니께서는 도시락과 아침 밥상을 차려놓으신 채, 어디론가 가시고 보이지 않으셨다. 우리와 같은 동네에 사는 이모 댁에 다녀오셨다며 막 등교하려고 하는 내게 수업료가 들어있는 하얀 봉투를 내미셨다. 고모, 삼촌을 비롯하여 열 식구가 넘는 가족들 뒷바라지에 아버지의 월급날이 채 되기도 전에 생활비가 떨어져서 어머니는 무척 힘들어하셨다.

막내 삼촌이 대학 졸업 후 행정고시에 합격했을 때, 아버지는 정말 기뻐하셨다. 막내 삼촌이 우리 집에 다니러 오셨다. 그날 마침 나는 아버지에게 2,000원이 필요하여 용돈을 달라고 말씀을 드렸다. 아버진 돈이 없다 하면서 나에겐 주시지 않고 삼촌에게는 용돈 2만 원을 챙겨주시는 것을 보았다. 나는 마음에 깊은 상처를 받았다. 그날 나의 일기장에는 2,000원과 20,000원이라는 제목의 일기가 기록되었다. 자식보다 아우를 더 챙기는 아버지를 보며 어렴풋이나마 깊은 우애에 대하여 생각했지만, 어린 나의 마음엔 서운함이 깊이 자리 잡았다.

그러나 자연스럽게 우리 육 남매는 성장하면서 아버지의 동기간 우애에 동화되어 가고 있었다. 어릴 적부터 우애를 강화하는 백신을 아버지로부터 접종받은 우리 육 남매는 서로 챙기고 도와주는 마음이 저절로 몸에 배게 되었다. 천연두 백신 접종법을 발견한 영국의 의학자 제너가 위험을 무릅쓰고 천연두 예방 백신을 자기 아들에게 최초로 실험 접종한 것처럼 아버지는 자식을 희생시켜가며 우리 육 남매에게 우애를 강화하는 백신을 접종해주셨다고 세월이 흐르면서 점차 느끼게 되었다.

결혼 후 나는 경제에 대한 어려움을 모르고 살다가 1998년 외환위기를 맞이하여 가정 경제에 극심한 타격을 맞이하게 되었다. 남편이 경영하던 회사의 부도와 연대보증 등으로 전 재산이 날아가고 높은 사채 이자를 웃도는 신용카드 현금 서비스로 한 달 한 달을 살얼음판을 딛듯 아슬아슬하게 연명하던 나날이 있었다. 나는 그때 매일매일 거울을 보며 안면 근육을 억지로 펴며 웃는 연습을 하다가 조제실 뒤에서 울기도 하였다. 그 누구에게도 내색하지 않았지만, 마침내 가까이 사는 동생들이 눈치를 채게 되었다. 동생들이 십시일반으로 고통 분담을 해주어 그 위기를 무사히 넘길 수 있었다. 동생들이 나의 고갈된 경제의 샘에 한 바가지씩 부어준 마중물은 힘을 얻게 하여 생기를 회복시킬 수 있는 여건을 마련해주었다. 이제는 잠시 숨을 고르고 동생들의 경작지에 물을 채워주는 품앗이의 꿈을 꿔본다.

큰아이가 대학에 입학했다. 대학 등록일에 즈음하여 친정아버지가 찾아오셨다. 외손자의 대학 등록금을 챙겨주겠다 하시며 고지서를 달라고 하신다. 나는 한사코 만류했지만 아버지께서는 아이가 받게 될 장학금을 제외한 고지 금액 2백만 원을 납부해주셨다. 문득 2천 원, 2만 원, 2백만 원의 숫자가 나의 가슴속에 나비 떼처럼 날아들어 윤무를 하다가 우애를 강화하는 예방 백신을 재접종받은 따끔한 통증이 가슴 깊이 파고드는 것을 어찌할 수가 없었다. 팔순을 바라보시는 아버지의 남은 소원은 당신 사후에도 우리 육 남매가 깊은 우애로 서로 도와 가며 살아가길 바라심은 불문가지일 것이다.

나는 아이들의 할아버지인 아버지가 실천하셨던 깊은 우애에 대하여 아이들에게 들려주면서 우리 아이들도 우애라는 가보를 대물림하기를 간절히 기도한다.

아들과 송인을 이야기하다

雨歇長堤草色多(우헐장제초색다)
送君南浦動悲歌(송군남포동비가)
大同江水何時盡(대동강수하시진)
別淚年年添綠波(별루년년첨록파)

- 송인(送人) / 정지상 -

아들이 고교 2학년 때의 일이다. 중간고사 시험 기간이라 한다. 문득 귀에 익은 한시가 한 소절 들려온다. 雨歇長堤草色多한데…… 아들이 정지상의 송인을 외우고 있었다. 나는 아들의 책상 앞으로 가서,

"엄마도 여고 시절에 배운 한시란다. 어디 한 번 엄마가 낭송해볼까?"

비 개인 언덕 풀빛 푸르기만 한데
남포로 님 보내는 슬픈 노래 부르네,
대동강 물은 언제 마를 것인가?
해마다 이별 눈물을 푸른 물결 위에 더하는 것을.

교재를 보지 않고 한시 독음과 함께 번역 시를 낭송하는 것을 들으며 아들 녀석이 기분 좋은 얼굴로 엄마를 바라본다. 그러면서 이 시를 외우는 중인데 암기가 잘 안 되어서 몇 번이고 계속 읽는 중이었다고 했다.

"그래? 시는 무조건 암기해서는 잘 기억이 나지 않지.

자 엄마의 설명을 한번 들어보렴. 봄비가 내린 후, 강가의 언덕을 한 번 상상해봐. 풀이 파릇파릇 돋아 풀빛이 푸르겠지?

어떤 사람이 그 대동강 가에 서서 그리운 님을 떠나보내고 있어…… TV 사극에 가끔 등장하는 장면이 있지…… 강가에 서서 님을 떠나보내며 슬퍼하는 모습, 님은 하얀 돛단배를 타고 떠나고…… 그런 장면을 연상해봐. 어때? 그 장면을 그려볼 수 있겠지?"

"으음, 엄마! 그 장면이 떠올라요."

"그래, 그 상황에서 이별이 매우 슬프기 때문에 슬픈 마음을 노래하겠지?"

"아! 엄마! 動悲歌라는 말은 悲歌, 즉 슬픈 노래를 動, 그러니까 PLAY 한다는 뜻이네요."

"맞아, 맞아, 動은 play야, 이제 한자의 뜻이 이해가 잘 되지? 한자는 영어하고 어순, 말의 순서가 비슷하다는 것은 잘 알고 있지?"

"자, 이제 마지막으로 별루년년첨록파라…… 별루는 이별의 눈물이고, 그럼, 첨록파를 해석해 볼까? 첨은 보태다, 첨가하다라는 뜻이니까, 대동강의 푸른 물결에 이별의 눈물을 더하니까 대동강 물이 何時, 즉 언제 마르느냐? 마를 날이 없다…… 그런 뜻이 된단다."

잠시 후, 아들은 송인(送人)을 유창하게 암송하고 있었다.

Ⅱ／선조의 고택에서

선조(先祖)의 고택에서

결혼하여 아이들이 태어나 자라면서 언젠가 한 번쯤은 남편과 우리 아이들의 뿌리의 근원지인 하동정씨 대종가를 찾아보리라 마음먹고 있었다. 하동정씨 대종가는 경남 함양에 있다. 익산에서 자동차로 두어 시간 남짓 걸리니 그리 멀지 않은 거리이지만 그곳에 길 기회를 좀처럼 얻지 못했다. 얼마 전 갑자기 예기치 않은 휴가가 생겨서 만사를 제쳐두고 그곳으로 여행을 다녀왔다.

우리 아이들은 하동정씨 문헌공파의 후손이다. 문헌공은 동방 5현 중의 한 분인 일두 정여창 선생의 시호이다. 문헌공은 성리학의 대가로 명성이 높지만, 특히 그 지식을 실생활에서 실천한 실천 유학자로 알려져 있다. 문헌공은 당대의 대표적인 철학

자로, 도덕적 실천을 중요시했다. 이시애의 난을 진압하던 부친이 전사하자, 전쟁터까지 쫓아가 아버지의 시신을 수습해오고, 주변의 만류에도 전염병에 걸린 어머니를 병간호했다. '전염병도 효자는 해치지 않는다'라는 말이 여기서 유래되었다고 한다. 이렇듯 실천 유학자의 모습에 왕까지 감동하여 벼슬을 내렸지만, 당연한 일의 대가로 벼슬받는 일은 옳지 않다고 거절했다. 거듭해서 내리는 벼슬을 마다하고 마흔이 넘어서야 과거를 통해 벼슬길에 나섰다.

문헌공은 유학적인 이상 사회, 즉 어진 정치가 이루어지는 사회를 만들기 위해서는 먼저 통치자의 도덕적 의지가 확립되어야 한다고 보았다. 그리하여 주자학적 세계관을 우주론적으로 해명하는 이기론(理氣論)과 함께 개인의 도덕성 확립을 위한 심성론(心性論)을 본격적으로 탐구했다.

연산군 즉위 1년, 안음현감(安陰縣監)에 임명되어 백성들의 고통이 과다한 세금에 있음을 알고 편의수십조(便宜數十條)를 지어 시행한 지 1년 만에 정치가 맑아지고 백성들로부터 칭송을 들었다. 해결하기 어려운 옥사가 있으면 그를 만나서 물어본 뒤에 시행하였다. 이로 말미암아 판결에 의문 나는 것이 있으면 원근에서 그를 찾아와 판결을 받았다. 고을의 총명한 자제를 뽑아 친히 교육하였고, 춘추로 노인들을 위하여 잔치를 베푸는 양로례(養老禮)를 실시했다.

하지만 무오사화 때 유배되어 귀양지에서 돌아가셨고, 갑자사화 때 부관 참시되었다. 이후 중종 대에 우의정에 증직(사후에 품계를 받음)되었고, 광해군 대에는 조광조, 이언적, 김굉필, 이황 등과 함께 동방오현(五賢)의 한 사람으로 문묘(文廟)에 배향되었다. 이렇듯 그 생애를 돌아보면 한 시대의 고관대작으로서 부귀영화를 누리다가 간 생애가 아니었다. 생전에는 고을 백성들을 위한 삶을 살다가, 사후에 이르러 비로소 추존되었다.

"얘들아, 너희들의 선조이신 정여창 할아버지는 18살 때 아버지가 돌아가셨단다. 아버지가 이시애의 난을 진압하다가 함경도에서 전사하셨다는 소식을 듣고 경상도에서 함경도까지 달려가 두서너 달 동안 산야를 헤매며 아버지의 시신을 찾아 수습하

여 장례를 치르셨대. 그리고 전염병에 걸린 어머니를 지극히 병 간호하여 회생시켰대. 전염병은 가까이 있으면 병이 옮아서 병 간호하는 사람도 죽게 될지 몰라서 주변에서 만류했는데도 말이야.

그 뒤 지리산에 들어가 5경과 성리학을 연구하는 학자의 길을 걸었는데, 그 공부는 세계관을 우주론적으로 해명하는 이기론이었고 더불어 개인의 도덕성을 확립시켜 주는 심성론이라는 학문이었대. 그러한 그의 효행과 학식이 성종 임금에게 천거되어 벼슬자리를 하사 받게 되었대. 그런데 부모에 대한 효도는 당연한 일이며, 그 대가로 벼슬자리에 오르는 것은 옳지 않다고 거절하고 더욱 학문에 매진하여 과거에 급제하여 벼슬길에 나섰대. 고을의 현감에 임명되어 백성들의 어려움을 주로 해결해 주는 정치를 해서 백성들로부터 신망이 높았는데, 무오사화가 일어나 귀양을 가게 되고 그곳에서 돌아가셨대. 돌아가신 후에도 부관참시까지 겪는 일이 있으셨어. 갑자사화 때의 일이라 해. 연산군이 폐위되고, 중종 임금 대에 할아버지는 의정부 우의정에 추증되셨대. 추증이라는 말은 추은봉증(追恩封贈)이라는 단어에서 유래된 것으로 어떤 인물이 죽은 후에 생전의 공적이나 활동을 살펴 조정(朝廷)에서 그 관직을 올려주는 것이라는 의미하지.

할아버지는 우의정에 추증되신 후 100여 년 후에 조선의 5현으로 문묘에 배향되셨대. 할아버지 댁 홍살문의 정려패를 바라보며 '나는 그분의 위대성이 그분의 말씀, 그분의 사상에 있는 것이 아니라 오로지 그분의 행위, 그의 삶에 있다고 생각해.'라는 말이 떠올랐단다.

그러고 보니 우리나라 선거가 눈앞에 다가왔네. 도덕성과 합리적인 철학을 가진 후보가 당선되어 선심성 공약만을 외치지 말고, 실천하는 행동과 양심으로 우리나라를 잘 이끌어나갔으면 정말 좋겠다고 생각에 생각을 거듭해 본단다. 그래서 사후에도 더욱 그 덕망이 빛나 추존(推尊)될 그러한 분들의 탄생을 기대한단다."

시아버님을 뵈러 가는 길

한가위를 며칠 앞둔 휴일, 경남 하동에 다녀왔다. 익산에서 하동 가는 길이 가까운 여정은 아니다. 익산에서 출발하여 전주, 임실, 남원, 전남 구례를 경유하고 섬진강 백 리 길을 달려야 경남의 하동에 이르게 된다. 전북, 전남, 경남의 3도를 여행하는 여정이다. 태풍 '나리' 소식에도 불구하고 새벽에 일어나 그곳에 간 이유는 시아버님 산소를 벌초하는 일정이 잡혀있기 때문이었다. 나는 시아버님을 한 번도 뵌 적이 없다. 아버님께서는 막내아들이었던 남편이 3살 무렵 작고하셨다 한다. 세상에 태어나 지각이 생긴 이후 아버지를 알지 못하고 자란 남편은 아버지에 대한 한없는 그리움을 가끔 내게 표현하곤 했다.

새벽 5시 30분, 기상 시간을 알리는 알람이 울려 잠을 깨니,

창밖으로 빗소리가 세차게 들려온다. 남편과 나는 우중에도 벌초 계획을 강행하며 하동 성묫길에 올랐다. 익산에서 전주 구간 도로는 하늘에서 물을 쏟아붓는 수준으로 비가 내리고 있었다. 그런데도 남편은 아버님을 뵈러 간다는 기쁨에 설레는 표정이어서 나는 아무 말도 하지 못하고 고른 날씨가 되기를 바라는 무언의 기원을 드릴 수밖에 없었다.

그런데 차가 임실을 경유하여 남원을 벗어나자 비가 개면서 날이 맑아지기 시작했다. 차창 밖으로 멀리 보이는 지리산은 운해의 장관을 이루고 있었다. 운무가 산봉우리 전체를 덮었는가 하면 잠시 바람이 일어 구름을 걷어가 청명한 산봉우리를 보여주고, 또다시 계곡 사이에서 구름이 일어 새하얀 솜털 구름이 피어나는 장관을 연출했다. 차는 어느덧 구례와 하동의 경계에 있는 화개장터에 도착했다. 화개장터의 한 식당에 들어가서 아침식사를 했다. 재첩국을 주문해 놓고 장터를 돌아보았다. 인근 지리산 자락에서 채취한 산나물과 생약재 등을 진열해 놓고 파는 가게들이 몇 개 있고 옹기 등을 파는 옹기점, 또 호미와 낫을 직접 벼려서 만드는 대장간의 모습도 볼 수 있었다. 문득 화개장터의 노래가 들려오는 듯하였다.

전라도와 경상도를 가로지르는

섬진강 줄기 따라 화개장터엔

아랫마을 하동 사람 윗마을 구례 사람

닷새마다 어우러져 장을 펼치네

구경 한 번 와 보세요

보기엔 그냥 시골 장터지만

있어야 할 건 다 있구요

없을 건 없답니다 화개장터~하략

화개장터를 둘러본 후 강가를 잠시 산책했다. 섬진강! 맑은 물에만 사는 은어와 재첩 등이 사는 일급수의 강물이다. 어제 내린 비로 인하여 수심이 평소보다 2미터쯤 더 불어 있다. 교각의 높이를 보면 알 수 있다. 평소 섬진강을 지나다 보면 초록빛과 은빛으로 빛나는 매혹적인 강물에 눈길을 뗄 수가 없다. 오늘은 산에서 흘러내린 토사로 인하여 황하를 이루고 있었다. 남도대교 아래로 강물은 급물살로 흐르고 있었고 무지개색 아치 너머로 멀리 초록의 산봉우리와 새하얀 구름이 아름다운 색상의 대비를 보여주고 있었다.

우리나라에서 제일 아름다운 경관을 자랑하는 드라이브 코스인 섬진강 백리 길을 달리다 보면 드디어 하동읍에 도착하게 된다. 섬진강 백리 길 도중엔 박경리 소설의 토지의 배경이 된 평사리 최참판댁도 구경할 수 있다.

시아버님은 하동군 적량면 하동정씨 선산에 잠들고 계신다. 산소는 여름철에 자란 풀이 무성하였다. 남편과 동행한 친구는 익숙한 솜씨로 낫질을 하며 잠깐 사이에 봉분을 깔끔하게 다듬어 놓았으며, 남편은 간단히 준비한 제수를 진설하고 평소 아버님께서 생전에 즐겨 드셨다는 한산의 민속주인 한산 소곡주를 헌주해드렸다. 벌초와 성묘를 마치고 소곡주 한 잔씩 음복하며 아버님을 기렸다. 남편은 내게 웃으며 이야기한다. 막내며느리가 시아버님께 시 한 수 읊어 드리라고…… 그러나 나는 육성으로 시를 낭송하진 않았다. 다만 고요한 마음의 소리로 한 번도 뵙지 못한 아버님을 추모해 드릴 뿐이었다.

산소를 내려오는 길목은 밤나무밭이다. 어제 불어 든 태풍으로 수많은 밤이 떨어져 있었다. 다행히 잘 여문 밤송이에서 밤이 쏟아졌기 때문에 거의 모두 탐스럽게 윤기 흐르는 모습으로 풀숲에 떨어져 있었다. 밤은 주워도, 주워도 끝이 없었다. 한차례 바람이 불고 가면 밤나무에서 알밤이 톡톡 떨어졌다. 배낭이 알밤으로 가득 채워졌다.

밤나무밭 아래로는 맑은 물이 고요하게 고여 있는 호수가 있다. 적량산 기슭에서 흘러내린 계곡물이 만든 저수지이다. 호수는 비 갠 후의 가을 하늘을 담아 초록빛으로 반짝이고 있었다. 그 청량한 아름다움을 뭐라 표현할 길이 없다. 마치 태초의 순수처럼 느껴진다. 호수에서 문득 눈길을 옆으로 돌려 보았다. 달콤한 향기가 유혹했기 때문이었다. 보랏빛으로 송이송이 피어난 칡꽃의 향기였다. 칡꽃은 갈화라고 부르며 두통, 숙취 제거 등의 효과가 있는 생약제로 사용된다.

오늘 벌초와 성묫길에 아버님은 참 많은 것을 막내며느리에게 선물해 주셨다. 운무 서린 산봉우리의 경관, 섬진강의 아름다운 물길, 달콤한 향을 피워내는 칡꽃으로 맞아주셨고 또 탐스러운 알밤을 배낭 가득히 넣어주셨다.

그런데 한 가지 선물은 마지막으로 보여주셨다. 산소를 내려오는 길에 한 무리의 붉은빛이 나의 눈길을 강렬하게 붙잡았다. 푸른 하늘을 배경으로 붉디붉게 피어난 꽃무릇이었다. 아버님께서는 서로 생각하는 애틋한 상사(相思)의 마음을 꽃무릇으로 보여주고 계셨다. 비록 한 번도 뵙지는 못했지만 젊은 시절에 가지셨던 아버님의 푸른 잎의 기상을 느낄 수 있었다. 마치 꽃무릇이 피어나기 전 푸른 잎줄기처럼 말이다.

아버님께서는 이렇게 연하(煙霞)의 모습으로 막내며느리를 맞이해 주셨고, 그 모습으로 배웅해 주셨다. 어쩌면 아버님께서는 막내며느리의 연하지벽(煙霞之癖)을 미리 알고 계셨는지 모를 일이었다. 귀가하면서 뒤돌아본 길에는 푸른 산봉우리와 너른 벌판으로 넉넉한 미소를 보내고 계셨다.

한여름의 향연, 시모의 생신

음력 유월 열여드렛날인 8월 5일은 시모의 생신날이다. 모시고 나가서 외식하는 것도 좋겠지만, 집에서 조촐한 생신상을 차려드려야겠다고 생각하며 마침 휴일이기에 새벽에 텃밭에 가서 호박, 오이, 고추, 가지, 파프리카, 피망, 토마토 등을 바구니 가득 따왔다. 냉장고에는 어제 퇴근하고 장보기 해온 쇠고기, 돼지고기, 닭고기, 대하, 파인애플 통조림, 당면, 라이스페이퍼, 마카로니 등이 있다.

우선 현미와 흑향미 찹쌀을 씻어 불려놓았다가 백미와 혼합하여 고슬고슬하면서도 촉촉한 느낌의 밥이 지어지도록 밥물을 가늠하여 전기밥솥의 취사 버튼을 눌렀다. 밥을 안쳤으니 미역을 불려놓고 국거리용 쇠고기를 꺼내어 도마에 올려놓고 칼을 들어 부드럽게 다지기 시작했다. 평소에는 국거리용으로 잘게 자른 쇠고기를 그냥 바로 사용했지만, 오늘은 특별히 한 번 더 다져서 드시기 좋게 해야겠다고 생각하며 손목에 힘을 주어 고기를 다졌다. 다진 마늘과 다진 쇠고기를 냄비에 넣고 참기름을 두르고 볶다가 미역을 넣어 다시 볶은 후 냄비 가득 물을 부어 끓이기 시작했다. 생일에 사용하는 미역은 가위나 칼로 자르면 명을 자른다는 속설이 있어서 미역 줄기를 자르지 않고 넣었다. 지난번 백련 축제에 가서 사 온, 백련 잎을 넣어 숙성시켰다는 국간장으로 간을 했다.

소금물에 대하를 삶아 건져 껍질을 까고 빨강, 노랑 파프리카와 초록색 피망, 게맛살, 햄, 파인애플 통조림 슬라이스를 채 썰어 월남쌈 재료를 준비했다. 라이스페이퍼를 물에 적셔 펼쳐 놓고 그 위에 깻잎 두 장을 올린 다음 쌈 재료를 종류별로 넣어 돌돌 말아 김밥처럼 칼로 썰어 접시에 가지런히 담는다.

오이냉국을 만들었다. 오이를 채 썰어 크리스털 그릇에 담고 식초, 설탕, 소금으로 간을 하고 방울토마토를 반으로 잘라서 넣고 얼음을 띄우니 연둣빛과 붉은빛 어울림에 투명한 얼음이 더해져 시원한 느낌을 줬다.

보랏빛 가지는 반달 모양으로 썰어서 식용유를 두르고 볶았다. 예쁜 보라색을 유지하려고 센 불에 살짝 볶은 후 청. 홍고추를 어슷어슷 썰어 넣고 한 번 더 볶아 접시에 담았다. 잡채에 들어갈 당근, 피망, 양파, 쇠고기를 채 썰어 볶아놓고 당면을 삶아 참기름과 진간장, 설탕을 넣어 잠시 조리다가 재료를 모두 섞어 잡채를 완성했다.

돼지고기 삼겹살로는 조림을 만들기로 했다. 삼겹살을 끓는 물에 삶아 건져서 넓은 조림 냄비에 펼쳐 놓고 양념장을 끼얹어 가며 조렸다. 양념장에는 진간장과 물엿, 다진 마늘, 다진 고추 등이 들어가며 마지막으로 복분자주를 적당량 혼합하여 만든다. 복분자주가 혼합된 양념장으로 조려진 삼겹살은 복분자 향과 색이 스며들어 미감과 식감을 배가시켜 주었다.

닭복음용 닭고기로는 토마토소스 조림 닭고기를 만들었다. 닭고기를 끓는 물에 삶아 건져 낸 후 후추와 소금으로 간을 하여 다시 오븐에 넣어 노릇노릇 굽는다. 오븐에서 구워진 닭고기를 꺼내어 텃밭에서 따온 토마토로 만들어두었던 토마토소스로 조린다. 마카로니 한 줌을 삶아 곁들여 함께 조렸다.

현미밥과 미역국, 오이냉국, 대하 매운탕, 가지볶음, 잡채, 월남쌈, 복분자 삼겹살 조림, 닭고기 토마토소스 조림으로 조촐한 상을 차리는데 거의 한나절이 지나갔다. 유난히 무더운 올여름 날씨에 가스불을 켜놓고 조리하느라 연신 흐르는 땀을 닦아내며 음식을 만들었다. 평소 음식 만드는 것을 좋아하여 되도록 외식을 피하고 제철 식재료로 만든 건강한 자연밥상을 차리고자 마음은 간절하지만, 시간의 여유가 부족하고 피곤하다는 이유로 간단한 음식으로 끼니를 때우는 경우가 종종 있는 편이다.

조출하나마 시모의 생신상을 차려 가족이 한 자리에 둘러앉아 자연이 선물해 준 형형색색의 식재료를 눈과 입으로 맛보며 더없는 성취감이 드는 하루였다. 이듬해 유월 열여드레 날에도 또 내후년, 또 그 이후 그 날에도 한여름의 조출한 향연이 계속되기를 소망한다.

지름 짜러 가려고

며칠 전이었다. 아침에 딸아이가 나를 보더니

"엄마, 할머니가 참기름 짜러 가는 꿈을 꾸다가 늦잠을 주무셨대."라고 내 방으로 달려와서 소곤거렸다.

낮에 노인주간보호센터에 다니시는 시모는 올해 여든셋이다. 열일곱에 결혼하여 이듬해 큰 시숙을 출산하고 막내아들인 남편까지 육 남매를 두고 서른셋에 청상이 되셨다. 서른셋 젊은 나이에 남편을 저세상으로 떠나보내고 홀몸으로 육 남매를 키운 시모의 지난한 세월은 상상하건대, 아마도 생명력이 끈질긴 야생초의 삶이었지 싶다. 온갖 역경과 열악한 환경에서도 끊임없이 돋아나 뻗어 나가는 야생초의 능력이 깃들이지 않았다면 어찌 육 남매를 혼자 키우셨을까.

시모는 육 남매를 키우면서도 시장에 나가 장사하면서 재산을 불려 나가셨다 한다. 제법 큰 상가건물까지 매입해서 관리할 정도로 재산을 불리셨다 했다. 우리 부부가 결혼식을 올렸던 그때만 해도 시모는 상가건물들의 임대료를 받아 생활하면서 넉넉한 경제력으로 나만 보면 선물을 사 주고 싶어 하셨다. 그러나 몇 해 후 외환위기의 거대한 폭풍에 휘말려 시숙의 사업이 부도를 맞으면서 시모는 전 재산과 살던 집까지 하나도 남김없이 다 날리고 막내아들네인 우리 집에 오셔서 딸아이와 함께 방을 쓰며 살고 계신다. 시모의 부동산이 시숙 사업채의 담보물이었기 때문에 시숙의 사업 부도는 시모의 파산으로 이어진 것이었다. 그때부터 우리는 근 20여 년을 시모를 모시고 살았다.

그런데 칠순이 되던 해였던가, 시모는 자전거를 타고 가던 어느 노인의 자전거에 치여 그만 대퇴골이 골절되었다. 곧바로 수술을 받았지만, 거동에 제한을 받는 처지가 되며 시모는 시나브로 건강이 쇠퇴하기 시작했다. 하여 팔순을 넘긴 지금은 사리 분별에도 거의 어두워지고 노환도 심해졌다. 그나마 다행히 식사를 잘하시는 것이 유일한 능력으로 보인다. 내가 퇴근 후 집에 돌아와 주방에서 음식을 만들어 식탁에 차리는 소리가 들리면 불편한 걸음걸이로도 재빨리 방에서 나와서 식탁에 앉아 젓가락을 든 채 음식을 기다린다. 아이들이 간식으로 치킨을 주문하여 먹는 날에는 이리저리 뒤적여 닭다리부터 얼른 골라서 드신다. 그런 모양새가 다소 아름답지 않다는 생각을 하면서도 왕성한 식욕이 그나마 노년의 건강을 유지하여 준다고 믿으며 음식을 잘 드시는 것에 대하여 긍정적인 생각을 가졌다. 노년기에 식욕을 잃게 되면 건강도 급속도로 나빠지게 되는 데 다행이라 생각하면서……

시모는 요실금이 있어서 일회용 기저귀를 착용하신다. 그런데도 가끔은 실수를 하여 옷과 이불에 종종 지도를 그리신다. 곧바로 옷과 이불을 세탁기에 돌리면서 문득 친정어머니를 생각한다. 노환의 시부를 모시면서 거의 매일 대소변이 묻어나는 이불빨래를 하면서 힘겨워하던 친정어머니를 생각한다. 찬물에 이불을 빨아 헹구느라 빨갛게 언 채 퉁퉁 부은 어머니의 손이 눈앞에 아른거린다.

어머니가 돌아가신 지 어언 7년이라는 세월이 흘렀고 나는 시부모의 병구완을 하시던 어머니의 나이가 되어 노환이 있는 시모를 모신다. 친정어머니처럼 힘든 세월은 아니지만, 노환이 만든 분별없는 시모의 돌발행동에 하루에도 몇 번씩 마음에 상처를 입는다. 하지만 시모의 돌발행동은 의도적이 아니고 노후된 삶의 연식이 만들어 낸 몸과 마음의 부조화에서 파생되는 자연현상이라고 생각하며 역지사지해본다. 서른셋에 청상이 되었지만 육 남매에 열네 명의 손자 손녀를 두고, 우리 아이들인 막내 손자까지 다 장성했고, 또 얼마 전에는 증손자까지 보셨으니 시모의 일대기는 강인한 생존력으로 살아 계시는 것 그 자체가 축복이지 싶다. 며칠 전 아파트 주차장 아스팔트를 뚫고 뿌리를 내려 고운 꽃을 피운 채송화의 붉은빛이 서른세 살 청상의 시모를 닮았을 것이라고 느꼈다.

딸아이에게서 시모의 꿈 이야기를 듣고 빙그레 웃어본다. 아마도 시모는 꿈속에서 참기름을 짜러 가려고 채비를 서두르다가 잠에서 깨어나신 듯했는데, 그 이야기를 들으며 육 남매를 기르는 시모의 분주한 세월의 한 조각이 스크린처럼 보이는 듯했다. 내가 알지 못했고 보지 못했던 젊은 시모의 세월이 영상으로 지나간다. 참깨 한 말을 팔아서 물에 깨끗이 씻고, 조리로 일어서 체에 밭쳐 물기를 빼고 다시 바짝 말려서 방앗간에 가지고 가셨을 것이다. 당신이 가져간 참깨를 잘 볶아 기름을 제대로 짜는지 방앗간에 앉아 지켜보는 시모의 다부진 눈매도 보이는 듯하다. 여러 개의 병에 나누어 담은 참기름은 아마도 육 남매의 집에 골고루 보내졌겠지.

딸아이가 들려준 꿈 이야기는 기저귀를 착용하고 이불에 지도를 그리며 일시와 요일을 분간하지 못하며 인지력을 거의 잃은 시모가 꿈속에서는 젊고 건강한 세월 속의 주인공이 되어 바삐 생활하시는 듯싶어, 시모의 꿈속의 시간에 서서 삶의 비의(秘

意)의 한 자락을 느껴보는 순간이다.

퇴근하여, 고사리도 삶아 불려 볶고 텃밭에서 따온 호박과 양파와 당근을 채 썰어 볶아 참기름을 듬뿍 두르고 비빔밥을 만들었다. 시모는 틀니를 달그락거리면서 참기름 향이 고소한 비빔밥을 맛있게 드셨다. 아마도 두 그릇을 드셨지 싶다.

시모의 '지름 짜러 가는……' 꿈 이야기를 들은 지 며칠이 지나지 않았는데 시모는 갑자기 심한 복통을 호소하면서 음식을 잘 드시지 못한다. 병원에 모시고 가서 내과의에게 진찰을 의뢰하니 위장기능 장애로 배에 가스가 가득 차서 복통을 느낄 수도 있다 한다. 즐겨 드시던 음식을 제한하고 당분간 미음만 드시라고 식이요법을 제안한다. 손자 손녀와 함께 피자, 치킨, 스파게티, 삼겹살 등을 틀니로도 잘 드신 지가 엊그제인데 식사 제한을 처방받고 죽만 드시니 안타까운 생각이 든다.

주방에서 시모가 드실 미음을 끓이면서 기도를 드려본다. 아무쪼록 돌아가시는 날까지 지금껏 그래 왔던 것처럼 음식을 잘 드시다가 별 고통 없이 주무시듯 가셨으면 좋겠다고…… 돌아가시면 시모께서 맛있게 드시던 음식들이 목에 걸려 많이 아플 것 같다.

가을 들녘의 축문,
효손 감소고우(孝孫 敢昭告于)

가을 들녘이 하루하루 황금물결로 변모하고 있다. 나는 고향 들녘으로 달려가 조부님의 터전에 서서 조부님을 추모해 본다. 조부님의 터전은 춘포(春浦), 봄을 맞이하는 나루터! 봄나루라고 부른다. 봄나루, 언제 들어도 가슴 설렐 터전의 이름이 아닌가?

어느 날 빛바랜 앨범을 들추며 고인이 되신 조부님을 추모하다가 소화(昭和) 11년(서기 1936년)이라고 새겨진 사진 한 장을 발견하였다. 조부님의 사진이었다. 사진 속의 조부님은 약관(弱冠)을 넘긴 스물셋의 청년이셨다. 사진에 새겨진 소화라는 일본 천황의 연호는 나에게 큰 충격을 주었다. 나라의 주권을 빼앗기고 미래에 대한 꿈도 희망도 없이 암울했던 일제 강점기의 시절이었기 때문이었다. 대농의 독자였던 조부님은 일제가 주관하는 농업 강습을 마치고 단체 사진을 촬영했었나 보다. 청년은 이른 봄에 농업 강습을 받고 여름 내내 땀을 쏟아가며 농사를 지휘하고 가을 추수기에 이르러 미곡 증산을 했지만, 그 쌀의 대부분이 강제 공출되어 일본으로 실려 갔으리라는 생각을 하니 나라의 주권을 잃은 청년의 비애가 가슴이 아프도록 느껴졌다. 내가 태어나기 전이었으니 내가 알지 못했던 조부님의 청년기의 아픈 생애를 들여다본 것이었다.

농부의 피와 땀의 결실인 쌀이 어떤 길을 통하여 일본으로 건너갔을까? 익산 인근 항구도시 군산에는 장미동이 있다. 나는 장미동이라는 지명을 처음 들었을 때 덩굴장미가 아름다운 동네를 연상했다. 그런데 군산지역의 근대문화유산 답사를 할 기회가 있어서 자료를 찾아보다가 근대문화유산이 산재해 있다는 장미동의 유래에 대해 알게 되었다. 그런데 장미동의 한자 지명에 아연실색하고 말았다. 장미는 장미꽃을 일컫는 장미가 이니고 장미(藏米)였다. 장미(藏米)라는 한자를 보는 순간 일제 수탈의 역사가 한눈에 들어왔다. 곡창지역으로 명성 높은 호남평야에서 수확한 쌀을 일제가 수탈하여 저장하였던 구역이 바로 군산 장미동(藏米洞)이었다. 우리의 조부님들이 피땀 흘려 가꾼 옥토에서 생산된 미곡을 이곳에 집하하였다가 일본으로 실어 갔었다. 이러한 수탈의 현장이었던 장미동에는 현재 근대역사박물관이 건립되어있다. 이 근대역사박물관은 일제 수탈의 뼈아

픈 역사를 잊지 말고 교훈의 장으로 삼자는 의미에서 건립했다고 한다.

나는 황금빛으로 물들어가는 봄나루 들녘에 서서 알알이 여문 벼 이삭을 바라본다. 일제강점기의 뼈아픈 역사를 보내고 드디어 광복되어 그 농토에서 생산된 미곡으로, 삶의 원동력을 우리 후손들이 면면히 이어가고 있다는 사실을 생각하면 가슴이 벅차오른다. 우리 땅에서 생산된 쌀 한 톨도 조부님의 분신처럼 소중함을 가슴으로 느끼며 한없이 인자하셨던 조부님의 자애로운 음성에 귀 기울여 본다.

내 고향 익산천(益山川) 제방 길에서 워낭소리 딸랑거리는 소를 몰고 집으로 돌아오시던 할아버지를 그리워한다. 할아버지가 소를 몰고 집으로 돌아와 외양간에 소를 넣을 무렵 나는 닭장으로 들어가 둥우리를 뒤져 갓 낳은 달걀을 찾아 할아버지께 드리는 다섯 살 난 손녀이고 싶다. 할아버지는 따뜻한 기운이 감도는 달걀의 양쪽 끝을 톡톡 깨어 들이키신 후 사랑채로 들어가서 음성을 가다듬어 시조 한 수를 읊곤 하셨다.

동창이 밝았느냐 노고지리 우지진다
소치는 아이는 상기 아니 일었느냐
재 너머 사래 긴 밭을 언제 갈려하나니.

나는 지금도 확연히 들려오는 할아버지의 시조창을 들으며 당신의 땅에서 수확한 쌀들이 더 이상 수탈당하지 않고 후손들의 삶을 이어가는 생명의 쌀이 되었노라고 고해드리고 싶다. 당신의 터전에 굳건히 서서 당신의 얼을 면면히 이어가고 있노라고 고해드리고 싶다.

추석날이 되었다. 명절에는 축문을 읽지 않는 무축단헌(無祝單獻)이 관례이지만 나는 가을 들녘을 향해 유세차 계사 팔월 망(維 歲次 癸巳 八月 望) 효손감소고우(孝孫 敢昭告于)……, 상향(尙饗)이라고 축문을 낭독하며 마음속에 조부님을 모셔본다. 조부님은 자애로운 미소 가득 머금고 가을 들녘을 서서히 걸어오신다.

할머니의 사과 이야기

누군가 내게 선호하는 과일 하나를 손 꼽으라 하면 나는 주저하지 않고 사과라고 대답할 것이다. 며칠 전에 과수원을 경영하고 있는 지인에게서 사과 한 상자를 선물 받았다. 상자를 열어보니 새콤달콤한 사과 향이 가득하다. 아마 지인은 올가을 수확한 사과 중에서 제일 예쁘고 잘 익은 사과만을 골라 담아 보낸 듯했다. 나는 사과 하나를 꺼내어 깨끗이 씻은 후 껍질 채 한 입 베어 물었다. 그 순간, 마치 그리스 신화에 나오는 신들의 음료인 넥타르 같은 과즙이 목을 축여주며 바로 온몸에 스며들어 전신에 향긋한 사과 향이 감도는 듯했다.

나는 이 사과 향을 온몸에 느끼며 문득 다섯 살 때의 유년 시절로 돌아갔다. 부모님과 잠시 떨어져 시골 조부모님과 함께 살던 시절이었다. 당시 학교 선생님이셨던 아버지는 새로 부임하게 된 학교 소재지에 단칸방을 얻어 어머니와 함께 떠나시면서 나를 조부모님께 맡기고 가셨던 것이었다. 사랑방에서 서책을 읽거나 시조를 읊으며 소일하시던 할아버지와 대농의 농사일에 항상 분주하셨던 할머니 밑에서 거의 3년간을 살게 되었다. 인자하신 조부모님 슬하에서 귀여움을 독차지하고 살긴 했지만, 항상 부모님에 대한 그리움이 잠재된 세월이었다.

그러던 어느 초겨울 나는 고열에 시달리고, 물도 넘기기 힘들고, 심하게 아프기 시작했다. 할머니는 깜짝 놀라시며 동네 의원을 불러왔다. 의원은 나의 얼굴에 핀 열꽃을 보며 홍역이라고 하면서 거의 일주일 동안 누워있는 내게 매일 왕진을 와서 주사를 놓고 갔다. 나는 열에 들떠서 아무것도 먹지 못하고 종일 잠만 잤다. 그날 오후 할머니도 어딘가 가시고 혼자 방에 누워있었다. 창호지가 어두어둑 물들 무렵, 이마에 시원한 감촉을 느끼며 힘없이 눈을 떴다. 할머니가 물기 촉촉한 서늘한 손으로 내 이마를 만져주고 계셨던 것이었다. 장에 다녀오신 할머니는 봉지에서 사과 다섯 알을 꺼내어 내 머리맡에 깎아 놓으셨다. 그리고 사과 한 조각을 내 입에 넣어주셨다. 할머니가 주신 사과 한 조각을 먹고 나니 새콤달콤한 과즙이 목을 넘어가면서 거짓말처럼 열이 내리기 시작했다. 나는 자리에서 일어나 거의 한 개의 사과를 다 먹었다. 다음 날부터는 밥도 먹고 홍역이 나아가기 시작했다.

그날 이후로 할머니는 장에 갈 때마다 손녀를 위하여 사과 몇 알을 사 오는 것을 잊지 않으셨다.

기억나는 사과 이야기가 또 하나 있다. 안데르센 동화 한 편을 떠올려 봤다. '할아버지가 하는 일은 언제나 다 옳아요'라는 이야기인데 동화 속의 할머니는 할아버지가 그 집의 유일한 재산인 말 한 필을 소로, 소를 다시 양, 거위로 바꾸면서, 계속 손해 보는 쪽으로 바꾸다가 마침내 썩은 사과 한 자루와 바꾸어 들고 왔는데도 "정말 잘했다"라고 칭찬한다. 덕분에 할아버지는 부자와의 내기에 이겨 많은 금화를 얻게 된다. 홍역에 걸려 고생하던 손녀를 회생시켜 주었던 사과와 그 유년 시절에 즐겨 읽었던 안데르센의 동화 사과 이야기를 생각하며 나는 사과를 정말 좋아하게 되었는지도 모른다. 그 사과는 단순히 과일이 아니었다. 할머니의 손녀에 대한 지극한 사랑이었으며 동화 속 할머니의 할아버지에 대한 무한한 믿음이었다.

중학교에 다니는 아이가 어느 날 학교에 다녀와서 하는 이야기가 교내 행사로 '애플 데이(apple day)' 행사를 하고 왔다고 한다. 과일인 '사과'를 사과(謝過)의 음으로 해석하여 교우 간에 서로 잘잘못을 사과하는 의미로 사과를 한 개씩 주고받는 행사라 한다. 참 재미있고 뜻깊은 행사라고 대답하면서 아이에게 줄 간식으로 사과를 꺼내어 깎았다. 아이와 함께 달콤한 향을 음미하며 사과를 사각사각 깨물었다.

아름다운 순례길 가는 길

향리(鄕里)에 있는 고옥(古屋)을 철거하고 그 터에 다시 집을 지어 이사했다. 고옥은 고조부(高祖父)께서 100여 년 전에 지으셨고 4대가 고고성(呱呱聲)을 울린 터전이었다. 새로 지은 집은 아침이면 동쪽 창에서 지저귀는 새소리와 함께 해가 떠오르고 저녁 무렵이면 서쪽 창에서 해가 지면서 감나무 사이로 아름다운 석양을 연출해준다. 뜰에 내려서면 익산천 제방이 한눈에 들어오고 제방에는 플라타너스과에 속하는 양버즘나무 한 그루가 너른 들녘을 내려다보며 마을을 지켜주는 수호신 같은 자태로 서 있다.

양버즘나무는 내가 태어나기도 전에 심어진 듯한데 수령을 짐작할 수가 없다. 휴일의 이른 아침, 양버즘나무가 서 있는 제방을 향하여 발걸음을 옮겼다. 제방에 올라서니 아름드리 노거수가 된 나무는 반백 년만에 고향 터로 귀향한 나를 맞아주었다. 우람한 나무의 넉넉한 가지를 바라보고 있노라니 마치 조부께서 손녀를 반갑게 맞아주시는 듯했다.

할아버지는 익산천(益山川) 제방으로 소를 몰고 가서 풀을 뜯게 하셨는데 다섯 살 난 손녀였던 나는 할아버지 뒤를 따라 제방에 오르곤 했었다. 제방에 오르면 항상 시냇물을 바라보았다. 지금은 탁류가 흐르는 개천의 형상이지만 예전에는 졸졸 흐르는 맑은 시냇물에 햇빛이 비치고 양버즘나무 이파리에도 햇빛이 비쳐 금빛과 은빛으로 빛나고 있었던 영상이 기억 속에 오로라처럼 확연히 빛나고 있다.

조부님을 따라나섰던 옛 추억의 발자국과 맑은 시냇물의 기억에 잠시 머무르다가 양버즘나무 아래 벤치에 앉아 보았다. 벤치에 앉아 앞을 바라보니 시야에 아름다운 순례길 이정표가 들어오고 이정표에는 미륵사지에서 출발하여 초남이 성지에 이르는 순례길 제5코스라고 적혀있다. 옥룡천(玉龍川)과 부상천(扶桑川)이 합류되어 흐르는 익산 천변 동쪽 마을, 학이 날아들던 연못이 있던 마을의 제방길이 지금은 아름다운 순례길 5코스의 한 구간으로 변모해있었다.

이 제방길이 왕궁리 5층 석탑과 더불어 유네스코 세계문화유산으로 지정된 미륵사지에서 출발하는 순례길 5코스의 한 구간임을 생각해 보니 가슴이 벅차올랐다. 나는 양버즘나무 아래 벤치에서 일어나 한 걸음, 한 걸음 경건한 마음으로 발걸음을 옮기며 백제의 옛 도읍지임을 증빙하는 유물의 하나인 사리장엄이 발굴된 미륵사지와 연결된 그 길을 걷기 시작했다. 옥룡교(玉龍橋)에서 출발하여 순례길 5-24와 5-25구간을 지나 입석교(立石橋)에서 회귀하여 연지(蓮池)가 있는 논두렁으로 내려왔다. 논두렁을 걷다가 달팽이 한 마리가 풀줄기에 매달린 것을 발견했다. 아름다운 순례길의 표지석에는 달팽이가 그려져 있다. 순례길 표지석의 그림과 똑같은 달팽이가 마치 또 하나의 순례길 이정표처럼 풀줄기에 제법 높이 매달린 것을 바라보고 있노라니 신기한 생각이 들었다.

태양의 고도가 높아져 햇살이 등 뒤에서 빛나고 시작하여 땀방울이 흐르기 시작했다. 나는 자연이 만들어 준, 또 하나의 아름다운 순례길 이정표를 바라보며 달팽이처럼 느린 걸음으로 한 걸음 한 걸음 발걸음을 옮기면서 1800년대로 돌아가 부모님이 병환이 있으실 제, 시탕(侍湯), 상분(嘗糞)의 효(孝)를 실천하셨다는 나의 고조부님을 추모하고 버드나무 아래 학이 날아들었다는 연못을 찾아 미음완보(微吟緩步)하였다. 상분(嘗糞)이란 부모의 병세를 살피려고 그 대변을 맛본다는 말인데, 선친이 생존하실 때 고조부님의 제사를 모실 때마다 들려주신 효행담이었다. 족보를 펼쳐보니 그 행장이 기록되어 있다.

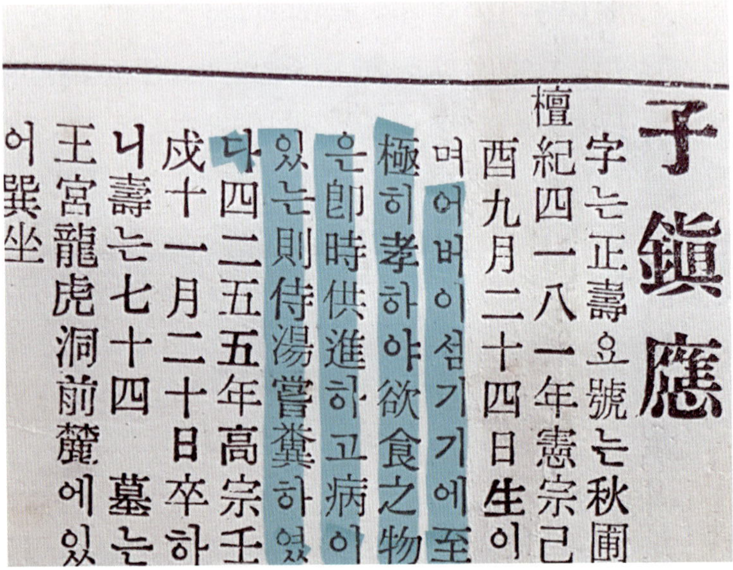

子鎭應
字는正壽요號는秋圃
檀紀四一八一年憲宗己
酉九月二十四日生이
며어버이섬기기에至
極히孝하야欲食之物
은卽時供進하고病이
있는則侍湯嘗糞하였
다四二五五年高宗壬
戌十一月二十日卒하
니壽는七十四墓는
王宮龍虎洞前麓에있
어巽坐

단기(檀紀) 4181년 헌종(憲宗) 기유구월24일생(己酉九月二十四日生)이며 어버이 섬기기에 지극히 효(孝)하야 욕식지물(欲食之物)은 즉시 공진(供進)하고 병이 있는 즉 시탕상분(侍湯嘗糞)하였다.(단기 4181년 헌종 임금, 기유년 구월 24일에 태어났으며 어버이 섬기기에 지극히 효성이 깊어 드시고자 하는 음식은 즉시 상에 올리고 병환이 생기면 즉시 탕약을 끓이고 변을 맛보아 병세를 판단하였다.)

조상님들의 제사를 모실 때 축문을 낭독하시던 선친의 음성이 문득 귓전에 또렷이 들려왔다. 유세차~전헌 상향(維歲次~典憲 尙饗) 나는 선친의 음성을 따라 나직하게 축문을 암송하며 조상님들을 추모하였다.

그리고 다시 1400여 년 전의 백제 시대까지 거슬러 올라가 익산에 천도(遷都)하고 미륵사를 건립한 무왕과 선화왕후, 미륵사지 서탑에 국태민안을 발원하는 사리봉안기(舍利奉安記)를 남긴 사택적덕왕후의 자취를 찾는 고도(古都)의 순례자가 되어 백제왕국에 입성하는 상상에 젖어들었다.

마침내 이 순례길의 상고(詳考)에서 얻은 효(孝)와 충(忠)의 마음이 나의 후손들에게 길이 유전되었으면 하는 소망을 양버즘나무의 우듬지에 높이 매달고 귀가하였다.

할머니가 점지해 주신 늦둥이

"내가 강아지 두 마리 줄 거야, 개집도 주고,
마당의 텃밭도 트랙터로 갈아주고……
현미 찹쌀도 방아 찧어 한 가마 줄게."

근 40여 년 만에 만난 아저씨는 나에게 대뜸 강아지 두 마리를 주겠다고 했다. 강아지가 살 개집까지 딸려서 주겠다고 했고, 마당의 텃밭도 갈아주고, 현미 찹쌀도 방아 찧어 주겠다고 했다. 무엇이든지 주고 싶어 했다. 당장 한겨울 텃밭에 얼어있는 대파라도 한 움큼 뽑아서 주고 싶어 했다. 젊은 시절, 할머니 댁 농사일을 도우며 아래채에서 살던 아저씨는 그 마을의 유지가 되어 그 마을의 논을 거지반 이상 경작하고 있었으며 집도 전원주택처럼 멋진 집에 살고 있었다.

아저씨는 내가 다섯 살 무렵 할머니 댁으로 들어와 부엌일을 돕던 예쁜 처녀와 결혼하여 할머니 댁 아래채에 살았었다. 얼굴에 주근깨가 몇 개 있어서 점례라고 불렀던 아저씨의 부인은 환갑을 넘긴 할머니가 되어있었다. 할머니 댁 뒤란 마루에서 달챙이 숟가락으로 감자 껍질을 벗기고 있던 열여섯 살 처녀가 이제는 손자 손녀를 여러 명 둔 할머니가 되었다. 우리 고향마을에서는 끝이 다 닳아서 무디어지다가 날카로워진 놋수저를 달챙이 숟가락이라고 불렀다. 처녀 시절의 고운 모습에 달챙이 숟가락처럼 정겹고도 새치름한 눈매가 그대로 남아 있는 점례 아주머니는 내게 다정한 미소를 지으면서 앞으로는 고모와 조카 사이로 지내자고 했다. 아저씨 집을 나서는 내게 점례 아주머니는 시골에 올 때마다 들러가라 하면서, 친고모처럼 무엇이든지 챙겨주고 싶어서 주방으로 나가더니 윤기가 흐르는 찰밥과 거피팥 고물 인절미를 도시락에 가득 담아 싸주었다.

포클레인 등 중장비가 굉음을 내며 고가를 철거하고 있었다. 친정아버지께서 물려주신 고향의 옛집을 철거하는 날이다. 100여 년이 넘은 옛집은 고조부께서 지은 집인데, 안채와 사랑채, 행랑채, 곳간 등이 딸린 전형적인 농가 주택이었다. 고조부와 증조부, 조부가 대를 이어 이 집에서 사셨다. 친정아버지는 어머니와 결혼 무렵 직장 따라 분가하셨기 때문에 고향 집에서 오래 살진 않으셨다. 고향 집은 할아버지가 돌아가신 후 둘째 할머니가 혼자 사셨다. 내가 열두 살이 되던 해, 돌아가신 친할머니의 뒤를 이어 할아버지와 혼인한 둘째 할머니는 고향 집에서 구순까지 살다가 돌아가셨다.

5년 전 둘째 할머니도 돌아가신 후 고향 집은 아무도 살지 않는 빈집이 되었다. 아버지도 돌아가시고 아버지의 유언으로 결국 내가 고향 집을 관리하게 되었다. 자동차로 20여 분 남짓, 거주지와 거리가 비교적 가까워서 나는 조석으로 드나들면서 마당에 텃밭을 만들어 고추와 상추 등 채소를 심고 꽃을 가꾸며 툇마루에 앉아 옛 추억에 잠기곤 했다. 이제 그 옛집을 철거하고 새로운 집을 짓기로 했다. 4대 독자였던 할아버지는 그 집에서 슬하에 아홉 남매를 두어 손자, 증손까지 50여 명의 후손을 남기셨기에 나는 50여 명의 후손의 터전에 집을 다시 지어 조상님들의 기념관처럼 관리하는 꿈을 가져 본다.

옛집을 철거하는 날, 동네 사람들이 모여들었다. 동네 사람 중에 그 아저씨 내외가 있었다. 잠시 짬이 나자 아저씨는 철거를 지휘하는 남편을 불러 옛이야기를 들려주었다. 할머니에 대한 아저씨의 회고담이다. 할머니는 작은 체구에 온화한 미소를 띠고 계신 분이었다. 산골에 살던 아저씨는 청년 시절, 집을 나와 일거리를 찾아 돌아다니다가 평야가 넓은 동네에 찾아들었는데. 할머니께서 아래채를 내주고 거둬주셔서 할머니를 도와 농사일을 하게 되었고, 예쁜 색시까지 얻게 되었다고 그 은혜를 잊지 못한다고 했다. 아래채에서는 그 아저씨를 비롯하여 두 쌍의 신랑 신부가 탄생했고, 그 젊은이들은 할머니 댁 농사일을 열심히 도와주었다. 할머니는 동네 사람들에게 많은 덕과 인정을 베푸셨다고 했다. 십시일반이라는 말씀을 자주 하시면서 서로서로 도와서 한 사람이라도 살리면 좋지 않겠느냐, 서로 돕고 살자고 늘 말씀하셨다고 했다. 할머니 댁 마당에는 항상 수십 명의 사람이 들락거렸다. 모내기하거나 추수를 하는 날이면 놉과 그 가족들의 식사까지 모두 챙겨 주셨다. 넓은 마루에 상이 차려지고 그것도 부족하면 마당에 멍석을 펴서 상을 차려 그 마을을 지나가는 길손들까지 대접하셨다고 했다.

이른 새벽부터 밤늦게까지 당신은 식사도 제대로 못 하신 채, 그 모든 것을 말씀과 행동으로, 목이 잠기고 허리가 휘도록 진두지휘하신 할머니는 후두암에 걸려서 환갑이 되시던 해 돌아가셨다. 환갑 산칫날 구 남매가 마련해 드린 금비녀를 꽂고 할아버지가 업어드렸던 그해, 봄날을 넘기고 가을 무렵 할머니는 돌아가셨다. 아저씨의 말씀에 의하면 할머니가 후두암에 걸린 원인도 동네 사람들을 보살피고자 당신은 끼니도 잊은 채, 동분서주하신 연유일 것이라고 하며 눈시울을 붉혔다.

옛집이 깨끗이 철거되어 이제 빈 터만 남았다. 날이 풀리는 대로 담장을 낮게 쌓고 황토벽돌로 쌓아 집을 지으려고 한다.

황토 방 한 칸에는 자애롭게 웃고 계시는 할머니의 사진을 걸어 두고, 할머니가 쓰시던 경대가 달린 반닫이와 재봉틀도 그 방에 두고 그리운 할머니의 체취를 느끼고자 한다. 할머니는 새벽부터 일어나 얼레빗으로 긴 머리를 빗질하신 후 비녀를 꽂은 낭자머리를 한 후 바로 텃밭에 나가시거나 동네를 돌며 일손을 모으고 그 식솔들의 아침까지 준비하라고 이르시곤 했다. 직장을 따라 도회지로 살림을 난 아들 내외인 우리 부모님을 도와주려고 할머니는 그 당시 다섯 살 난, 손녀를 당신 곁에 두셨다. 그런 연유로 나는 다섯 살 때부터 일곱 살, 학교에 입학 전까지 할머니와 함께 살았다. 가마솥에 밥이 뜸들 무렵, 할머니는 탐스러운 수수 이삭을 밥 위에 얹어 쪄주셨는데 나는 수수 이삭을 손에 들고 한 알씩 까먹으면서 할머니 뒤를 강아지처럼 졸졸 따라다녔다. 나는 어쩌면 할머니의 귀여운 애완 강아지였는지도 모르겠다고 생각해 보았다.

그로부터 사십삼 년이 지난 올봄, 할머니는 점례 고모를 통해 나에게 '강아지 두 마리'라는 늦둥이를 점지해주셨다. 나는 내 소유의 애완견 등 반려동물을 길러 본 적이 없다. 이제 할머니가 늦둥이를 점지해주셨으니 넓은 마당에서 그 아이들을 잘 길러 볼 계획이다. 우리 아이들의 이름을 뭐라 지어 줄까? 메리? 해피? 천동이, 만동이 그 아이들과 마당을 함께 달리며 즐겁고 행복한 터전을 가꿔야겠지…… 여생의 반려로써 천동이와 만동이는 우리 터전의 슬픔과 기쁨도 함께 바라보며 꼬리를 힘차게 흔들어 주겠지…… 나는 늦둥이를 회임하고 태교라도 하듯 할머니의 십시일반(十匙一飯)의 나눔과 적선지가 필유여경(積善之家 必有餘慶)의 교훈을 되새겨보려 옛집 빈터의 마당에 쪼그리고 앉아 손가락으로 한 획 한 획 새겨보았다. 순간 메리(즐거움)와 해피(행복)가 달려와 내 발치에 앉아 내 손가락을 바라보고 있는 듯한 착각에 빠지며 나는 허공을 향해 그 녀석들의 머리를 쓰다듬어 주었다.

백제왕궁터에서 세기의 소리를 듣다

익산 왕궁리 유적전시관에 다녀왔다. 지난 연말 개관한 이 왕궁리 유적은 사리장엄구가 발견된 미륵사지와 함께 백제 왕궁 천도 역사를 증명하는 최대 백제 유적으로 알려져 있다. 유적전시관에는 유적지에서 출토된 유적들이 전시되어 있었는데 특히 부여 왕궁지역에서만 발견되었던 유적인 와적기단(瓦積基壇) 건물지와 궁궐의 전각 건물로 추정되는 대형 건물지, 그리고 백제의 자연 친화적 조경기술을 엿볼 수 있는 정원 등 새로운 궁성 관련 시설이 천사백여 년의 긴 세월을 넘어 눈앞에 펼쳐져 있었다.

공방터에서 출토된 도가니는 유리 제작용과 금속 제작용으로 나뉘어 있었으며 금속 제작용은 금, 동, 청동용으로 세분되어 각각의 용도별로 사용했던 것을 볼 수 있었다. 여기서 함께 발굴된

금연주, 금사 등의 순금제품과 유리제품으로 된 유물들을 보면 그 시대에 대단위의 금의 제련, 정련뿐만 아니라 귀금속의 세공까지 이루어졌음을 한눈에 볼 수 있었다.

이 공방 폐기지 유적을 보면서 21세기 보석의 도시 익산이 하루아침에 이루어지지 않았다는 생각이 든다. 우리 조상 백제인의 손끝과 숨결이 이어져 아름다운 보석의 도시 익산으로 명맥을 유지하고 있다고 믿고 있다. 이 왕궁리 유적에서 확인된 유리와 금속제품의 제작기술은 일본에 전래한 종합 공방 유적인 일본의 아스카이케 유적에서 그 꽃을 활짝 피우게 되었다.

지난 2000년도에 발견된 대형 화장실 유적은 화장실 터의 토양분석으로 고대인의 배설물을 조사하여 그 시대 사람들의 식생활과 건강 등을 추정할 수 있는 유적이다. 대형 화장실은 좁은 수로를 통해 석축 배수로와 연결되어 있어 화장실 내부의 오수가 일정하게 차게 되면 수로로 배출되는 정화조와 같은 구조를 하고 있었다. 화장실 내부의 벽면은 점토로 덧발라 내용물이 밖으로 빠져나가거나 외부의 지하수가 침투되는 것을 방지한 것으로 보인다. 화장실 내부의 하층인 유기질 층에서는 화장실임을 알려주는 기생충과 뒤처리용 나무막대가 확인되었다. 인체에 기생하여 해악을 끼치며 혐오감을 주는 기생충이 역사를 밝혀주는 단서가 되고 있으니 새삼 기생충의 존재가치에 대하여 다른 각도로 생각해 보는 기회를 얻게 되었다.

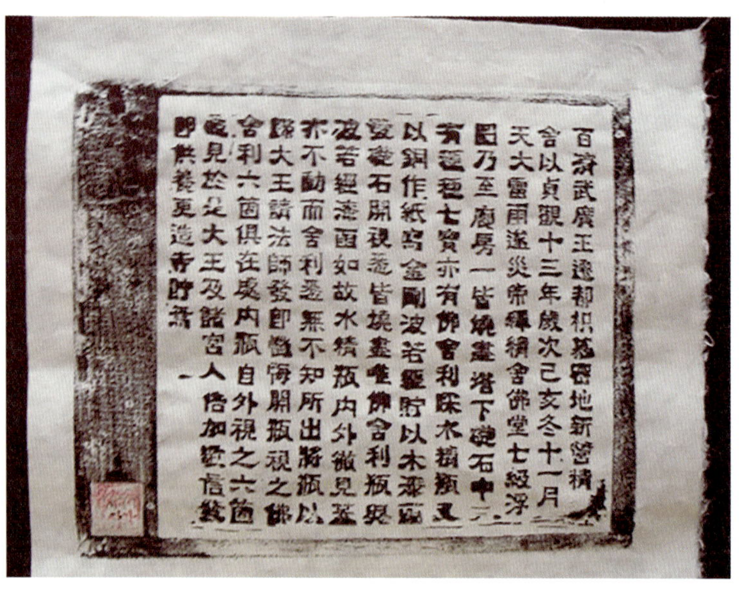
百濟武廣王遷都枳慕蜜地新營精
舍以貞觀十三年歲次己亥冬十一月
天大雷雨遂災帝釋精舍佛堂七級浮
圖乃至廊房一皆燒盡塔下礎石中有
種種七寶亦有佛舍利綵水精瓶又
以銅作紙寫金剛波若經貯以木漆函
發礎石開視悉皆燒盡唯佛舍利瓶與
波若經漆函如故水精瓶內外徹見蓋
亦不動而舍利悉無不知所出將瓶以
歸大王請法師發即懺悔開瓶視之佛
舍利六箇俱在處內瓶自外視之六箇
悉見於是大王及諸宮人倍加敬信發
即供養更造寺貯焉

유적 전시실 밖으로 나오니 목판 찍기 체험장이 있었다. 목판 위에 한지를 한 장 올려놓고 목판의 내용을 찍어보았다. 관세음응험기의 백제 관련 기사였다. 중국 6조 때 편찬된 '관세음응험기', 이 책은 관세음 신앙의 영적인 체험을 모은 기록이다. 그런데 이 관세음응험기는 일본 교토에 있는 청련원(青蓮院)이라는 사찰에 소장되어 있다가 발견되었다. 이 책에서 백제왕이 왕궁을 옮겼다는 것과 관련된 천도(還都) 내용이 발견되었다.

'백제 무광왕은 지모밀지로 천도했다(白濟武廣王還都枳慕蜜地)'

그렇다면 무왕이 천도했다는 지모밀지는 어디인가? 익산 왕궁리의 옛 이름이 지마마지이다. 관세음응험기는 부여에서 익산으로 천도한 정확한 연대와 지명 그리고 천도 이후의 사건을 정확하게 적고 있다. 이 책에 기록된 정관(貞觀) 13년은 서기 639년으로 무왕 40년이다. 탑 안에 불사리와 채수정병, 금강반야경이 있었다고 기록되어 있다. 왕궁리에 있는 탑을 해체하여 복원할 때 '관세음응험기'에 기록되어 있는 유물이 그대로 출토되었다. 1층 탑신 속에서 사리함과 채수정병, 금강반야경이 발견된 것이다.

한편 이번 미륵사지 서납 해체작업에서 발굴된 시리장엄구에서 드러난 미륵사 창건연대인 639년은 바로 '관세음응험기'라는 문헌에 기록된 백제 제석사 창건연대와 같다는 점이 놀랍다.

나는 이 관세음응험기 목판본을 읽으며 신약성서의 복음서를 떠올렸다. 마태를 비롯한 3인의 사도들이 각각 다른 체험을 하면서 쓴 내용이 그리스도의 행적을 같은 목소리로 전하는 복음서는, 보는 눈이 공통된다고 하여 공관복음서(共觀福音書)라 부른다. 미륵사지에서 출토된 사리봉안기와 관세음응험기는 바로

공관복음이었다.

익산이 무왕의 백제 중흥 프로젝트를 위한 수도였다는 사실이 마치 이 공관복음서처럼 증명되고 있는 관세음응험기(觀世音應驗記)의 글자 한 획 한 획을 들여다보며 1400여 년 전의 왕궁터에서 멀리 아름드리 벚나무 사이로 보이는 오층 석탑을 바라보며 화두 하나를 붙잡았다.

공관복음(共觀福音)! 현세기의 소리를 정확히 보고 듣는 안목을 지녀서, 내일의 역사가 되는 오늘 이 시점의 족적을 제대로 남겨야겠다는 의무감에 휩싸여 유적전시관 관람을 마치고 나오며 옷깃을 여미었다.

이국에서 느낀 백제의 숨결

지난여름휴가를 이용하여 가족들과 함께 이웃 나라 일본의 고도(古都)인 교토(京都)에 다녀왔다. 교토는 서기 794년부터 1868년까지 천 년 이상 일본의 수도였다.

유홍준 교수의 나의 문화유산 답사기 '일본 편 교토의 역사'를 읽고 일본의 고도, 교토에 대한 호기심이 강하게 일었다. 유홍준 교수는 문화유산 답사기 일본 편 시리즈에서 1편과 2편에 '빛은 한반도로부터, 아스카 들판에 백제 꽃이 피었습니다.'라는 부제를 붙여 일본 문화가 한반도에서 전래하였고, 특히 백제 시대의 문화가 그곳에 전래하였음을 설명하고 있다. 이러한 일본 문화유산 답사기 3권을 읽은 후, 마한. 백제의 고도 주민인 익산 시민으로서 긍지를 가지고 이국땅에 스며있는 우리 땅 백제의 숨결을 느껴보고 싶어 오사카를 경유하여 교토로 가족여행을

다녀오게 된 것이다.

교토의 문화재 중에서 가장 대표적인 곳으로 알려진 곳은 청수사(清水寺, 기요미즈데라)인데 이 청수사는 우리 백제계 도래인 후손인 사카노우에노 다무라마로가 헤이안 시대에 건립한 사찰로서 우리나라 부석사처럼 시원한 경관이 장관이어서 교토에 가는 관광객이라면 빼놓지 않고 들르는 명소 중의 명소이다. 아스카 시대의 백제계 도래인 중에서 사카노우에노 씨 가문은 그 시대 야마토 정부의 군사를 담당했다고 한다.

산 중턱에 맑은 샘물이 있어 청수산(기요미즈산)이라고 명명된 곳에 건립된 청수사는 건립 당시는 아주 작은 사찰에 불과했지만 사카노우에노가 아이누족의 반란을 진압하고 개선장군으로 돌아와 조정에 청을 올려 조정에서 왕실의 원당 사찰로 삼게 되었다. 이렇게 명성을 얻은 청수사는 절벽을 이용하여 건축한 무대가 압권이다. 무대에 올라 아래를 내려다보면 무대를 받치고 있는 나무기둥이 겹겹이 수직으로 뻗으며 낭떠러지를 이루고 있다. 청수의 무대는 많은 참배객을 수용하기 위해 본당의 앞을 넓힌 것으로 부처님께 바치는 가무가 그 무대에서 공연되었다고 한다.

자연의 산세를 그대로 이용한 청수사의 무대에 올라 아름다운 풍광을 조망하며 그 옛날 백제 도래인의 숨결을 느끼며, 가족들과 백제인의 긍지에 관해 대화를 나누었다. 청수사와 그 외 금각사, 은각사 등의 건축미가 빼어난 문화재를 관람하고 남선사에서 은각사에 이르는 한아(閑雅)한 철학의 길을 걸으며 교토를 돌아보았다.

짧은 여행 일정 탓에 아쉽게 들리지 못한 곳이 있는데 바로 그곳은 익산시가 무왕이 천도한 백제의 수도였다는 문서가 발견된 교토 소재 청련원(青蓮院,쇼레인)이다. 백제 무광왕(무왕)이 지모밀지(금마)로 천도하여 정사를 새로 경영하였다는 내용이 담긴 문서인 관세음응험기가 발견된 곳이다. 관세음응험기는 중국 육조시대의 불교 신앙을 파악할 수 있는 귀중한 자료인데 88편의 응험기 중 마지막 '백제 무광왕 편'에 나오는 구절이다.

또한 교토의 히가시 야마의 산자락에 있는 삼십삼간당이라는 문화재의 건축양식을 살펴보면 지하 기초가 판축 공법으로 되어있는데 익산 미륵사지도 발굴 결과 3.5m 깊이까지 판축 공법으로 되었음이 밝혀졌다. 그곳 방문도 다음을 기약해야겠다. 아울러 동복사도 들러보고 오지 못해 아쉬움이 남았다. 동복사는 익산 왕궁리 유적 중 화장실 유적지에서 발견된 것과 같은 용변 뒤처리용 측주가 발견된 사찰이다. 왕궁리 유적의 뒤처리 측주의 재질은 배롱나무처럼 매끈하다. 동복사의 화장실은 일본의 보물(문화재)로 지정되어 있는데, 그 당시 선승들은 용변을 볼 때도 수행의 진언을 외웠다고 한다.

버리고 또 버리니 큰 기쁨일세
탐진치 어둔 마음 이같이 버려
한 조각구름마저 없어졌을 때
서쪽에 둥근 달빛 미소 지으리

우리 익산의 백제 문화의 자취가 이웃 나라에 고도(古都)에 흩어져 있음을 확인하고 또한 그곳에 스며있는 우리 조상의 숨결을 느끼고 온 짧은 여정이지만 문화의 자취와 향기가 긴 여운을 남기며, 우리의 것을 되찾아 계승 발전시켜야 한다는 과제를 주는 듯했다.

옥룡천과 부상천, 시냇물의 추억

휴일, 미륵산성에 올랐다. 산성에 올라 시야를 멀리하여 한반도의 지도 모양과 흡사한 형태의 저수지를 내려다보았다. 금마저수지이다. 이 한반도 형상을 한 금마저수지는 나의 고향 익산천의 발원지이다. 미륵산 금마저수지에서 발원된 옥룡천(玉龍川)과 용화산 용화제에서 발원된 부상천(扶桑川)이 합류되어 흐르는 익산천변 동녘 학연 마을이 고고성을 울린 곳이다.

유년 시절의 나는 아침 일찍 눈을 뜨기가 바쁘게 시냇가로 나갔다. 맑은 물이 졸졸 흐르는 냇물에 발을 담그고 투명한 모래알을 집어 이를 닦았다. 세수를 마치고는 각시붕어를 잡기에 분주했다. 물풀 사이에는 예쁜 각시붕어들이 꼬리지느러미를 살랑거리며 헤엄치고 있었다. 할아버지는 외양간에서 소를 몰고 나와서 제방 언덕배기에 풀어놓고 소들이 풀을 뜯어먹게 하신다. 그리고 냇물에서 놀고 있는 손녀를 불러 아침밥을 먹으러 얼른 집에 가자고 하신다. 손녀는 각시붕어와 놀던 아쉬움에 집에 돌아와 밥숟갈을 뜨는 둥 마는 둥 하다가 다시 냇가로 나와 종일 각시붕어들과 놀이를 한다. 그것이 지루해지면 문득 눈을 들어 저 멀리 시냇물 건너편의 들판을 바라본다. 포플러 나무들이 햇빛에 반짝이고 있다. 햇빛에 반짝이는 나뭇잎엔 무언가 알 수 없는 그리움이 뒤섞여 반짝인다.

시냇물에는 많은 추억과 아름다운 이야기들이 있었다. 옥룡천(玉龍川) 시냇물을 사이에 두고, 두 석상이 마주보고 서 있다. 옥룡천가의 고도리 석불입상에는 다음과 같은 전설이 서려 있다. 옥같이 흐르는 맑은 옥룡천이 추운 겨울 섣달 그믐날이 되면 꽁꽁 얼어붙는다. 이 옥룡천을 사이에 두고 서 있던 두 석상이 얼어붙은 냇물 위를 뚜벅뚜벅 걸어와서 서로 만난다. 일 년 동안 말 한마디 건네 보지 못하고 마주보고만 서 있었던 회포를 푼다. 이윽고 새벽닭이 울면 제자리로 돌아와 다시 만날 날을 손꼽아 기다린다는 이야기

이다. 견우직녀 이야기가 천상의 아름다운 시냇물인 은하수를 배경으로 한 설화라면 고도리 석불입상의 이야기는 지상의 아름다운 시냇물인 옥룡천을 배경으로 한 설화이다.

또 한줄기의 냇물, 부상천(扶桑川)에는 어떤 이야기가 있었나? 도울 부에 뽕나무 상, 뽕나무가 자라기에 좋은 천변이었나보다. 여름날이면 할머니는 새벽부터 부상천변의 뽕밭에 가서 뽕잎을 따기에 바쁘셨다. 누에는 한잠 자고 날 때마다 방을 점점 점령해왔다. 드디어 내가 잠을 자고 있는 안방의 윗목까지 사각사각 소리가 들려왔다. 누에가 뽕잎을 갉아먹고 있는 소리였다. 다섯 잠을 자고 난 누에는 하얀 고치로 변신하여 부드러운 비단을 만드는 명주실을 뽑아내게 된다. 누에고치를 장에 팔고 오신 할머니의 장바구니에는 손녀가 입을 노란색 주름 원피스 한 벌이 예쁘게 접혀있었다.

각시붕어, 포플러 나무 이파리, 제방 언덕배기의 황소, 옥룡천의 석상, 뽕나무와 누에고치, 명주실 주름 원피스가 금마저수지의 하늘가에 구름으로 피어오른다. 바람이 불어 든다. 구름은 신기하게도 한반도 지도 모양으로 변하여 미륵산성 위의 하늘에 걸린다. 구름과 시냇물도 한반도의 안위를 염원하는지 모를 일이다.

강변이 정비되고 있다고 한다. 하긴 며칠 전 실제로 금강 변을 지나다가 포클레인이 강변을 정비하고 있는 광경도 직접 보았다. 나는 간절히 기원한다. 치수(治水)는 수리시설을 잘하여 가뭄과 홍수의 피해를 예방하는 일인데 4대 강 사업도 그 범주가 되길 기원한다. 식탁 위에 김치를 올리기가 부담스럽다는 사태가 그 연유가 된다는 것이 유언비어이길 바란다. 언제라도 산성 높은 곳에 다시 한번 오르고 싶다. 우리 생명의 젖줄기가 되는 어머니의 젖샘 같은 그곳, 시냇물의 발원지를 내려다보고 싶다.

서동과 선화의 가을 사랑 이야기

백로(白露)를 하루 넘긴 초가을 오후, 서동공원 산책길에 나섰습니다. 서동공원은 옛 백제 무왕으로 등극하였던 서동요의 주인공 서동 왕자와 선화 공주를 기념하기 위하여 조성된 공원으로서 백제의 고도 익산 금마에 있는 조각공원을 말합니다.

공원에는 초가을 바람이 청량하게 불어 들고 있었으며 조각공원의 명성답게 각종 조각 작품들이 석양의 빛을 받고 고즈넉한 모습으로 서 있었습니다. 또한 공원 바로 옆에 있는 저수지는 가을 하늘빛을 그대로 담아 투명한 은빛으로 빛나고 있었습니다.

공원의 화단에는 마치 백합화처럼 감미로운 향기를 내뿜으며 옥잠화가 아름답게 피어있었습니다. 오늘따라 산책길에 특히 눈길을 끌었던 조각상은 서동왕자와 선화공주가 다정한 모습으로 서 있는 서동·선화 조각상이었습니다. 그리고 또 하나는 천상에서 꽃을 뿌리고 있는 산화천녀(散花天女) 조각상이었습니다.

나는 문득 서동·선화 조각상과 산화천녀 조각상, 그리고 옥잠화를 소재로 이야기를 꾸며보고 싶었습니다. 이른바 옥잠화에 대한 창작 동화라고 생각하셔도 좋겠습니다. 한 번 들어 보시겠어요?

초가을 석양 무렵, 서동 왕자와 선화 공주는 두 손을 마주 잡고 다정한 눈길로 사랑을 속삭이고 있었습니다. 그들의 사랑은 조각상이 되어 변함이 없었고, 마주 잡은 손은 또다시 새로운 천년의 사랑을 약속하고 있었습니다. 멀리 하늘에서 서동 왕자와 선화 공주의 다정한 모습을 지켜보던 옥황상제는 산화천녀(散花天女)를 불러 그들에게 향기로운 꽃을 뿌려주라 명하였습니다. 국경마저 초월한 지고지순한 그들의 아름다운 사랑에 향기를 더해주라는 분부를 내리신 게지요. 옥황상제의 명을 받은 천녀는 미소를 지으며 하늘 정원으로 갔습니다. 그리고 한 아름의 꽃을 꺾었습니다. 그 꽃을 바구니에 담아 들고서 백제의 고도(古都, 益山)의 하늘로 날아왔습니다.

이윽고 천녀는 새로운 천년의 사랑의 약속을 하고 있는 서동 왕자와 선화공주의 머리 위에 향기로운 꽃송이를 산화(散花)하기 시작했습니다. 백제의 왕자, 신라의 공주, 아울러 호남의 아드님, 영남의 따님이셨던 서동 왕자와 선화 공주는 저물어 가는 초가을 하루와 함께, 몸과 마음이 하나 된 기쁨을 느끼며, 천녀가 산화한 꽃 한 송이를 주워들었습니다.

천녀가 산화한 꽃은 옥잠화(玉簪花)였습니다. 옥으로 만든 비녀를 닮았다 해서 옥비녀 꽃이라고도 부르는 꽃입니다. 서동 왕자는 선화 공주의 삼단 같은 머리 위에 옥잠화 꽃을 꽂아 주었습니다. 옥잠화 떨잠을 머리에 꽂은 선화공주는 더욱 우아하고 신비한 아름다움으로 빛나기 시작했습니다.

초가을, 감미로운 향기를 발하며 소박하게 피어나는 옥잠화를 보며 서동왕자와 선화 공주의 옥잠화에 서린 가을 사랑 이야기를 꾸며 보았습니다. 가을이 아닌 다른 계절에는 그들에게 어떤 사랑 이야기가 전개될지 궁금한 생각이 드시리라 생각됩니다. 그런데 그 것은 산화천녀(散花天女)밖에 모른답니다. 천녀가 하늘 정원에서 어떤 꽃을 꺾어올지 잘 모르기 때문입니다. 정녕 궁금하시면 금마조각공원, 아니 서동공원에 가보세요. 그리고 산화천녀에게 살짝 물어보세요. 다른 계절에는 어떤 꽃을 산화(散花)할 지에 대해서 말이에요. 어찌 되었든 초가을에는 옥비녀 떨잠처럼 아름다운 옥잠화 꽃을 뿌렸다는 것은 확실합니다. 서동 공원 연못가에 옥잠화가 감미로운 향기를 발하며 피어있었거든요.

옥잠화의 꽃말은 '추억'이라고 합니다. 서동공원 연못가에 피어 있는 옥잠화의 감미로운 향기를 가을바람에 실어 전해 드립니다. 그 향기 속에서 '사랑의 추억'에 빠져 보세요. 그런데 이 아름다운 서동 왕자와 선화 공주의 사랑 이야기에 영호남 화합 또는 동서(東西)간의 화합 이야기를 덧붙인다면 금상첨화가 될지, 사족이 될지 잘 모르겠습니다. 그렇지만 분명한 사실은 화합 속에 사랑이 싹트고, 또 그대와 내가 하나가 되는 강력한 힘을 가졌다는 것입니다.

이상 조각공원 초가을 산책길에서 만난 서동·선화, 그리고 옥잠화 꽃이 전하는 사랑과 화합의 메시지였습니다.

Ⅲ ╲ 독서하는 여인

독서하는 여인

아침 출근길이었다. 아주머니 한 분이 손에 책 한 권을 들고 앞서 걸어가고 있었다. 나는 보폭을 크게 하여 아주머니의 곁을 스쳐 지나며 그녀의 옆모습을 바라보았다. 연륜의 주름이 보이는 그녀는 젊은 여성이 아니고 50대 후반쯤 되어 보였다. 나는 손에 책을 들고 걷는 초로의 아주머니가 '매우 인상적이다.'라는 느낌을 가지며 책 표지를 쳐다보았다. '삶이 바닥부터 흔들릴 때'라는 제목이 한눈에 들어온다. 제목을 보고 나니 책을 들고 있는 초로의 아주머니의 걸음걸이가 흔들려 보이는 듯도 했다. 갈림길에서 아주머니는 우측 옆길로 걸어갔고 나는 좌측으로 돌아 일터인 약국에 도착했다. 책의 제목이 마음을 흔들 기도 했지만, 아직 읽어 본 적이 없는 책이었기에 검색을 해보았다. 어느 목사님이 쓴 신앙에세이였다. 아마도 그 아주머니는 바닥부터 흔들리는 삶을 굳건하게 세우기 위해, 아니면 더욱 깊이 있는 신앙심을 함양하기 위해 그 책을 골랐으리라.

그 책에는 삶을 일으켜 세우는 구원의 메시지가 담겨있으리라. 삶을 영위하면서 생기는 어려움은 오히려 삶의 활력소가 되니 바람이 분다는 것은 삶을 움츠러들게 할 수 있지만, 그것은 긍정적인 에너지를 발생시키는 풍력발전기가 되어 삶의 활력을 얻을 수 있게 된다는 메시지를 부여해주리라…… 이렇듯 아침 출근길에 만난 그녀는 책 한 권을 손에 들고 걸어간 것만으로도 그 책을 바라보는 이들에게 삶에 대한 긍정적인 의지와 위안과 격려를 시사해 준 듯싶었다.

며칠 전에는 '독서하는 여인의 그림'을 관람하면서 신선한 충격을 받은 일이 떠오른다. 휴가 첫날 순천만 정원박람회를 관람하고 이튿날에는 해남 땅끝마을에 들러 그곳에 있는 고산 윤선도의 유적지를 돌아보다가 고산 윤선도의 유적전시관에서 윤선도의 증손인 윤두서와 윤두서의 아들인 윤덕희가 그린 민속화 몇 점을 관람했다. 휴가가 주는 여유를 누리며 그림 한 점 한 점을 자세히 살펴보았다. 그중 윤덕희의 '독서하는 여인'이라는 그림 앞에서 발걸음이 떨어지지 않았다. 소박하지만 기품 있는 조선 시대의 여인이 의자에 앉아 책을 읽고 있는 그림이었다. 중국 화풍의 영향을 받아 넓은 폭의 병풍을 배경으로 파초가 시원스럽게 그늘을 만들고 나뭇가지에는 새가 앉아 독서하는 여인을 바라보고 있는 정경이다.

그림 속의 여인은 노안이 와서 시력이 좋지 않은지 책을 무릎 위에 올려놓고 손가락으로 한 자 한자 짚어 가며 책을 읽고 있다. 여인이 읽고 있는 책은 조선 후기 한글 소설인 숙향전이라고 하는데, 한문본으로는 이화정기(梨花亭記)라고 하는 책이다. 이 소설은 '영웅의 일생'의 구조에 따라 여성의 수난을 그리면서, 애정 성취의 욕구와 같은 여성의 관심사를 다루어 조선 시대 여인들이 정성껏 필사하여 돌려보던 책이라고 한다.

그동안 '독서하는 여인'이라고 표제가 붙은 그림에 대해서는 마티스, 모네, 르노와르 등의 프랑스 인상파 화가가 그린 외국 작품만 알고 있었던 나에게 우리나라의 풍속도에서 '독서하는 여인'을 처음으로 접하게 된 것은 신선한 충격이었다. 소박하고 단아한 머리 맵시에 평상복인 한복을 입고 책을 읽고 있는 조용한 아침의 나라의 여인! 그녀는 참 아름다운 한 폭의 그림이었다. 동서고금을 막론하고 '독서하는 여인'들은 책을 읽으면서 꿈을 꾸고 이상향을 여행하며 삶의 역경을 치유했을 것이다.

아침 출근길에 만난 책을 손에 들고 걷고 있던 여인과 윤덕희의 그림 '독서하는 여인'을 연상하던 중, 대학 시절의 에피소드가 하나 생각났다. 등하굣길에 대학 전공 책 외에도 시집과 타임지(TIME)를 돌돌 말아 포켓에 넣거나 손에 들고 다닌 적이 있었다. 약제학 실습시간 실험실에서도 실습 가운 주머니에 타임지를 넣어두었다가 쉬는 시간을 이용하여 타임지의 사진과 기사 제목 정도를 읽으며 외신(外信)을 접하곤 했다.

지금이야 외신은 인터넷을 통하여 실시간으로 접할 수 있지만, 그 시절은 타임지의 기사 등에서나 국제정세를 알 수 있었다. 그런 나의 모습이 담당 교수님의 눈에 들었나 보다. 연구실로 부르시더니 영어 원서로 된 전공 서적 한 권을 방학 동안에 번역하라는 과제를 주셨다. 아마도 타임지를 들고 다니며 눈요기하는 학생의 모습을 보며 영문 해독을 제법 할 수 있겠구나 하고 오해를 하신 것이었다. 하지만 간곡한 교수님의 말씀을 거역할 수가 없어서 영어 사전에 의존하여 겨울방학 동안에 영문 원서 한 권을 우리말로 번역하여, 개강 무렵 번역서를 마침내 출간하게 되었다.

대학로 찻집에서 학우들과 함께 다과를 곁들인 출판기념회도 교수님이 마련해주셨다. 외출할 때 손에 책을 들고 다녔던 스물세 살 때의 유치찬란한 에피소드이다. 정말 우연하게도 그 후 스물세 해째가 된 어느 날 인터넷 블로그 안부 게시판에서 교

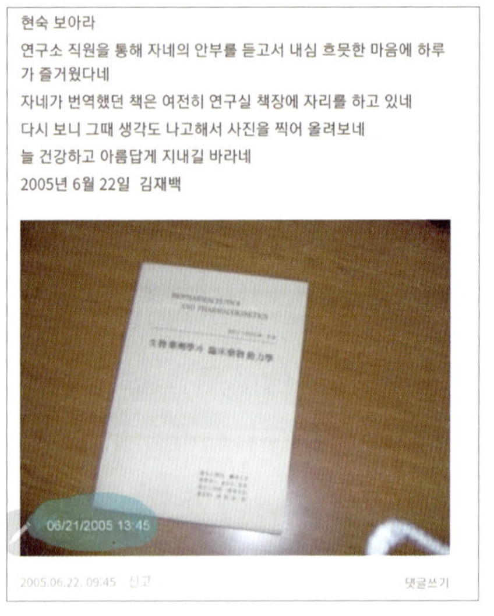
현숙 보아라
연구소 직원을 통해 자네의 안부를 듣고서 내심 흐뭇한 마음에 하루가 즐거웠다네
자네가 번역했던 책은 여전히 연구실 책장에 자리를 하고 있네
다시 보니 그때 생각도 나고해서 사진을 찍어 올려보네
늘 건강하고 아름답게 지내길 바라네
2005년 6월 22일 김재백

2005.06.22. 09:45 신고
댓글쓰기

수님의 안부 인사 글을 받았다.

연구소 직원을 통해 자네의 안부를 듣고서
내심 흐뭇한 마음에 하루가 즐거웠다네.
자네가 번역했던 책은 여전히 연구실 책장에 자리를 하고 있네.
다시 보니 그때 생각도 나고 해서 사진을 찍어 올려보네
늘 건강하고 아름답게 지내길 바라네. 2005년 6월 22일

책을 손에 들고 다녔던 일로 인하여 교수님의 눈에 들어 영문 원서를 번역하며 심도 있게 공부를 할 수 있었고 학창 시절에 출간의 기회를 가져보았으니 책이 가져다준 정녕 큰 선물이 아닐 수 없었다.

요즘 H 출판사의 L 대표는 독서 캠페인을 벌이고 있다. 독서 캠페인은 출판사 마케팅의 한 방법이기도 하겠지만 손에 책을 들고 다니며 출퇴근 시에라도 책을 읽어 마음의 양식을 쌓아보자는 것이다.

'독서하는 당신이 아름답다!'

책을 읽는 아름다운 당신에게 어떤 행운이 다가갈지 기대해 보시라!

그리운 선생님

여중 2학년생의 소녀는 그 해 가을에 개최되는 고전 읽기 경시대회를 앞두고 있었다. 학교에서는 독서를 좋아하는 학생들을 선발하여 학기 초부터 방과 후에 고전 독서지도를 하고 여름방학이 다가오자 합숙훈련을 기획하였다. 합숙훈련은 2주간을 예정하고 완주군 운주계곡에 있는, 스님들이 도를 닦는 암자처럼 생긴 돌담집으로 장소가 정해졌다. 합숙훈련이 시작되는 날 고전 읽기 경시 대회 준비 학생들은 책과 침구를 챙겨 들고 학교에 모여 운주계곡으로 출발했다. 돌담집 주인 되시는 선생님과 고전 읽기 담당 선생님이 동행하셨다. 버스 종점에서 내려 산길로 들어가서 열 개의 계곡을 건너야 그곳에 도착한다는 선생님의 이야기를 미리 듣긴 했지만 돌담집으로 가는 길은 산길을 10여 리 이상 걷는 강행군이었다. 산길을 한참 걷다 보면 길이 없어지고 시냇물이 흐르는 계곡이 나타났다. 운동화를 벗어 들고 맨발로 시내를 건너 자갈길을 걸었다. 자갈길을 걷다 보면 또다시 넓은 시내가 흐르고 있었다. 정말 그렇게 열개의 계곡을 지나가니, 깊은 산속, 문자 그대로 심산유곡에 예의 돌담집이 있었다.

돌담집은 할머니 한 분이 지키고 계셨다. 별이 반짝반짝 빛나는 한밤중에 도착한 10여 명의 손님들을 위하여 할머니는 가마솥에 잡곡밥을 지어 감자된장국과 열무김치를 반찬으로 저녁상을 차려주셨다. 늦은 저녁식사를 마친 소녀들은 모기장을 치고 잠이 들었다. 계곡 물소리가 밤새 들려왔다. 소녀는 아침 일찍 눈을 떴다. 계곡에서는 물이 끊임없이 흘러내리고 돌담집 계단을 내려가면 눈앞에 바로 넓은 시내가 흐르고 있었다. 냇가에 쪼그리고 앉아 맑은 시냇물을 손에 움켜서 세수를 했다. 비누거품이 빨리 없어지지 않아서 여러 번 헹구어 세안을 했다.

아침식사를 마치고 계곡의 그늘을 찾아서 삼국유사를 읽기 시작했다. 점심 무렵이 되었다. 교대로 식사 당번을 맡아 할머니를 도와 식사 준비를 했다. 식사 당번이 된 그녀와 친구는 수제비를 끓이기로 했다. 밀가루를 반죽하고 할머니에게 텃밭의 호박 한 개를 얻었다. 마침 선생님들이 계곡에서 다슬기를 잡아오셔서 다슬기 국물에 밀가루 반죽을 떼어 넣은 다슬기수제비를 만들었다. 햇빛은 쨍쨍 빛나고 있었지만 시원한 바람이 불어 드는 돌담집 평상에 둘러앉아 먹는 수제비의 맛을 어떤 맛으로 표현할까?

점심 식사를 마치고 이어지는 고전 읽기, 책갈피 해두었던 책을 펼쳐들고 다시 삼국유사의 이야기에 몰입하였다. 이렇게 사흘이 지나갔다. 그러나 산중의 기후에 적응하지 못한 소녀는 심한 감기에 걸리고 말았다. 동행하셨던 담당 선생님께서는 산중에서 병이 심해진다고 판단하고 고열에 시달리는 소녀를 데리고 귀가 길을 동행해주셨다. 선생님과 함께 산길을 따라 걷다가 급류가 흐르는 개울가에 이르렀다. 선생님은 소녀가 개울물에 발을 담그고 건너면 감기가 더 심해질까 염려하시며 그녀를 업고 개울을 건넜다. 선생님은 여식 같은 어린 제자를 등에 업으셨겠지만, 이제 사춘기에 접어든 소녀는 혼미한 정신에도 얼굴이 달아오름을 느꼈다. 산중에 들어갈 때처럼 열 개의 개울을 그렇게 건너 버스정류장에 도착했다. 선생님과 함께 버스를 타고 그녀는 안전하게 집에 도착하였고, 선생님은 산중 돌담 집으로 다시 돌아가셨다.

집에 도착한 소녀는 자리에 누워 이틀 밤낮을 앓고 일어났다. 그러나 현기증이 일어 자리에 다시 누웠다. 고열은 내렸지만, 소녀의 마음속에 무언가 허전한 마음이 자리 잡고 알 수 없는 그리움이 자라기 시작했다. 그리움! 엄마, 아빠, 할아버지, 할머니에 대한 그리움 이후에 처음 찾아온 다른 느낌의 그리움이었다.

여름방학이 끝나고 개학을 했다. 개학 일주일 후 고전 읽기 경시대회가 치러졌다. 다행히 우수한 성적을 거두었다. 담당 선생님은 소녀와 독서 친구들을 불러 칭찬을 해주셨다. 새 학년이 시작되던 이듬해 선생님은 교감선생님으로 승진하여 다른 학교로 발령을 받아 떠나셨다.

선생님이 떠나가시고 그녀는 여중 3학년을 보내고 부쩍 자라 여고생이 되고 여대생이 되고 성숙한 숙녀가 되어갔다. 지금은 그 당시 선생님보다 더욱 많은 연륜이 되었는지도 모르겠다. 그땐 말할 수 없었지만 선생님이 정말 그립다. 선생님이 수업하시는 역사 시간이 되면 눈망울을 반짝이며 열심히 공부했었는데, 선생님의 흥미로운 수업에 집중하다 보면 수업시간이 쏜살같이 지나갔었다.

스승의 날에 즈음하여 문득 선생님이 생각나서 서가에서 삼국유사를 꺼내 들고 고전 읽기 대회를 준비하는 소녀로 돌아가 책장을 넘겨본다.

봉오리 장미꽃을 든 꼬마 철학자

지난 일요일, 교육 세미나가 있어서 전주에 있는 국립대 캠퍼스의 문화회관에 다녀왔다. 세미나가 시작되기 전 잠깐 시간 여유가 있어서 동행한 지인과 함께 신록이 우거진 캠퍼스를 산책했다. 캠퍼스는 산책로를 잘 가꿔 놓아서 마치 수목원에 들어온 느낌이 들 정도로 나무가 우거져 있었다. 플라타너스 길, 단풍나무길, 은행나무길, 히마라야시다길 등 각 단과 대학으로 향하는 길들이 모두 신록이 우거진 산책로로 조성되어있었다.

나뭇잎 사이로 불어 드는 상쾌한 바람에 머리카락은 시원스럽게 휘날리고, 꽃과 나무를 좋아하는 지인과 정담을 나누며 오월의 신록 속에서 거의 한 시간여 캠퍼스를 거닐었다. 산책로의 마지막 장미밭에서 장미꽃 송이들이 손짓하여 부르는 듯하여 꽃밭으로 달려가니 분홍 장미, 노란 장미, 백장미, 흑장미 등이 탐스러운 봉오리를 맺고 있었다. 캠퍼스에 피어있는 장미꽃을 바라보며 문득 대학교 새내기 시절 교수님 한 분을 생각했다. 새내기들에게 교양철학을 강의했던 철학교수님!

강의 시간에 교수님께서는 학생들에게 '철학과 문화와의 관계'라는 내용으로 리포트를 과제로 주었다. 리포트 양식은 논문, 수필, 시 등 장르를 가리지 말고 취향에 맞게 써도 좋다고 했다.

과제를 산문시 형식으로 써서 리포트를 제출했다.

哲學과 文化(철학과 문화)

1.

애지(愛知)의 학(學), 철학은 어느 날엔가 아름다움과 함께 태어났다. 그들은 희랍의 조각품 속에서 뛰놀고 있었고, 로댕의 생각하는 사람상 위에서 잠시 쉬었다.

그들은 마냥 손잡고서 중세 그리스도교로 달려가서 철학이 삶의 방법을 노래하면 예술은 아가(雅歌)로 하아모니를 이루었다. 어느 날엔가는 DIVINA COMMEDIA(단테의 신곡)와 FAUST(파우스트)에서 예술이 철학의 옷을 살짝 걸치고서 時代라는 거울 앞에 미소 짓고 있었다. 거울은 예술이 가진 천부의 아름다움에 철학의 지성을 가미하여 비춰주었다. ZARATHUSTRA(자라투스트라)에서 철학은 예술이 가지고 있는 향수를 빌렸다. 향수가 몇 방울 떨어지는 순간, 고고한 철학의 몸에서는 감미로운 향기가 은은히 배어났다.

철학과 예술! 그들은 금란지교를 맹세했다. 철학은 금의 날카로움, 논리적 인식(論理的 認識)과 진리를 추구했다.

예술은 난의 부드러움, 직관적 관상, 미를 갖고자 열망했다. 예술, 그녀는 작은 조약돌 하나, 풀잎 한 포기, 봄날에 지저귀는 새소리에서 생명력을 발견하고 희망이라는 메아리를 들었다. 그녀가 보는 것은 아름다움이었고, 그녀가 듣는 것도 아름다움이었다.

2.

애지(愛知)의 학(學), 철학은 도덕(道德)이라는 벗을 만나 자신이 가지고 있는 것을 서로 아낌없이 주고받았다. 철학은 그 자신이 가장 아끼는 것, 진리(眞理)를 벗, 도덕(道德)에게 선물했다. 도덕은 그 보답으로 자신이 갈고닦아온 보석 한 알, 선(善)을 벗, 철학에게 주었다.

이렇듯 두 벗 철학과 도덕은 그 자신들을 주고받음으로 해서 완성을 향한 성장을 하고 있었다.

3.

애지(愛知)의 학(學) 철학은 종교(宗教)라는 벗과 운명적으로 조우했다.

철학은 진리의 음성으로 종교와 대화했다.

종교는 성(聖)의 관념을 철학에게 이야기했다. 불현듯 그들은 서로의 손을 마주 잡았다 그리고 한목소리의 화음으로 소리 높여 외쳤다.

"진(眞)과 성(聖)은 하나다, 그것이야말로 너 자신이다."
신! 철학이 바라보는 이상향이었다.
진리라는 태양을 인식함은 종교적 구제였다.

종교도 잠시 생각에 잠겼다. 이윽고 헤겔을 통해 말했다. 신을 인식함은 곧 철학이고, 철학은 신 그 자신이 인간에게 계시됨이야.

스피노자도 말했다. "철학은 신의 지적 사랑이요, 인간을 통한 자기 자신에 대한 사랑입니다."

칸트는 밤하늘의 무수한 별을 보며 도덕률이 찬연히 빛나고 있음을 발견했다.

도덕적 완성을 위하여 영혼의 자유를 요청했다. 도덕과 행복의 결합을 위하여 신을 모셔왔다.

종교는 구원을 노래했다. 자신의 무력함, 자신의 유한함을 느끼며 그의 마음(종교심)은 영생을 갈망했다. 그리고 모든 감각의 초점을 피안의 파라다이스에 모았다.

4.

애지(愛知)의 학(學), 철학은 어느 날엔가 문화(文化)의 아들들, 예술, 도덕, 종교와 한자리에서 만났다. 그들은 학문의 그늘 앉아서 토론하기 시작했다. 철학이 말했다. 나, 철학은 예술, 네가 가지고 있는 美의 본질을 탐구하기도 한단다.

또한 종교, 네 마음을 생각해 보기도 한단다. 종교와 예술이 미소 지으며 말했다.

우리도 마찬가지야. 종교의 신앙에는 철학, 네가 가지고 있는 지(知))의 베일이 드리워져 있고 예술의 목소리에도 철학, 너의 논리와 개념이 향수처럼 배여 있지.

잠시 후 철학(哲學), 예술(藝術), 도덕(道德), 종교(宗教)는 잔을 높이 들어 건배했다.

우/리/의 영/원/한 우/정/을 위/하/여!
순간 그들 머리 위에 섬광이 비췄다.
人/間/의/思/惟 다섯 글자가 섬광을 발하고 있었던 것이었다.

철학교수님은 이 리포트를 대학 신문에 기고해주시며 '봉오리 장미꽃을 든 꼬마 철학자'라고 별명을 붙여주었다. 대학 새내기 시절의 현학적이고 유치찬란했던 봉오리 장미의 시절이 그립다. 철학은 라틴어로 philosophy, 지혜를 사랑하는 애지(愛知)의 학문이다. 오늘 만난 장미꽃 봉오리가 활짝 피어날 무렵, 캠퍼스를 다시 찾아 애지의 향기에 취하고 싶다.

헬렌 켈러의 에세이를 읽다가 은사님을 생각하며

유년기 때의 병으로 그 이후의 평생 아무것도 볼 수도 없었고, 들을 수도 없었고, 말할 수도 없었던 헬렌 켈러의 에세이 중에 다음과 같은 내용이 있다.

나는 평범한 장애자일 뿐이다. 다만 설리반 선생님께서 어둠 속에 떨어진 빛 한 줄기를 주워 주신 것이 다를 뿐이다.

설리반 선생님! 나는 문득 은사님 한 분이 생각났다. 대학 2학년 때, 점점 심해지는 폐결핵으로 1년간 학업을 중단하고 휴학을 했었다. 1년 후 대학에 복학하여 후배들과 공부를 해야 했다. 폐결핵은 완쾌되어 복학할 수 있었지만, 아직 체력은 충분히 회복되지 않아, 내리 3시간 이상의 실험 실습은 몸을 지탱하기 어려웠고 빈혈이 심하여 복잡한 유기화학이나 생화학의 구조식 등의 암기가 제대로 되지 않아 점점 학업에 흥미를 잃어갔다.

교수님께서 칠판에 화학 구조식을 그리고 계시면 나의 머릿속에는 하이네나 타고르의 시가 맴도는 등 보기에는 얌전해 보이지만 실제로는 학업에 적응하지 못하는 학생이 되어가고 있었다. 한편으로는 딱딱하고 엄격하신 교수님들의 강의를 들으며 내가 왜 적성에 맞지 않는 약학을 선택했나 하는 회의가 들 정도로 점점 학업에 흥미를 잃어갔다. 그런데 약제학을 담당하신 한 교수님의 강의를 듣기 시작하면서 나는 약학에 대한 사랑과 무한한 동경까지 가지게 되었다. 그 교수님은 교과서 내용은 스스로 공부하게 하셨고, 그분이 담당하신 약제학이라는 학문을 통해서 본 삶에 대한 철학, 윤리, 심지어 예술까지 넘나들며 학문의 즐거움을 느끼게 해 주셨다. 약학은 이제 약학만이 아니었다. 그 속엔 인류에 대한 무한한 사랑, 한 소절의 아름다운 시가 있었고, 미래에 대한 희망이 있었으며, 장려한 우주가 전개되어 있었다. 그렇게 해서 3학년을 마치고 겨울방학이 시작될 무렵, 교수님께서는 연구실로 나를 부르셨다.

후배들 틈에서 공부하는 작고 약해 보이는 학생을 유심히 보았지. 번호순대로 돌아가면서 하는 세미나 시간에 나는 학생이 어학에 능력이 있다는 것을 발견했지.

어떤 한 용어를 정확히 영어로 개념을 설명하는 모습에서 말이지. 자, 겨울방학 동안 이 영문 원서를 우리말로 번역해 보게나. 번역이 잘 되면 우리 학교 교재로 사용하겠네.

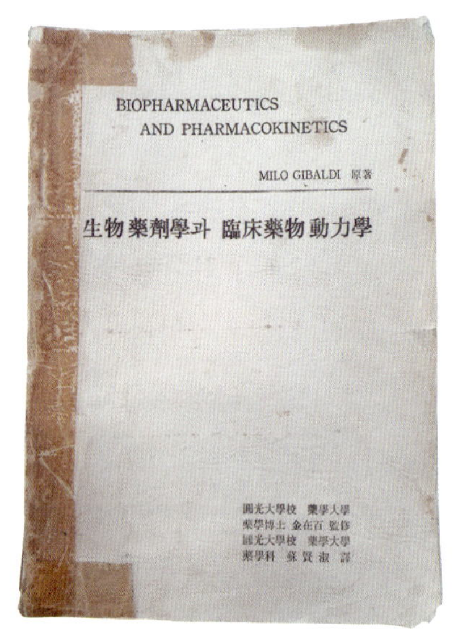

나는 깜짝 놀랐다. 교수님은 강의하시면서 학생들의 작은 특성까지도 놓치지 않고 보셨구나.

2개월간의 겨울방학 동안 꼼짝도 하지 않고 교수님이 주신 밀로우 기발디라는 약리학자가 쓴 영문 원서인 * '약물동력학과 생물약제학'이라는 책을 우리말로 번역했다. 약물이 인체에 투여된 후에 일어나는 약물의 변화 및 어떤 구조로 약물을 만들어야 인체에 가장 유효하게 이용되는가를 연구한 저서였다. 그 책을 우리말로 번역하면서 나는 많은 것을 얻을 수 있었다.

저서의 약학적 지식 외에도 생명과학자들의 논리 정연한 철학, 학문에 대한 열정과 사랑, 그리고 인내를 배울 수 있었다. 그 이후로 약학대학을 우수한 성적으로 졸업하고 일선에서 주민들의 건강을 상담하는 건강의 조언자가 될 수 있었다. 아마 그 교수님을 만나지 못했다면, 약학을 포기했을지도 모른다. 공부는 결코 주입식이 아니고 개념을 이해했을 때 공부에 흥미를 느끼고 심화될 수 있었기 때문이다. 교수님은 학생에게 지식을 주입시키고 아니하고, 다만 동기 유발과 흥미 부여를 해서 스스로 학문에 몰입하게 하셨던 분이셨다.

그 교수님은 병약한 한 학생에게 학문의 즐거움이라는 빛 한 줄기를 주워 주신 잊지 못할 은사님이셨다.

* 번역서의 역자 후기이다.

〈譯者 後記〉

지난겨울은 나날이 혹한의 연속이었습니다.
북풍은 끊임없이 위풍을 자랑하며 대지를 동결시켰습니다.
미미한 한 생명과학도는 언 손을 불어 가며 따뜻함을 갈망했습니다.
빛을 갈망했습니다.
어디선가 한 줄기 광선이 흘러들어왔습니다.
생명과학자들의 지고한 탐구열이었습니다.
그 열기는 미미한 생명과학도의 언 손을 녹여,

서툰 필치로 그 연구업적을 옮겨 쓰게 되었습니다.

생물약제학은 약물을 인체에 투여(投與)한 후에 관찰되는, 약물의 제형이 미치는 약물의 이화학적 특징과 약리학적, 독성학적, 임상적 반응과의 관계에 관련된 약제학의 주요 분과를 다루는 학문입니다. 처음부터 끝까지 번역 과정을 돌보아 주시고 격려해 주신 원광대학교 약학대학 교수이신 金在百 박사님과 또한 많은 지견을 심어주신 여러 교수님께 깊은 감사를 드립니다.

마지막으로 원(原) 저자 MILO GIBALDI 교수님의 연구업적에 깊은 경의를 표합니다.

1984년 3월 蘇賢淑 識

위편삼절(韋編三絶) 이야기

위편(韋編)은 가죽으로 맨 책 끈을 말하는데, 그 가죽끈이 세 번이나 닳아 끊어졌다는 뜻이다. 다음과 같은 고사에서 유래하는 이야기이다.

공자가 주역(周易)을 읽음에 가죽으로 엮은 책의 끈이 세 번이나 끊어지니 가로되, "내가 수년 동안 틈을 얻어서 이와 같이 되었으니, 내가 주역에 있어서는 곧 환하니라. 만약에 주역을 이렇게만 공부한다면 주역에 대한 천도와 지도와 인도의 이치에 심도 있게 밝아질 것이다."

(孔子獨易에 韋編이 三絶曰 假我數年하여 若是인대 我 於易 則彬彬矣니라)

한 권의 책을 수십 번 읽게 되면, 책을 철(綴)한 곳이 닳아 흩어지게 되는데, 흩어진 책을 다시 묶어서 즐겨 읽는 것을 위편삼절(韋編三絶)이라고 한다.

고대 중국에서는 책을 만들 때 몇십 장의 죽간(竹簡)을 끈으로 철하여 만들었다. 서기 105년 채륜에 의해 종이가 발명되기 이전 중국에서는 책을 만드는데 죽간이라는 것을 사용했다. 먼저 대를 불에 쬐어 푸른빛을 없앤 다음 그것을 조각으로 잘라서 그 위에 철필로 글자를 새겨서 쓴 후 이런 대 조각 몇십 개를 가죽끈으로 묶으면 한 권의 책이 만들어졌다고 한다. 이렇게 만들어진 책의 끈이 몇 번이나 끊어지도록 책을 계속하여 읽는 것을 위편삼절(韋編三絶)이라고 한다. 삼절(三絶)이란 딱 세 번에 한정된 수가 아니라, 몇 번이나 되풀이하여 끊이진다는 뜻으로 해석해야 할 것이다.

책을 맨 끈이 세 번이나 닳아 끊어질 때까지 책을 읽어서 그 분야에 통달했다고 하니 참으로 놀랍다. 특히 하늘의 도리와 땅의 도리와 사람의 도리에 심도 있게 밝아질 것이라 하였으니 우리가 타인의 말을 들을 때나 혹은 글을 읽을 때 위편삼절의 도를 본받으면 모든 이치에 밝아져 오해의 소지가 없어지고 참뜻을 이해하여 자유로운 소통이 될 것이다.

요즘은 자료나 책이 홍수처럼 범람하는 시대라서 책의 소중함이나 그 가치가 크게 느껴지지 않는 감이 있는데 내가 자라던 시절, 1960년대 모든 물자가 귀하고 어려웠던 시절을 회상해 보면 책에 대한 애틋한 추억이 하나 떠오른다. 한글을 깨친 어린 시절 위인전과 동화책이 보여주는 세계는 유년의 안전(眼前)에 전개되는 놀라운 신세계였다. 그 신세계를 찾아서 동화책이 전집으로 꽂혀있는 친척 집이나 친구 집에 놀러 가면 책이 있는 방에 들어가서 나오지 않고 몇 시간 동안 책 속에 파묻혀 책을 읽은 기억이 난다. 친구나 친척 언니와 노는 것도 잊은 채, 허기가 지고 책 멀미가 날 때까지 책장을 넘기곤 했다.

또한, 어머니가 시장에 다녀오면서 콩나물을 담아온 젖은 신문지에서 동시와 동화를 찾아 읽을 때의 그 기쁨과 다락방에 쌓여 있는 짐 속에서 동화책 한 권을 발견했을 때의 기쁨이란 이루 말할 수가 없었다. 서재가 따로 없었던 그 시절, 어머니는 다락방에 잘 보지 않는 책이며 물건들을 쌓아놓고 계셨는데, 나는 휴일이 되면 다락방 사다리를 올라가 책을 읽으며 종일 행복하게 보냈다.

초등학교 시절, 여고에 다니던 막내고모가 읽고 있었던 중국의 4대 기서 그중 특히 서유기(원본 서유기는 동화로 번역된 손오공보다 훨씬 글씨가 작고 두꺼웠다.)를 고모가 잠시 책을 덮어 놓은 틈을 살짝 타서, 그 책을 읽었던 에피소드가 떠오른다. 고모는 책 한 권을 다 읽을 때까지 나에게 순서를 좀처럼 주지 않았기에, 나는 호시탐탐 그 책이 내 수중에 들어오기를 노리고 있었다. 서유기는 그 뒤로 읽고 또 읽어 표지도 떨어지고 책장이 너덜너덜해졌다. 서유기를 위편삼절하진 않았지만, 손오공의 근두운을 불러서 그 구름을 타고 1만 8천 리를 찰나의 시간에 날아다니며 우주를 소요하고 그 우주가 부처의 손바닥이었다는 법문을 마음속에 아로새기게 된 것은 책이 너덜너덜해짐의 선물이었다고 생각해본다.

책을 읽으며 행복이 마음 가득 넘쳐흘렀던 그 시절을 새삼 그리워해 본다. 양서에 정신을 집중하여 위편삼절하고 이웃의 마음도 위편삼절하고 자신의 마음도 위편삼절하여 의식(意識)의 자유로운 소통을 꿈꾸어본다.

책을 거풍(擧風)하면서

거의 두 달 동안 지속되었던 장마가 지나가고, 바야흐로 맑고 투명한 전형적인 가을 날씨로 바뀌었다. 휴일에 집에서 책장정리를 하다가 습기를 머금어 곰팡내가 배어있는 오래된 책 서너 권을 발견했다. 바림이 잘 통하는 테라스 난간에 책을 펼쳐 놓고 거풍(擧風)을 했다. 거풍은 오랫동안 쌓아 두었거나 바람이 통하지 않는 곳에 두었던 물건을 바람에 쐬어 건조하는 것인데 주로 책이나 의류 등을 거풍한다.

오래된 책 중에는 여고 시절에 즐겨 읽었던 헤르만 헤세의 책도 있었는데 1975년경 발행되었고 깨알 같은 작은 글씨와 세로쓰기로 편집된 책이었다. 그러고 보니 거의 50여 년이 되어가는 고서라는 생각이 들었다. 책을 거풍시키면서 책장을 펼쳐보니 헤세의 데미안, 지와 사랑 등과 더불어 '청춘은 아름다워'라는 단편도 눈에 띈다. 예전에 읽었을 때도 청춘의 풋풋함과 설렘, 가족과 친구, 고향 집에 대한 추억이 잘 묘사되어있다고 생각했었는데, 다시 읽어보니 아날로그 시대의 고풍적인 느낌이 더욱 다가왔다.

식사시간에도 서로 각자의 스마트폰을 바라보며 식사하는 디지털 시대의 사이버 문화가 아닌 자연을 사랑하며 가꾸는 가족들의 삽화가 아름답게 묘사되어있다. 높은 굴뚝에서는 커피를 끓이는 연푸른 연기가 피어오르고, 부모님의 정원에는 봉선화와 장미, 달리아 등 많은 꽃이 아름답게 피어있었다. 연약한 꽃에 물을 줄 때는 햇볕에 물을 데워서 줄 정도로 식물을 사랑하는 부모님! 100여 년 전 독일의 정원에도 봉선화가 피어있었다고 하니 더욱 정겨운 생각이 들었다.

한 달 전쯤 마당의 꽃밭에 피어있는 봉선화의 꽃과 잎을 짓찧어 손톱을 붉게 물들였는데, 봉숭아 물이 들어있는 붉은 손톱이 자라서 하얀 반달과 대비되어 더욱 붉게 보이는 손톱을 바라보면서 눈앞에 다가오는 가을을 느꼈다. 날씨도 아침저녁으로는 소슬한 바람이 불어 들기 시작했다.

24절기 중 열다섯 번째 절기로서 가을이 본격적으로 시작되는 백로(白露)가 지난 지 며칠 되었다. 백로 무렵은 장마가 지나갈 시기이므로 이때부터 맑은 날씨가 계속되어 질서정연한 천기(天氣)의 신비를 알리고 있다. 이제 가을 하늘은 하얀 이슬이라는 백로의 이름처럼 맑고 투명해졌다. 올여름 날씨는 이른 폭염을 시작으로 거의 2달간 이어지는 역대 최장기간의 장마 기간 그리고 연달아 북상하는 태풍 등으로 청명한 날이 거의 없었다.

긴 장마와 여러 개의 태풍이 지나간 백로 무렵의 아침, 일찍 일어나 뜰에 내려가니 대기는 물청소를 마친 맑은 유리창처럼 빛났으며, 정원의 소나무는 묵은 삭정이들을 털어내고 빗물에 목욕이라도 한 듯 파릇파릇했다. '열흘 붉은 꽃이 없다.' 하여 화무십일홍이라는 말도 있지만, 여름부터 가을까지 오래오래 예쁜 꽃을 피우는 천일홍도 장마 후에 더욱 무성하게 자라 홍색, 백색의 앙증맞은 꽃송이들이 새파란 잔디밭을 수놓고 있었다. 그리고 지난달 폭염의 날씨에 배추 모종을 심으면서 연약한 모종들이 제대로 살아날까 염려했었는데 매일매일 내린 비 덕분에 뿌리를 잘 내려 초록빛 치맛자락 같은 배춧잎이 너울거리고 있다. 무씨도 싹이 터서 떡잎이 예쁘게 올라와 잘 자라고 있고 쪽파도 움이 터서 뾰족뾰족 음표(音標)들이 가을이 다가온 기쁨을 노래하고 있는 것 같았다.

올 초부터 전대미문(前代未聞)의 코로나 19라는 역병이 전 세계적으로 퍼져 개인 건강에 대한 위협뿐만 아니고 사회, 경제를 심각하게 마비시켜 우리의 이웃들을 비롯하여 지구상의 인류는 공황상태에 빠지게 되어 정신건강까지 위협을 받고 있다.

설상가상으로 긴 장마와 태풍이 지나간 후 극심한 수재 등으로 천재지변의 어려움을 겪기는 했지만, 수해 지역을 찾아서 의료와 배식, 복구 등의 봉사활동을 하고 주민들의 노력으로 복구

되어가고 있으니 다행한 일이다.

잦은 비로 초목들이 더욱 잘 자라고 태풍이 물러간 하늘의 일기는 더욱 맑아졌듯이 코로나 19라는 전대미문의 역병도 예방수칙을 잘 지키고 개개인의 건강증진, 철저한 방역 등으로 하루빨리 물리쳐서 자연과 인류가 안심하고 공존할 수 있는 태초의 순수와 정결이 빛나는 지구별로 거듭나는 전화위복의 기회가 되길 기원해본다.

진인사대천명(盡人事待天命)이라 했으니 반드시 그렇게 되리라! 생각하며 소슬한 가을바람에 마음을 거풍(擧風) 해본다.

마음을 비춰 주는 영지(影池)

무더위가 기승을 부리는 성하의 절기이다. 문득 시원한 계곡을 그리며 백옥처럼 맑은 계곡물이 흘러내렸던 강원도 춘천의 청평사 계곡을 떠올려보았다.

지난달 둘째 주였던가, 강원, 경북, 전북 약사회 회원 친선교류회가 강원도 춘천에서 개최되었다. 휴일을 이용하여 열린 하루 일정의 교류회였는데, 주최 측인 강원도 회원들은 강원도의 멋과 맛을 타도의 초청 회원들에게 유감없이 보여주었다. 학술정보 교류는 물론이고 춘천 닭갈비, 춘천 막국수, 감자전, 더덕구이, 도토리묵무침, 민물고기 매운탕 등 강원도 특산물로 만든 먹음직스러운 음식 맛으로 회원들의 미각을 사로잡는 환대를 하고, 소양강댐에서 오봉산 청평사 관광지 관람까지 정성스러운 준비를 하여 참석 회원들에게 강원도의 정취를 흠뻑 느끼게 해주었다. 이러한 맛과 아름다운 풍광도 잊을 수 없었지만, 또 하나의 소중한 선물을 잊을 수 없었다.

마음에 담아온 선물은 청평사 입구의 영지(影池)였다. 영지는 그림자를 비춰주는 연못이다. 청평사 관광지는 소양호 선착장에서 유람선을 타고 10여 분 걸리는 거리에 있었다. 청평사 입구 선착장에서 하선하여 숲이 우거진 계곡을 잠시 걷다 보면 고려 시대에 건립된 천년 고찰 청평사에 이르게 된다.

청평사 가는 길은 우리나라 깊은 산하에서 만날 수 있는 아름답고 시원한 계곡이 이어져 있었다. 바위틈을 따라 백옥처럼 맑은 물이 흘러내리는 옥류천이 끊임없이 이어지고 또한 물이 떨어질 때 아홉 가지 소리를 낸다는 구성폭포, 상사뱀을 몸에 감고 있는 공주의 동상 등 생각만 해도 서늘해질 정도로 시원한 경관이 더위를 식혀주고 그곳 심산유곡의 정취에 빠져들게 했다.

신선한 숲의 공기를 가슴 가득 채우면서 계곡을 올라 옥류천의 상류 쪽에 이르렀다. 옥류천은 계곡 속으로 숨어들고 연못 하나가 보였다. 영지라는 푯말이 연못가에 서 있었다. 영지(影池)! 불국사의 석가탑이 생각나고 백제의 석공 아사달과 그의 아내 아사녀의 애틋하고 슬픈 전설이 떠올랐다. 석가탑이 완성되는 날, 연못에 탑이 비칠 것이라는 말을 믿고 아사달을 그리워하며 기다리던 아사녀는 영지에 몸을 던지고 마는 슬픈 사랑의 이야기가 불국사의 영지에 서려 있다. 불국사의 영지는 이처럼 백제의 석공 아사달, 아사녀의 슬픈 사랑과 아울러 석공의 예술

혼에 관한 이야기를 담고 있었지만 이 청평사의 영지는 무엇을 담아 비추고 있었을까?

청평사 영지는 언뜻 보면 수초가 우거지고 잉어가 한가롭게 노닐고 있는 평범하고 작은 연못이었다. 하지만 영지라는 이름의 의미를 되새기며 자세히 들여다보면 우거진 수초 사이로 수려하고 장엄한 오봉산이 연못 속에 선명하고 오롯하게 담겨 비췬다. 작은 연못인 이 영지에서 서서 발걸음을 옮기지 못한 채 화두 하나를 붙잡고 마음속이 환해지는 기쁨을 느꼈다. 마음속의 번뇌 등 물가에 우거진 수초를 제거해야 제대로 장엄한 경관을 그대로 담을 수 있을 텐데. 이 청평사의 영지는 마음을 정결하게 다스리는 법을 설하고 있었다. 또한, 영지는 지극히 정확한 위치에 존재해야 비춰고자 하는 사물을 정확히 비춰낼 수 있음을 보았다. 오봉산 봉우리의 절경을 그대로 담아내고 있는 영지에서 천년을 거슬러 선인들의 예지와 과학을 읽을 수 있었다.

청평사의 영지를 마음에 남아오면서 생각해본다. 마음을 맑고 고요한 연못으로 가꾸어 아름다운 일체의 물상들을 그대로 비춰낼 수 있다면 더할 나위 없겠다. 또한, 현실의 복잡다단한 세태 속에서 왜곡된 삶의 모습보다는 천의무봉 자연 그대로의 질박함과 평화가 깃든 삶의 모습만을 비춘다면 더할 나위 없겠다.

청평사 영지는 맑은 마음을 조영해 주는 조요(照耀)한 여운으로 남아 마음을 청평(淸平)시켜 이 무더위에 더 없는 청량감을 선물해 주고 있다.

맑고 향기로운 곳에서

수령 삼백 년 이상 되는 아름드리 적송(赤松)이 우뚝우뚝 서 있는 송림에서 한나절의 휴가를 보냈다. 위풍당당한 자태로 푸른 솔을 가지에 늘어뜨리고 있는 적송의 향기에 취하여 송림 안쪽으로 계속 들어가다가 누각 하나를 발견했다. 가까이 다가가 보니 넓은 마루가 있는 숲속의 도서관이었다.

누각 한쪽엔 교양 인문학 도서에서부터 아이들이 좋아하는 애니메이션까지 빼곡히 꽂혀있는 서가가 있었고 책을 무료로 대출해준다는 안내문이 붙어있었다. 나는 망설이지 않고 이 숲속의 도서관에서 한나절의 휴식시간을 가지리라 생각하며 서가를 둘러보았다.

몇 해 전에 입적하신 법정 스님의 산문집 '맑고 향기롭게'를 뽑아 들고 누각에 앉았다. 사방으로 솔바람이 불어 드는 누각에

서 가장 편안한 자세로 법정 스님의 맑게 정제된 법문 같은 수행록을 읽는 행복을 무엇에 비할까?

법정 스님은 책의 서두에서 맨발에 누더기를 걸친 아시시의 성자를 이 누각에 초청하여, 이기와 허영으로 치장한 내게 가슴 따끔하면서도 마음이 따뜻해지는 감동을 선물해 주었다. "주여! 나를 평화의 도구로 써주소서, 미움이 있는 곳에 사랑을…"로 시작되는 '평화의 기도'는 바로 아시시의 성자 프란체스코의 신앙 고백 시(詩)다.

이어서 스님은 어느 화전민이 버리고 간 산속의 토담집에서 기거하며 수도하는 모습을 소개했는데 마루에서부터 부엌, 화장실까지 안내하며 보여주었다. 스님의 선방(禪房)은 정랑 또는 해우소라 부르는 화장실까지 스님이 기거하는 모든 장소가 선방 아닌 곳이 없었다. 등산객을 비롯하여 높은 산중까지 올라온 사람들이 복(腹) 중의 근심거리가 생긴 경우 해결하고 갈 수 있도록 화장실만은 제대로 건축하였다 했다.

아무런 치장과 장식이 없는 정갈한 방에서 맑은 녹차 한 잔 대접받으며 바람 소리, 새소리, 꽃향기와 더불어 고요한 침묵이 주는 참된 평화와 행복에 대하여 스님은 나직한 목소리로 들려주었다. 이윽고 스님은 책의 끝머리 한 포기의 난(蘭)에도 애착을 가지면 수행에 걸림돌이 될까 하여 난 기르는 일도 마다했다 하며 비움의 도(道)를 극명하게 설(說)하여 까무룩 오수에 빠져

들려는 나의 정신을 반짝 들게 해 주었다.

마지막 장까지 책을 다 읽고 서가의 제자리에 책을 꽂아두고 누각의 섬돌을 내려왔다. 두 팔을 머리 위로 쭉 뻗어 깍지를 끼고 심호흡을 했다. 맑고 향기로운 송림의 정기가 가슴 가득 채워진다.

이 송림은 삼백여 년 전인 조선 영조 시대에 하동 도호부사가 섬진강의 치수(治水)를 위하여 조성한 숲이라 한다. 300여 년의 수령을 자랑하니 나무 둘레를 안아보면 품 안에 넘치는 거목들이다. 소나무 숲에서 나오는 피톤치드는 살균력이 강하여 폐 기능을 강화시켜 주고 스트레스를 해소하여주니 한나절의 휴가를 맑고 향기롭게 보낸듯하여 정녕 가슴 뿌듯한 시간이었다.

송림을 벗어나 섬진강변으로 발걸음을 옮겼다. 하얀 백사장이 명사십리로 펼쳐져 있고 강물에는 윤슬이 반짝거리며 백사청송(白沙青松)의 풍광을 찬미하고 있었다. 모래톱엔 하얀 물떼새들이 일렬로 도열해 있다가 은물결이 몰려들자 나래를 활짝 펴고 휘돌아 감도는 강심 위에서 멋진 군무를 연출하고 있었다. 은어와 쉬리도 맑은 강물 속에서 싱크로나이즈드 스위밍(synchronized swimming)을 하고 있었을지도 모르겠다고 내가 말하면 모래 틈새의 재첩들이 온몸을 구르며 웃었을까?

나에게 누군가 지난여름휴가는 어디로 다녀오셨어요? 하고 묻는다면 나는 망설이지 않고 대답할 것이다.

"맑고 향기로운 곳에 다녀왔어요. 삼백여 년 전부터 예비 되어 청아한 솔바람을 만들어 내는 곳이랍니다. 언젠가 다녀온 시드니의 유칼립투스 숲이나 서태후 여름별장 이화원 등에 비할 바가 아니지요."

우중 탐라 기행

1박 2일의 짧은 여정으로 탐라행 비행기에 탑승했다. 군산-제주 간 항공기이다. 오후 1시 30분 이륙하는 항공기는 군산공항을 출발하면서 구름 아래로 새만금 방조제의 전경을 아스라이 보여주는 것으로 시작했다.

영산강 하류에 이르니 사행천(蛇行川)도 보이기 시작했다. 딸아이가 5살 때였던가? 가족 휴가여행 중 그날도 제주행 비행기 안이었다. 창가 좌석에서 지상을 내려다보던 아이는 눈을 동그랗게 뜨고 "뱀이다. 뱀!"이라고 비명을 지른다. 나는 빙그레 웃으며 커다란 뱀이 기어가고 있는 모습을 하는 영산강 하류의 사행천을 내려다보았다. 나는 "맞아, 정말 뱀처럼 생겼네."라고 대답하며 지리 시간에 익혔던 사행천, 곡류천, 우각호 등을 내려다

보면서 설명을 해주었다.

"강물인데, 뱀이 기어가는 모습하고 닮아서 이름을 그렇게 붙였단다. 옆에 소뿔 모양도 보이지? 우각호란다."

오늘 내려다보는 사행천은 어제 내린 폭우로 인해 토사가 섞인 등황색의 붉은 색조를 띠고 있었는데, 신기하게 바다 근처의 해수 경계면에 이르면 강은 강물의 붉은색, 바다는 바닷물의 푸른 색조를 보여주고 있었다. 40여 분의 비행 끝에 제주에 도착했다. 제주공항의 하늘은 짙은 구름으로 덮여있어서 섬의 전경을 내려다볼 수 없었다.

용두암 근처의 식당에 들러 성게와 미역을 듬뿍 넣어 끓인 성게 미역국으로 점심 식사했다. 곁들이 음식으로 메밀전병에 무채를 넣어 돌돌 말아서 만든 '빙떡'이 있어 맛을 보았다. 이름처럼 맛이 깔끔하고 담백했다. 제주도인들이 어머니의 손맛이라고 자랑하는 제주의 전통음식인가 보다. 오메기떡이라고 부르는 떡도 있는데 차조 가루를 경단처럼 만들어 팥고물을 듬뿍 묻힌 제주의 전통 떡이다.

점심 식사를 마친 후 지난 9월 4일 개관한 제주세계자연유산센터에 들렀다. 용암동굴, 성산일출봉, 한라산 등 제주 유네스코 세계자연유산을 한눈에 볼 수 있는 '제주세계자연유산센터'는 상설전시실과 기획전시실, 4D 입체 영상관실 등을 갖추고 있었다. 3D 입체영상에 의자의 움직임, 바람, 수증기 등의 효과를 가미한 것으로 영상화면에서 주인공의 모자가 벗겨지면 내 모자가 벗겨지는 듯 바람이 불고 비바람이 불면 의자가 흔들리고 수증기가 뿜어 나와 실제 현장감이 드는 느낌이었다.

용암 활동이 활발했던 활화산이 휴화산이 되고 분화구가 백록담이 되는 과정을 입체 영상으로 본 후 자동문을 통과하니 한라산 정상 백록담에 도착했다. 실제 모형으로 만든 백록담이었다. 한라산 백록담까지 등반하려면 최소 8시간 이상이 걸리는데, 불과 2분 만에 도착한 셈이다. 한라산은 은하수를 어루만질 만큼 높은 산이라 해서 명명되었다 한다. 한라산의 한(漢)은 '은하수'라는 뜻이고, 라(拏)는 '끌어당기다, 붙잡다'의 뜻이라고 한다. 한자 사전을 검색해보니 한(漢)이 정말 은하수라는 뜻을 지니고 있었다.

어감도 부드럽고 아름다운 한라!

'한라'라고 소리 내어 불러보니, 하늘의 은하수 한 조각을 마름질하여 스카프를 만들어 목에 두른 듯한 부드러운 느낌이 든다. 내 마음은 어느새 은하의 별무리가 되어 흐르는 듯 태고적의 신비한 아름다움을 느끼고 있었다.

만장동굴 등 각종 용암동굴도 실물 모형이 만들어져 있어 종유석이 매달려 있는 동굴체험도 하고 한반도 금수강산 대형병풍전이 열리고 있는 기획전시실에 들어가 그림을 관람했다. 백록담 분화구에는 거대한 잔에 감로수가 넘실거리고 성산일출봉에서는 화룡점정처럼 붉은 태양이 떠올라있는 '제주올레순력도'라는 그림이 특히 눈길을 끌었다.

세계자연유산센터관람을 마치고 그 시절의 추억의 테마공원이라는 '선녀와 나무꾼이'라는 공원에 들렀다. 추억의 테마공원에는 우리가 자라던 시절의 가옥과 소품, 가재도구들이 그대로 재현되어 있었다. 장터의 솜틀집과 편물점을 보면서 그 옛날 어머니의 바쁜 일상이 떠올랐다. 어머니는 이불 홑청을 뜯고 이불 빨래를 하시면서 한 해에 한 번쯤은 솜틀집에 가서 뭉쳐져 있던 솜을 부드럽게 틀어 오셨었다. 그리고 편물점에 가서 분홍 털실 스웨터를 만들어오셨다.

테마공원에서는 한나절 이상 둘러보아야 우리의 그 시절, 그 추억이 담겨있는 생활상을 모두 볼 수 있었다. 짧은 일정 속에 인상적인 부분만 가슴속에 담아왔다. 탐라에 왔으니 바다를 보는 것은 지극히 당연한 일인데, 비가 제법 내리고 있어서 실내의 테마파크를 보는 일정으로 거의 지나가고 있었다.

저녁 무렵 잠깐 비가 그쳤다. 장소를 이동하다가 삼양해변에 들러 바닷바람을 쐬었다. 날씨가 흐려 비췻빛 바다는 볼 수 없었지만 끝없는 남녘의 바다에서 불어 드는 탐라의 바람은 머리를 맑고 시원하게 식혀주었다. 가슴 가득 해조음과 바닷바람이 밀려들어 온다. 우중(雨中)의 아주 짧은 탐라 기행이었다.

하소백련지에서, 세월호의 아픔을 읽다

바야흐로 백련화가 피어나는 성하의 계절이다. 가장 높은 고도에서 빛나는 태양 빛을 온몸으로 받아 순백의 빛으로 바래고 바래져 정결하게 표백된 꽃, 백련화!

붓다가 설법 중에 대중들에게 내민 꽃을 가섭존자가 홀로 미소 지으며 이해한 '깨달음의 꽃' 염화시중(拈華示衆)의 미소일까? 이글이글 끓는 염천의 하늘 아래, 백련화는 제반의 번뇌를 이겨내고 순백의 이성과 향긋한 분향기의 감성으로 피어난다. 자애로운 어머니의 손길 같은 자비(慈悲)의 꽃받침이 순금의 보관(寶冠) 같은 자각(自覺)의 꽃술을 감싸며 받치고 있다. 연꽃은 처오불염 방향천리(處汚不染 芳香千里) 즉, 더러운 흙탕물에서 자라나지만 때 묻지 않고 오히려 아름다운 향기를 천 리 밖까지 퍼뜨린다고 하여 군자의 꽃이라 했다.

고온다습한 성하의 계절이 오면 연례행사라도 하듯 연지(蓮池)를 찾아 나서곤 한다.

청하 하소백련지의 백련축제가 개막되었다는 소식이 들려와 비가 내리는 휴일 아침 백련지로 향했다. 순백색의 연꽃이 드넓은 연지에 가득 피어있는 김제 하소백련지, 백련은 홍련보다 뿌리가 약해 아무 곳에서나 쉽게 자라지 않아 백련 군락지는 전국에서도 보기 드물다고 한다. 비교적 이른 시각에 연지에 도착해서 여유롭게 백련화의 자태를 감상할 수 있었다. 하소백련지는 청하포란(青鰕抱卵), 청하산 기슭 아래 새우가 알을 품고 있는 형상의 연지라는 의미에서 붙여진 이름이다. 해마다 백련이 개화할 무렵이면 하소백련지를 찾곤 하는데 올해는 백련화가 예년보다 더욱 많이 피어있었다.

백련화의 자태와 향기를 음미하며 연지를 돌아보다가, 백련축제마당의 주 무대인 청운사 경내 무량광전 앞에서 들리는 비장한 음악이 발길을 이끌어 무량광전 앞으로 향했다. 무량(無量)이란 극락세계의 부처님인 아미타불(阿彌陀佛)은 광명과 수명이 한량없어 무엇으로도 셀 수 없다고 하여 붙여진 이름이다.

올해 하소백련축제의 테마는 '사랑, 이별, 고통, 정토' '세월호에 묻다'이다. 가슴속까지 전율시키며 울리는 진혼곡의 선율에 맞추어 무용수들이 사랑과 이별, 고통, 그리고 정토를 온몸으로 열연하고 있었다. 고온다습한 날씨에 온몸을 땀으로 적시며 열연하는 그 모습에서 이별과 고통이라는 격랑의 파도를 극복한 후에 다다른 정토에서 순백의 백련화가 송이송이 피어남을 느낄 수 있었다. 특히 지난 사월, 세월호 침몰 사고, 그 불의의 사고로 숨진 꽃다운 영령들이 백련화로 환생된 듯한 느낌을 받았다. 꽃다운 영령들의 환생과 더불어 살아있는 모든 이, 우리 자신에 대한 위안도 선물 받았다. 세월호는, 세월(歲月)이라는 시간의 흐름에 승선한 우리 삶을 운항하는 선박의 이칭(異稱)처럼 여겨진다. 그 불의의 참사는 삶의 여정에 자성의 경종을 울리며 깊은 경각심이 들게 했다.

올여름 들어 더욱 만발한 백련화는 폭염 속에서 절대적인 아름다움을 꽃피워 성하(盛夏)가 성하(聖夏) 임을 알리고 있었다.

Ⅳ / 쉐르 모나미

쉐르 모나미(Cher Mon Ami)

경영하고 있는 약국이 학교 근처에 있다 보니 주로 학생들이 많이 내방한다.

여고생 3명이 약국 문을 열고 들어온다. 감기에 걸려 인근 의원에 다녀온 모양이다.

접수된 처방전을 조제하다가 보니 그중 한 여학생의 이름이 '모나미' 양이다.

"나미"

우리말, 한글로도 정말 예쁜 이름이지만 이름과 성을 함께 부르면 프랑스어가 되는 참 아름다운 이름이다.

나는 그 여학생에게 조제약을 건네며 물어보았다.

"모나미의 프랑스어 철자를 아느냐(내심 정확한 대답을 기대하며……)?"라고 물었다. 그러자 그 여학생은 "Mon Ami"라고 정확하게 대답을 한다.

나는 활짝 웃으며 네임펜으로 "Cher Mon Ami"라고 조제약 봉투에 써서 주면서 빨리 감기를 이겨내라고 격려해 주었다. 우리말로 번역하면 '친애하는 나의 친구에게'라는 더욱 정겨운 의미가 된다. 문득 여고 시절의 일이 떠오른다.

하이네와 릴케, 쉴러 등의 낭만주의 시인과 열애에 빠져 있었던 나는 몇몇 친구들과 편지로 그 독후감을 나누기도 했었다.

이메일, SNS 등의 전자통신이 이용되지 않고 있던 시절이라 나는 가끔 문구점에 들러서 예쁜 편지지와 편지 봉투를 구입했다.

편지지는 아로마 향 방향제가 함유되어 있어 꽃향기가 배어났다.

나는 라벤더 향이 배어나는 편지지를 주로 골라서 친구들에게 장문의 편지를 썼다.

편지의 앞줄 서두에는 "Cher Mon Ami"로 시작해 친구에 대한 애정을 이국적으로 표현했다. 부모님이나 형제자매들하고도 나누지 못했던 이야기들을 우리는 편지에 담아 서로의 의견을 교환하곤 했었다.

각자의 노력으로 앞으로 승화될 미래의 보랏빛 꿈에 대해서,

신비로운 우주에 대해서, 창조주에 대해서, 우리는 젊은 시절의 고뇌와 의문을 편지에 써서 보내곤 했었다.

그 시절의 친구들이 보고 싶다.
"Cher Mon Ami"로 시작하는 편지를 써서
풋풋한 단발머리의 그녀들에게 보내고 싶다.
설레는 마음으로 우편함을 들여다보며 답장을 기다리고 싶다.

시향(詩鄕)동산에서

이른 아침, 창문을 열어보니 보랏빛 여명 속에 가을이 무르익어 가는 대기를 안개가 포근하게 감싸고 있었습니다. 나는 가벼운 운동화를 신고 사뿐사뿐 시향(詩鄕)동산을 향해 걷기 시작했습니다.

시향(詩鄕)동산!

바쁜 일상 속에서 마음의 여유를 가질 수 있고 또 자연과 더불어 호흡할 수 있으며 자신을 돌아보며 명상에 잠길 수 있는 조그마한 뒷동산을 나는 언젠가부터 시향동산이라고 부르기 시작했습니다. 시향동산은 시의 향기가 넘쳐흐르는 동산이라는 의미에서의 명명이 아니고 이른 아침 고요한 동산을 찾는 이에게 시심에 젖어들 수 있도록 아름다운 정서를 함양시켜 주기 때문에 이름 지은 동산입니다.

동산엔 여름 내내 연초록 앳된 미소를 띠고 있던 대추나무가 가지마다 진다홍색 꿈을 주렁주렁 매달고 있었고 대추나무 옆으론 국화와 과꽃이 소슬한 바람에 하늘거리며 분홍, 하양, 연보라의 고운 수를 놓고 있었습니다.

봄에 연분홍의 꽃 베일을 드리워 신선한 설렘을 선물해 주고, 태양의 고도가 높아지던 여름날 꽃잎 떨어진 자리에 붉은 연지 바른 모습으로 열린 버찌를 선물해 주던 벚나무 길은, 이 가을 아침에 노랗고 빨간 잎을 나무 아래 벗어놓고 잠시 숨을 고르고 있었습니다. 벚나무는 고운 꽃잎도, 알알이 열매도, 나뭇잎도 모두 벗어 대지에 돌려주어 나무 아래 오색의 수를 놓은 양탄자를 펼쳐놓은 듯 장려한 화엄세계를 연출하고 있었습니다. 나는 벚나무 단풍잎이 깔린 화엄의 길을 걸으며 한없는 기쁨에 잠겼습니다. 가진 것을 벗어 돌려주며 주변을 밝히는 아름다움이 빛나고 있었습니다.

벚나무 길을 벗어나 대추나무 밑에 떨어져 있는 잘 익은 대추를 한 알 주은 다음 잔디밭에 앉았습니다. 다른 과일보다 수분이 적지만 감미가 짙은 대추를 맛보며 깊어가는 가을의 서정에 젖어들었습니다. 잠시 고개를 숙이고 눈을 들어 앞을 보니 감태나무 한 그루가 보입니다.

혹여 감태나무를 보신 적이 있으신가요? 감태나무는 온몸을 주홍빛 단풍잎으로 장식하고 있었는데 아침 이슬에 씻겨 더욱 고운 빛을 띠고 있었습니다. 잿빛 산비둘기 한 마리가 감태나무의 낮은 가지 위에 앉아 있는 모습은 한 폭의 수채화였지요. 산비둘기가 날아갈세라 조심조심 발걸음을 옮겼습니다.

동산 한쪽엔 붉은 파도가 넘실대고 있었습니다. 꽃무릇의 군락이 드넓은 붉은 바다를 연출하고 있었어요. 작년 가을 푸른 줄기를 피웠다가 겨울 동안 눈보라와 매서운 추위에서도 푸른 절개를 지켜왔던 꽃무릇이 뜨거운 여름날의 태양 아래 산화되었다가 이 가을에 붉디붉은 꽃대만을 피워 올려 바람에 일렁이는 파도를 타며 붉은 바다를 연출하고 있었습니다. 상사지심(想思之心)으로 피어난 꽃무릇의 붉은 바다가 심히 애절한 노래를 부르는 듯하고 조금은 현란한 듯하여 잠시 눈을 감아보았습니다.

풀벌레의 합주 소리가 귀에 가까이 들립니다. 풀벌레들의 합주 소리는 베토벤의 전원 교향곡 제1악장 알레그로 마논 트로포의 선율로 들려옵니다. 나는 문득 눈을 감고 하일리겐슈다드의 숲 속을 거닐고 있는 착각에 빠져들었습니다. 악성 베토벤이 운명, 전원 교향곡을 작곡하고 월광, 열정, 발트시타인 소나타를 작곡하여 불후의 명곡을 우리에게 선물했던 그곳이 바로 하일리겐슈타트 숲속입니다. 시와 음악을 정서적 산물의 예술이라는 관점에서 동일시 해볼 때 하일리겐슈타트 숲속도 베토벤의 시향 동산이 아닌가 싶습니다.

풀벌레들의 합주 소리가 잠시 조용해지자 나는 또 다른 이미지의 시향동산을 그려보았습니다. 공활한 가을 하늘을 바라보면서 창조주를 생각하고 인류 구원의 대서사시를 핏방울로 쓴 그리스도와 겟세마네 동산을 그려보았습니다. 겟세마네 동산, 그 시향을 생각하면 이기와 허영 상태의 작은 [나]에서 벗어나 이웃의 아픔을 생각할 수 있는 사랑과 관용 그리고 용기가 다소나마 생겨나곤 합니다.

그 사랑과 관용, 용기로 마음을 무장하고 불교에서 표현하는 약사유리광여래(藥師琉璃光如來)의 시무외(施無畏)의 인(印)을 가슴속에 새겨봅니다. 시무외(施無畏)란 병든 사람이나 불쌍한 사람을 보호하고 평안한 마음을 가지게 하는 보살행의 한 방법입니다. 약사여래는 왼손에 약병을 가지고 있으며 오른손으로는 시무외의 인을 맺고 있습니다.

안개가 걷히며 동산에 금빛 햇살이 비쳐오기 시작합니다. 출근 시간을 생각하며 바삐 시향동산을 내려옵니다. 시향 동산에 그윽했던 가을의 향기를 마음에 가득 담아 나의 일터 조제실에서 사랑과 치유의 묘약을 조제하여 몸과 마음이 아픈 이들에게 밝은 미소로 건네주어야겠다는 생각을 해봅니다.

환절기 조제실은 정말 분주합니다. 아기들의 고열을 내려주는 해열제 시럽도 적량을 시럽 병에 담아야 하고 숨 가쁘게 기침하는 아기들의 기침을 멎게 해주는 가루약도 전자저울에 달아 조제해야 합니다. 또한, 시럽 병에 각각의 스티커를 붙여서 정확한 용량의 약을 아기들이 안전하게 먹을 수 있게 해 줍니다.

가을이 깊어가면서 혹여 마음이 쓸쓸해지고 아프신 분들이 계신다면 그 약은 다음과 같이 조제합니다. 가을 동산에서 약초를 캐어 아침이슬에 정하게 씻은 후 그늘에 건조시켜 가루를 만듭니다. 그 가루를 분홍, 초록, 보라, 노랑 캡슐에 담아 조제합니다. 그대 마음이 열에 들뜨고 아플 때 한 알씩 복용하시라고 일러드립니다. 초록빛 싱그러움이 들뜬 열을 내려주고 보랏빛 그리움과 분홍빛 열정이 기침을 멎게 해 줍니다. 그리고 노오란 낭만이 그대를 다시 아프지 않도록 면역력을 강화해드릴 것입니다.

조제실에서 종일 약을 만지는 손은 트고 갈라집니다. 조제하는 손은 하루에도 수십 번씩 살균력 강한 비누로 씻어야 하고 약을 만져야 하기 때문에 핸드크림 등의 보습제를 바를 수 없습니다. 밀랍으로 빚은 고운 손이라고 자화자찬했던 손은 트고 갈라져 조그마한 자극에도 화끈화끈거립니다. 쉼 없이 조제실과 복약지도 상담대를 오가다가 가끔 허리 통증도 찾아와 밤새 꼼짝 못 하고 앓기도 하지만 겟세마네 동산의 대서사시와 시무외의 인을 떠올리면 이른 아침부터 눈이 반짝 떠집니다.

내일 아침에도 안개 그윽한 시향동산에 올라 맑고 투명한 가을의 서정을 한 아름 안고 나의 조제실로 돌아와야겠습니다. 그대와 나의 이웃에게 사랑과 치유의 묘약을 전해 드려야 하니까요.

디오스코리데스 선서와 서동요

약국에서 실무실습 중인 예비약사들과 함께 만추의 서정을 스케치하러 점심시간에 김밥 도시락과 커피 한 잔을 들고 수목원의 단풍나무숲과 메타세콰이아 길을 산책했다. 메타세콰이아 길을 걷고 있는 젊은 예비약사들의 자태가 한 폭의 풍경화 또는 영화의 한 장면처럼 아름답다.

예비 약사들은 6년제 약대 학생들인데, 대학교 교과 과정 외에도 1년간에 걸쳐 병원 약국과 제약회사, 그리고 지역 약국에서 실무실습을 이수해야 한다. 의과대학생들이 히포크라테스 선서를 하고, 간호대학생들이 나이팅게일 선서를 하듯이 예비약사들은 디오스코리데스 선서를 하고 실무실습현장인 병원 약국이나 지역 약국에서 환자를 대하게 된다.

서기 60년대, 그리스 약리학자로서 약학의 선구자였던 디오스코리데스의 선서 전문을 소개해 본다.

나는 나의 사랑하는 가족과 친지 앞에서 약학의 전문인으로서 내 삶을 인류를 위해 바치겠다는 엄숙한 선서를 합니다.
나는 오늘 이 순간부터 고통받는 인류의 복지와 행복을 생각하며 그들을 위해 살아갈 것입니다.
나는 모든 생명을 존중하여 어떠한 생명이라도 소홀히 여겨지는 것을 절대 용납하지 않겠습니다.
나는 언제나 나의 모든 지식과 능력을 발휘하여 인류복지 증진을 위해 최선을 다할 것입니다.
나는 약학에 대한 전문적인 능력을 꾸준히 발전시켜 항상 최고의 역량을 발휘하기 위해 노력할 것입니다.
나는 약학과 관련한 모든 법규를 엄격히 준수할 것이며 대중의 이익을 위한 모든 법제도를 준수하겠습니다.
나는 어떠한 상황에서도 최고의 도덕적 가치 규범을 따르겠습니다.
나는 약학의 전문인으로서 책임과 의무를 충분히 이해하고 있으며 이에 근거하여 이 모든 조항들을 자발적으로 수행할 것임을 엄숙히 선서합니다.

참고로 백제의 수도를 익산으로 천도하고 미륵사를 건립하여 유네스코 문화유산을 후손에게 남겨준 백제 무왕이 서동 왕자 시절 선화 공주의 사랑을 얻기 위하여 아이들에게 마를 나누어주며 서동요를 퍼트린 이야기가 삼국유사에 실려 있는데, 마는 산약(山藥)이라는 생약명(生藥名)을 가지고 있다. 이 서동마(山藥)의 학명이 디오스코리아 바타타스(Dioscorea batatas)인데 약리학자인 디오스코리데스의 이름에서 유래되었다. 마(山藥)에는 양질의 단백질과 만난 이라는 당질이 함유되어 있으며, 각종 무기성분이 풍부한 알칼리성 식품이다. 또 아밀라아제 등 효소도 함유하고 있어 소화성이 좋은 강장식품으로 이용된다. 또한, 자양·익정(益精)·보비·보폐·지사(止瀉) 등의 효능이 있어 한방에서는 신체허약·폐결핵·당뇨병 등에 사용된다.

디오스코리데스는 600여 종의 약초의 효능과 사용방법을 기록한 책을 남겼다. 그 약초 중에 산약이라고 부르는 서동마의 학명에 자신의 이름을 붙였다는 것은, 서동마를 이용한 서동요로 선화공주의 사랑을 얻은 백제 무왕의 후예와 그리고 약학인으로서 매우 흥미로운 생각이 든다. 디오스코리데스 선서는 인류에 대한 약학인의 사랑이며, 서동요는 국경을 초월한 사랑이니, 사랑으로 귀결되는 마음들이 천년을 넘긴 세월이 지나도 숭고하고 아름답게 기억된다.

예비 약사들에게 실무실습 지도를 하는 것은 지도자(프리셉터)로서 인내와 체력이 요구되는 일이다. 약대생들의 교육을 담당하면서 서 있는 시간과 말하는 시간이 많아져서 요통과 인후통이 잦아짐을 느낀다. 하지만 생명과학을 함께 공유하며 대화하는 일은 기쁨의 선물이다. 나는 예비 약사들이 디오스코리데스 선서 전문을 실천하며 질병으로 신음하는 이웃들의 몸과 마음과 영혼의 아픔까지 치유해주는 생명과학의 조언자가 되기를 소망한다. 가족이나 자신에게 투약할 약을 조제하는 마음가짐으로 약국 실무를 수행하기를 바란다.

특별한 축시 낭송, 임상약학 강좌를 수료하며

소현숙
(원광대 부속병원 약제과 의약정보실)

대학을 졸업하고 들어간 첫 직장이 대학병원 의약정보실이었다. DI ROOM(Drug Information room)이라는 부르는 의약정보실에서는 병원에 근무하는 의료인이나 외부에서 문의가 있을 때 의약품에 관한 정보를 제공하는 업무를 담당하고 있다. 의약정보실 책임약사로 근무하려면 의약품에 관한 정확한 지식과 임상약학(臨床藥學)에 대한 지식은 필수적이다.

임상약학이란, 환자의 병상에 임하여 환자의 병을 치료할 때 약물치료의 전문적인 조언자 역할을 수행할 수 있도록 하는 학문이며 약물 상호작용이나 약물 모니터링 등에 관한 것을 주로 다룬다. 때마침 병원약사회에서 주관하는 임상약학 강좌가 있다는 공문을 받았다. 전국 병원 약사를 대상으로 지원자를 신청받아 강의하는 매주 1회 50주간의 임상약학 교육계획이 담긴 내용이었다.

나는 망설이지 않고 제1기 임상약학 강좌 신청을 하였다. 매주 목요일마다 혜화동에 있는 서울대학교 병원과 종로구 연지동에 있는 병원 약사 회관으로 가서 공부하게 되었다. 강좌가 있는 목요일은 익산에서 아침 기차를 타고 서울에 도착하여 내리 5시간 이상의 강의를 듣는다. 강의가 끝나면 저녁 무렵이 다 되었고 다시 기차를 타고 익산에 도착하면 자정을 넘기기가 일쑤였다. 잠깐 눈을 붙이고 나면 아침이 되어 출근해야 하는데 어느 날은 어깨 근육이 마비되어 팔을 올리기도 힘든 날도 있었다. 마비가 풀리지 않고 통증이 오는 팔로 무거운 전문 서적을 서가에서 빼내어 펼쳐가며 전화 상담을 하고 자료를 정리하는 등 의약정보실의 근무를 했다. 당시 컴퓨터가 대중화되기 전의 시절이었기에 모든 정보와 지식은 직접 원서의 책장을 넘겨가며 찾아야 했다.

지금도 피로가 누적되면 어깨에 통증이 오는데 아마 그 시절부터 누적되었던 통증인 듯도 싶다. 서울 종로구 연지동에 있었던 병원 약사 회관에서의 임상약학 강의는 요즘 유행하는 말로 정말 따끈따끈한 강의였다. 서울대 병원 외래 진료를 하는 각 과의 의료진이 질환별로 강의를 했고, 또 미국에서 임상약학을 전공하고 온 서울대 병원 약제부 팜디(Pharm.D)분들의 강의를 듣고 각 단원이 끝나면 지필 테스트가 있는 강의가 계속되었다. 즉 호흡기 내과 질환에 대한 임상약학 강좌가 있는 날은 서울대 병원 호흡기 내과 교수님이 출강하여 호흡기 질환의 병태생리와 임상에 관한 강의를 했고 이어서 그 질환에 대한 팜디의 임상약학 강의가 이어졌다.

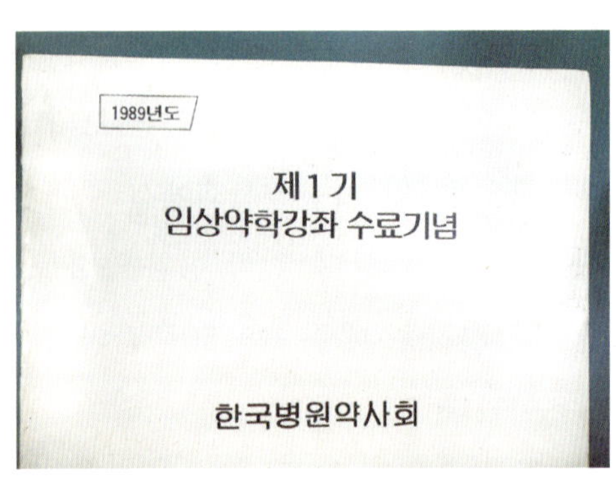

임상약학 강의는 1988년 7월에 시작되어 다음 해 7월까지 만 1년에 걸쳐 진행되었다. 이렇게 익산에서 서울을 오가며 마침내 50주의 강좌가 끝나던 날, 서울 라마다 르네상스 호텔에서 제1기 임상약학 강좌 수료식이 있었다. 이 강좌를 들은 병원 약사들은 서울, 인천, 대전, 부산, 마산, 청주, 안양, 천안, 익산 등 경향각지의 병원 의약정보실에서 근무하는 약사들이었다.

임상약학 강좌 수료증을 받으며 대표로 축시를 낭송하였다.

이제 우리는 그 生命水를 淨하게 길어
이웃의 病床에 臨하여
이웃의 고열을 식혀줄 것입니다.
이웃의 고통을 없애줄 것입니다.

우리는 그 나라, 生命나라의 言語를
다시 새롭게 배웠습니다.

원광의대부속병원
소 현 숙

새로이 배운 생명나라의 언어

우리는 그 나라, 생명나라의 언어를
다시 새롭게 배웠습니다.

병으로 신음하는 이웃의 고통을
보다 정확하게 읽을 수 있는 눈을
보다 신속하게 느낄 수 있는 가슴을
가지게 되었습니다.

또 한 해가 바뀌고

다시 그 태양이 빛나는 지점에서
생명수 솟는 샘물의 근원도 찾아냈습니다.

메마른 사막, 폭풍우의 바다,
북풍이 휘몰아치는 언덕을 지나
새싹 다시 돋고
신록 금빛 태양아래 다시 빛나는 지점에서.

이제 우리는 그 생명수를 정하게 길어
이웃의 病床에 臨하여
이웃의 고열을 식혀줄 것입니다.
이웃의 고통을 없애줄 것입니다.

우리는 그 나라, 생명나라의 언어를
다시 새롭게 배웠습니다.

서재를 정리하며 얇은 앨범 마지막 장에 인쇄된 글 한 편을 보다가 젊은 병원약사로서 열정을 불태우며 의약정보실에 근무했던 시절을 회상해 보았다. 정말 힘든 시간이었지만 그 시간에 공부했던 생명나라의 언어들이 지금 일터의 현장에서 이웃들에게 전달되어 아픔을 치유해주고 있다는 사실에 보람을 느낀다.

바람에 나부끼는 양류관음의 버들가지

회화문화재 수복학(修復學)을 전공하고 있는 딸의 교재를 살펴보다가 양류관음도(楊柳觀音圖) 복원에 대한 문헌을 읽어보았다. 양류관음상은 예로부터 불화(佛畵)에서 중요한 화제(畵題)의 하나가 되어 오고 있는데, 그 이름이 시사하는 바와 같이 관음보살이 바위 위에 비스듬히 앉아 오른손에는 버들가지를 들고, 왼손은 왼쪽 가슴 위에 올려놓고 아래쪽 한 모서리에는 선재동자(善財童子)를 배치하여 대각선의 회화 구도를 살리고 있다. 그림은 관음보살의 자비로운 표정과 부드럽고 섬세한 선과 밝고 선명한 색채로 표현되어 있으며 고려 시대의 불화를 연구하는 데 귀중한 자료가 되고 있다.

오늘날까지 전해지고 있는 양류관음도는 대개는 이와 같은 구도를 취하고 있으며, 이들 가운데 특히 유명한 것이 현재 일본에 소장되어 있는 고려 시대에 제작된 관음도이다. 고려 말 왜구들의 노략질에 의하여 약탈되어 일본의 신사(神社)와 사찰 등에 소장되어 있다. 중생이 바라는 것에 유연하게 대처하고 온갖 병을 제거해주는 맹세의 상징으로 버들가지를 한 손에 들고 한 손으로는 아무것도 두려워하지 말라는 시무외(施無畏)의 인(印)을 맺고 있는 양류관음상 원본의 하나가 일본 경신사(鏡神社)에 소장되어 있다고 한다. 문헌에 의하면 고대 일본 헤이안조의 궁정에서는 그림을 그릴 때 우리나라 종이인 고려 종이를 첫 번째로 선호했다고 했다. 당(唐)의 종이는 딱딱하여 뻣뻣한 상태라고 했고, 일본의 종이는 색이 화려했으며 고려의 종이는 표면이 매끈하고 부드러워 친숙하고 색이 화려하지 않아 편안하여 화지(畵紙)의 최상품이라고 했다.

나는 이 양류관음도를 자세히 살펴보다가 관음보살이 오른손에 들고 있는 버들가지에 눈길이 머물렀다. 인도의 갠지스 강변에 위치한 바이샬리 지방에서 돌림병이 유행하였을 때 관음보살이 나타나 버드나무 가지와 정화수로 주문을 외워 역병을 없앴다는 이야기가 있는데 중생의 병고를 덜어주는 관음보살이 버들가지를 들고 있는 것은 다름 아닌 버드나무껍질이 가지고 있는 소염진통효과가 있는 약리작용에서 기인했을 것이라는 생각을 하니 우연히 비롯된 이야기가 아닌 듯하여 놀라웠다.

양류관음은 중생의 병고(病苦)를 듣고 치유해주는 부처님의 자비로움이 마치 버드나무가 바람에 나부낌과 같다 하여 명명된 이름이라 전해지고 있긴 하지만 일찍이 약리학자들은 버드나무껍질에서 소염진통효과가 있는 살리실레이트(Salicylate)를 발견하여 병으로 신음하는 사람들의 고열과 통증 치료 및 심혈관 질환 예방에 이르기까지 큰 공헌을 했다.

나는 양류관음도의 화폭을 바라보며 그림 속의 선재동자처럼 관음보살을 우러러보았다. 관음보살은 어머니처럼 자애로운 표정에 시원한 눈매, 작고 예쁜 입, 매력적인 콧날을 지닌 아름다움으로 내려다보고 계셨다. 또한 풍만하고 넓은 가슴, 둥글고 미끈한 어깨의 굴곡, 다리나 팔의 미묘한 흐름 등에서 보여 주는 아름다움은 어머니의 자애로운 마음의 세계로 인도해주는 듯했다.

계모와 의붓언니들에게 핍박을 받은 신데렐라가 숲속에 있는 어머니의 무덤에 가서 울며 기도하니, 무덤가의 버드나무 가지에서 어머니가 나타나 신데렐라의 슬픔을 달래주는 영화의 한 장면을 연상하며 신데렐라의 어머니에게서 양류관음의 자비로운 미소를 떠올려보았다. 또한 연이와 버들잎 소년이라는 전래동화에서는 버들잎 소년이 연이의 계모에 의해 죽임을 당하는데, 연이는 버들잎 소년에게 받아두었던 하얀색, 빨간색, 파란색으로 된 세 가지 물약을 뿌려서 버들잎 소년을 살려낸다. 죽은 버들잎 소년은 뼈가 붙고, 살이 붙고, 피가 돌아 다시 살아나 연이와 함께 하늘나라로 올라가 행복하게 산다. 버들잎 소년이라는 이름과 관련하여 이 동화의 의미를 생각하니 버드나무의 약효와 생명력을 이야기하는 듯했다.

책을 덮어두고 봄 시냇가에 나가 바람에 나부끼는 버들가지를 바라보았다. 춥고 긴 겨울을 보낸 버들가지에는 새물이 올라 연초록빛 새로운 생명의 물결이 출렁거리고 있었다. 나는 훈풍에 나부끼는 버드나무 가지 사이로 떠오르는 양류관음의 자애로운 미소를 담아 약국을 찾는 이웃들에게 전해주고 싶은 소망으로, 그 미소를 마음속에 스케치하여 간직해본다.

면역이 필요하시죠?

전 세계적으로 인류의 생명을 위협하고 있는 코비드 19의 전염을 방지하기 위해서는 개인의 청결은 물론이지만, 사람과 사람의 접촉을 막는 것이 최선의 예방법으로 대두되어 사회적 거리 두기와 마스크 착용이 최선책으로 전 국민이 각자의 삶터에서 이동을 최소화하고 타인을 대면할 때는 마스크 착용이 필수가 되었습니다.

국민 모두에게 한 사람도 빠짐없이 마스크를 착용할 권리를 드리기 위해 공적 마스크 5부제를 시행한 적도 있었지요. 그러고 보니 저도 약국 일선에서 의약품 상담과 조제 업무 외에 공적마스크 취급을 하면서 주말과 공휴일을 반납하고 한 달 기준으로 볼 때 꼬박 31일을 근무한 적도 있었어요. 이렇게 국가와 유관 보건 기관, 마스크 취급 약국의 지난한 노력으로 마스크 5

부제가 빠른 시간 내에 정착되어 지금은 마스크 수급이 안정화되고, 자유 경제 시장에서 마스크 구매 전쟁을 겪지 않아도 되니 다행이라고 생각합니다. 정말 다행스러운 일입니다.

질병, 특히 전염병을 예방하기 위해서는 면역력을 강화시켜야 한다는 말은 누누이 강조해도 부족하지 않은 말인데요, 면역력이 강한 사람들은 질병에 걸려도 가벼운 증상만 앓고 이겨낼 수 있으니 면역력 강화의 중요성은 두말할 필요가 없겠지요. 그렇다면 면역력을 강화시키기 위해서 우리는 무엇을 해야 할까요? 면역력은 과로와 스트레스, 수면 부족 등으로 인하여 저하되기 때문에 생활습관을 개선하는 것이 중요합니다.

균형 잡힌 식단으로 짜인 규칙적인 식사와 운동은 기본이고요, 몸을 따뜻하게 해주는 것도 면역력을 높이는 방법이 됩니다. 체온이 1도 상승하면 면역력이 5배 이상 높아지기 때문에 몸을 따뜻하게 하는 것이 좋습니다. 몸을 따뜻하게 하고 면역력을 높이는 음식으로는 마늘, 생강, 홍삼, 계피 등이 있습니다.

몸을 따뜻하게 하면서 먼저 장을 튼튼하게 해야 합니다. 면역세포의 70% 정도가 대장에 있기 때문에 유산균이 풍부한 음식, 발효식품, 식이섬유가 풍부한 채소, 과일을 자주 섭취해야 합니다. 유산균이 풍부한 발효음식인 우리나라 김치가 바이러스 퇴치에 도움이 된다는 말도 과언이 아니겠지요? 또한, 단백질이 풍부한 음식의 섭취도 중요합니다. 면역세포를 활성화시키려면 세포의 주성분이 되는 단백질이 필요하기 때문이지요. 단백질이 풍부한 붉은 살코기, 생선, 두부, 콩류, 계란 등을 골고루 드시면 좋겠지요.

이러한 식이요법과 아울러 적당한 운동도 해야 되겠지요. 몸에 열을 만드는 가장 큰 기관이 근육이기에 근육을 단련하면 몸을 따뜻하게 할 수 있습니다. 면역세포는 운동했을 때 더욱 활성화된답니다. 또한, 충분한 수면도 매우 중요합니다. 사람은 숙면을 취할 때 뇌척수액이 뇌에 쌓인 불순물을 세척하여 건강한 뇌를 만들고 면역력을 강화시켜줍니다. 뇌가 잠드는 순간 뇌세포는 수축하고 세포 사이의 공간을 넓힙니다. 바로 그때 뇌척수액이 들어와 노폐물을 청소합니다. 불면 상태, 뇌가 깨어 있을 때는 노폐물이 세포 사이에 방치됩니다. 그러다가 뇌가 잠들면 청소 모드로 변경되어 뇌세포 사이에 쌓인 노폐물을 청소하기 시작해요. 이런 원리로 충분한 수면은 우리 몸을 충전해 주면서 건강한 뇌를 만들어줍니다.

마지막으로 면역력 강화의 팁을 하나 더 설명드리고 싶은 것이 있습니다. 그것은 바로 긍정적인 마음가짐, 사랑과 배려, 양보하는 마음입니다. 유전자 암호를 해독하여 노벨상 후보로 거론된 전 세계적으로 유명한 어느 유전공학자도 "긍정적인 생각을 하게 되면 면역력이 강화되어 암세포증식을 막을 수 있고, 부정적인 생각을 하면 암세포의 스위치를 켜게 되어 암세포가 증식된다"는 주장을 했답니다.

코비드 19를 극복하기 위해 개인위생도 중요하고, 마스크 착용도 중요하고, 사회적 거리두기도 매우 중요합니다. 거기에 덧붙여 신체의 면역력 강화도 중요하고 마음속에 있는 긍정적인 생각과 사랑 나눔과 배려도 중요하다고 저 자신에게 먼저 실천해보라고 이야기해봅니다.

"면역이 필요하시죠?"

꽃이 되고 싶은 벗에게

지인으로부터 꽃 한 다발을 선물 받았다. 좀 더 오랜 시간 꽃을 시들지 않게 보존하려고 화병에 얼음처럼 차가운 물을 담아 꽃꽂이를 했다. 아직 피지 않았던 꽃봉오리가 화병의 물을 빨아올리면서 꽃잎을 활짝 열고 피어난다. 꽃이 활짝 핀 화병을 시선이 잘 닿는 테이블 한쪽에 올려놓고 주변을 정리하기 시작했다.

아름다움은 정결한 상태에서 더욱 빛나는 법! 테이블 위에는 신문이 펼쳐져 있고 책꽂이에서 빼낸 여러 권의 책들, 각종 유인물이 정리되지 않은 채로 쌓여있었다. 신문을 잘 접어서 한쪽에 보관하고 책은 책꽂이의 제자리를 찾아 꽂아두고 유인물은 파일 상자에 집어넣거나 분리수거를 했다. 테이블에는 오로지 화사한 꽃의 아름다움만 빛나고 있다.

꽃을 바라보고 있노라니
"꽃"
하고 혀끝을 윗니에 대고 단 한 음절을 말하고 나면
웬일인지 기분이 좋아진다고 하면서,
"다 같이 꽃!"
단 한 음절을 노래하라고 한 시의 한 구절이 생각난다.

며칠 후면 시들어 아름다움이 다할 꽃의 형상을 붙잡아두기 위하여 카메라를 꺼내어 초점을 맞추었다. 카메라 렌즈에는 정리된 테이블에 놓인 아름다운 꽃이 가득 잡힌다. 가히 꽃향기 넘치는 화엄 세계가 펼쳐지고 있었다. 어두운 땅속에서 발아한 씨앗이 싹을 틔워 올리고 푸른 잎을 만들고 마침내 꽃을 피운 만덕과 만행의 정수가 빛나는 화엄의 세계이다. 카메라 렌즈의 초점 링을 돌리면서 가장 아름다운 상태의 꽃을 담아두었다.

이제 길고 길었던 겨울이 지나가고 바야흐로 봄의 길목으로 접어드는 시기이다. 아지랑이가 피어오르고, 각종 꽃이 다투어 피어날 것이다. 올 사월에는 개나리, 진달래, 벚꽃뿐만 아니고 그 꽃들보다 더욱 아름다운 꽃다발을 목에 두른 선량(選良)이라는 꽃도 개화할 것이다. 꽃은 정결한 상태에서 꽃다워 보이듯 선량(選良)의 꽃은 만덕과 만행의 정수가 빛나는 화엄의 산물로서 피어나야 한다고 생각한다. 또한, 마이클 샌델 박사가 강론한 것처럼 정의(正義)에 뿌리를 내려 피어난 꽃이어야 하고 이웃과 사회가 공존하여 끊임없는 삶을 유전시킬 씨앗을 만들 꽃송이이어야 한다.

꽃을 좋아하는 후배와 함께 동식물 분류학 이야기를 나누다가 류, 류, 류 자로 끝나는 말은 비비추류, 원추리류. 포유류……나는 마지막에 장난스럽게 인류(人類)를 거론하였다.

인류라, 人 + 爲 = 僞가 되네요. 사람이 하는 일이 거짓이라는 말이 되네요. 인류라는 단어를 거론하니 사람에 대하여 불신을 이야기하는 후배에게 나는 인류애에 대한 변론을 다음과 같이 조용히 들려주었다. 연하지벽(煙霞之癖)이 깊은 연유로 사람을 만나는 일보다는 꽃과 나무 등 자연에 심취해 있지만, 마음 깊이 인류를 사랑하다.

70억 인류, 모든 사람의 지문(指紋)이나 성문(聲紋)이 다르듯이 사람은 개개인이 모두 다른 개성을 가지고 있으므로 서로 자연스러운 조화를 이루기가 어렵지만 바로 이 점이 정말 매혹적인 부분이라고 생각한다. 우리의 이웃들은 자연스러운 조화를 위하여 나 자신을 끊임없이 연단시켜주는 '또 하나의 나 자신'이기 때문에.

깨끗하게 정리된 테이블 위에 놓인 활짝 핀 꽃송이를 바라보며 사월 선량(選良)의 꽃이 화사하게 피어나 이 사회의 자연스러운 조화를 위하여 헌신하는 향기를 기대해본다. "꽃"하고 발음하면 웬일인지 기분이 좋아지는 꽃향기를 기대한다.

아모르 파티

산다는 게 다 그런 거지,
누구나 빈손으로 와,
소설 같은 한 편의 얘기들을 세상에 뿌리며 살지,

자신에게 실망하지 마, 모든 걸 잘할 순 없어
오늘보다 더 나은 내일이면 돼, 인생은 지금이야
아모르 파티, 아모르 파티

국내 유명 트로트 가수가 부르는 아모르 파티라는 노래의 한 소절을 음미하며 '인생은 지금이야'라는 말을 화두로 삼아 상념에 잠겼다.

아모르 파티(amor fati)라는 단어의 의미는 직역하면 '운명(fati)을 사랑하라(amor)'이다. 독일의 철학자 니체의 사상 중 하나로, 인간에게 필연적으로 다가오는 운명을 감수하며 긍정하고 자신의 것으로 받아들여 사랑하는 것이 인간 본래의 창조성을 키울 수 있다는 사상이다. 따라서 자신의 운명은 거부하는 것이 아니라, 개척해 나가야 한다는 것이 이 사상의 핵심이다. 삶이 고달프고, 힘들고, 만족스럽지 않아도 참고 견뎌내며, 살아가면서 일어나는 여러 가지 상황들을 받아들이다 보면 인간이 가지고 있는 무언가를 깨달을 수 있다는 사상이다. 카르페 디엠(carpe diem)! "지금, 이 순간에 충실하라."라는 의미의 라틴어와 일맥상통하는 사상이다.

인과론을 믿는 종교에서는 전생이 궁금하면 현생을 보라고 했고, 내세(미래)가 궁금하면 현생에서 열심히 삶을 영위하라고 했다. 현재 내가 사는 생은 전생에서 쌓은 업의 결과이고, 현생에서 쌓아가는 업이 다음 생(내세)을 결정짓는다는 것이다. 오로지 지금 현재의 삶이 제일 중요하다는 결론이다. 미륵산 중턱의 암자에서 시를 쓰며 사는 스님은 다음과 같은 법문을 설했다. 전생과 현생이 나뉘어 있는 게 아니라 이 마음이 윤회할 뿐이란 걸 알았다. 지킬과 하이드가 한 사람인 것처럼 흔들리고 허덕일 때는 축생(짐승)이 된다. 그렇게 매 순간 윤회한다. 지나간 세월은 전생이다. 마음을 제대로 쓰면 언제나 지금이 바로 황금

기다. 언제나 극락에 머문다.

또한, 아담의 원죄를 전생이라고 믿는다면 현생의 나는 참회와 회개하는 마음으로 창조주의 은혜를 깨달아 널리 이웃을 사랑하는 삶을 살면 된다. 사랑이 이어지는 내세는 당연히 천국이지 않겠는가? 이러한 삶의 자세가 아모르 파티(amor fati)의 진정한 의미라고 생각한다.

초여름을 맞이하는 뜰에는 꽃양귀비가 붉은 꽃잎을 바람에 하늘거리며 아름답게 피어있다. 나는 지극히 아름다운 꽃양귀비의 자태를 감상하면서 꽃의 화엄(華嚴)을 이루기까지 겪어온 꽃양귀비의 생애를 생각해보았다. 지난해 여름, 만발했던 꽃양귀비의 꽃이 지고 씨앗이 땅에 묻혔다. 땅에 묻혔던 씨앗은 가을에 싹이 텄다. 싹이 트는 것은 환희로운 생명의 탄생이었지만, 추운 겨울이라는 혹독한 운명이 어린싹을 기다리고 있었다. 하지만 어린싹은 주어진 운명을 받아들이며 순응했다. 볕이 좋은 날은 잎을 키우고, 영하의 날씨에는 지면에 오체투지(五體投地)로 바짝 엎드려 추위를 이겨냈다. 혹한의 추위에도 동사(凍死) 하지 않고 땅속 깊이 뿌리를 키워나갔다. 봄을 맞이하던 날 오체투지로 순응했던 몸을 일으켜 초록색 잎을 키워나가기 시작했다. 햇볕을 온몸에 받고 봄비 머금어 키를 키우며 꽃양귀비는 꽃봉오리를 맺기 시작했다. 초여름이 되자 겨울 동안 인내하면서 간직했던 열정을 드디어 활짝 꽃 피웠다. 지극히 아름답고 장려한 꽃의 화엄(華嚴)을 다시 보여주고 있다. 어디 꽃양귀비뿐이겠는가? 민들레가, 씀바귀가, 인동초가 대자연이 보여주는 아모르 파티(amor fati)의 의미를 잘 일러주고 있다.

내 앞에 주어진 삶을 열정적으로 사랑하자!

숲속의 공주는 왜 100년이나 잠들어 있었나

옛날 어느 왕국에 어여쁜 공주가 태어났다. 왕은 이날을 축제일로 정하고 온 왕국은 기쁨에 들떠 있었다. 왕은 마녀들을 초청하여 아기에게 한 가지씩 축복을 내려 달라고 부탁한다. 그런데 왕의 실수로 마녀 중의 한 명이 초청자 명단에서 빠졌다. 그것이 화근이 되었다. 초대받은 첫 번째 마녀는 아름다움을, 두 번째 마녀는 고운 목소리를 가질 것이라고 축복했고, 이어서 세 번째 마녀가 '영원히 행복하라.'라는 축복을 내리려는 순간, 초청자 명단에서 빠진 마녀가 갑자기 나타났다. 공주의 탄신 축제에 초대받지 못한 것에 대하여 앙심을 품은 그 마녀는 '공주가 16세 생일날이 되는 날, 물레 바늘에 손가락이 찔려 죽을 것'이라는 저주를 내리고 사라졌다.

그러자 미처 축복하지 못했던 세 번째 마녀가 '공주는 죽지 않고 깊은 잠에 빠지게 되는데, 진정한 사랑의 키스로 공주를 깨울 수 있다'라고 왕을 안심시키며 앙심을 품은 마녀의 저주를 약하게 바꿔준다. 왕은 공주에게 닥쳐올 재앙을 막고자 나라 안의 모든 물레를 불태우라고 명령을 내리지만, 공주는 16세 되던 생일날 마녀의 계략으로 탑 꼭대기 방에 감춰져 있던 물레를 발견하게 되고 물레 바늘에 손가락이 찔리게 된다. 다행히 공주는 죽지 않고 성에서 100년 동안 잠을 자게 된다. 그러다가 성을 지나가던 왕자의 진정한 사랑의 키스를 받고 깊은 잠에서 깨어난다는 줄거리의 동화이다.

이 동화에서 공주가 저주를 받은 이유를 살펴보자. 왕이 실수로 마녀 한 명을 초대에서 누락시켰다. 소외된 마녀는 소외감에 앙심을 품고 공주를 저주하게 된 것이었다. 기독교의 신약성서 사도행전에 다음과 같은 구절이 있다. 사도 바울이 전도 여행 중에 그리스의 아테네 지방을 여행하다가 발견한 신전 기둥에 새겨져 있는 구절 하나가 생각난다. 그리스 사람들은 제우스신을 비롯한 12 신을 섬기고 있었는데 범사에 종교성이 강한 그들은 13번째의 제단을 마련하고 '알지 못하는 신을 위하여'라고 배수진을 쳐두었다.

바울이 아레오바고 가운데 서서 말하되 아덴 사람들아 너희를 보니 범사에 종교성이 많도다
내가 두루 다니며 너희의 위하는 것들을 보다가
알지 못하는 신에게 라고 새긴 단도 보았으니
그런즉 너희가 알지 못하고 위하는 그것을 내가 너희에게 알게 하리라

소외와 배제, 편애는 사람들의 잠재의식 속에 있는 악한 마녀의 성정을 일깨워 주는 촉진제가 되어 상대방을 증오하게 하는 부작용을 파생시킬 수 있다. 따뜻한 사랑과 관심으로 악한 마녀의 성정을 잠재우고 무한한 가능성을 가진 선한 요정 본성으로 성장하게 도와주는 것이 인간관계의 기본이 되어야 할 것이라고 자신을 돌아본다. 나는 내가 미처 알지 못했던 신께 경배를 드리며 박애(博愛)라는 단어를 떠올려 본다.

국어사전에서 새삼스럽게 박애라는 단어를 찾아 몇 번이고 읽어보았다. 박애(博愛)란, 인간의 인격·인간성을 존중하고, 평등사상에 입각해서 인종·종교·습관·국적 등을 초월한 인간애·인류애의 정신으로 자비와 동정을 널리 베풀어 모든 사람을 평등하게 사랑하는 일이라고 기록된, 국어사전의 글자 한 자, 한 획을 아주 오랫동안 들여다보았다.

속성(屬性) 바꾸기

대학병원 약제과에서 근무하던 시절, 의약정보실 책임 약사로 근무했었다. 의약정보실(Drug Information room)에서는 병원 내의 의사나 간호사 또는 일반인들에게 의약품의 성분, 효능, 상호작용, 부작용 등 의약품의 제반 사항에 대하여 정보를 제공하는 일을 한다. 또한, 새로운 약을 원내에서 사용하려면 의약정보실에 신약(新藥) 신청서라는 서류를 접수하고 의사와 약사가 참여하는 약사위원회(藥事위원회, Drug Committee)의 심사를 거쳐 통과하여야 그 약을 구매하여 원내에서 사용할 수 있다.

어느 날, 신약 신청 서류 한 건이 의약정보실에 접수되었다. 1980년대 그 당시에는 처음 접해보는 성분의 약에 대한 서류였다. 그 약은 면역을 억제하는 효능을 가진 면역억제제(immunosuppressive agent, 免疫抑制劑)였다. 일반적으로 '면역'이라는 단어를 연상하면 질병을 예방하는 백신을 떠올리게 되고 예방접종을 하여 그 질병에 걸리지 않거나 약하게 지나가도록 한다고 생각하고 있을 것이다.

면역증강제도 아니고, 면역억제제라, 어디에 사용하는 약물일까? 제출한 서류와 문헌을 살펴보니 간이나 신장 등의 장기이식을 한 후 주로 사용하는 약물이었다. 즉, 타인의 장기가 이식되었을 때 나타나는 거부반응을 억제하는 약이다. 장기가 이식되어 혈관이 연결되고 혈액이 흐르면 림프구가 이식 장기의 세포와 접촉하고, 이식 장기의 세포를 죽이는 킬러 세포나 항원을 기억하는 메모리 세포가 생기며, 혈청 중에 항체로서의 면역글로불린도 생긴다. 장기이식을 받은 인체가 이식된 장기 세포에 대하여 내 살이 아니라고 항체를 만들며 저항하는 텃세를 하는 것이다. 그런데 이식 장기가 체내에서 한 몸이 되어야 자신의 생명도 유지할 수 있는 것은 불문가지(不問可知)한 일이니 텃세를 멈추어야 하는데, 그 텃세를 멈추게 하는 약이 비로 면역억제제이다. 자신의 방어 속성(屬性)을 억제해야 이식받은 장기와 한 몸이 되어 건강을 유지하며 살 수 있다.

그런데 컴퓨터에서도 이 텃세가 있다. 인터넷 사이트에 사진 등의 이미지를 올렸다가 다른 사이트로 옮길 때 이 속성이 바뀌지 않으면 이미지가 살아나지 않는다. 원래의 속성이 그대로 남아 있으면 텃세를 당한다. 결과적으로 사진이 보이지 않는다. 원래의 속성을 죽이고 이동된 사이트에서 원하는 속성으로 바뀌

어야 텃세를 면하고 어느 PC에서나 볼 수 있는 이미지로 재탄생된다. 사진을 올렸는데 자신의 PC에서만 보이고 다른 PC에서는 보이지 않을 때, 그 사진의 속성을 살펴보면 원래 사이트의 속성이 그대로 존재해 있다. 예를 들어 처음에 다음(DAUM) 사이트에 올린 사진이었다면 사진의 파일 이름에 다음 사이트의 속성이 그대로 남아 있다. 그러니까 다음 사이트에서 가지고 있었던 속성을 현재 있는 사이트의 속성으로 바꾸어야 한다. 장기이식처럼 면역억제제를 투여할 필요는 없고 사진 파일 이름을 바꿔서 올리면 된다. 간편하게 드레그 하는 방법으로 복사하면 속성이 바뀌지 않는다. 번거롭지만 자신의 PC에 저장된 같은 사진을 불러서 다시 올리거나, 저장된 사진이 없으면 다른 이름으로 다시 한번 저장하여 올려야 한다. 이렇게 하여 올린 사진의 속성을 보게 되면 현재 사이트의 속성으로 바뀌어 있다. 서양에서 여자가 결혼하면 남편의 성(姓)으로 성이 바뀌듯이 속성이 바뀌는 새로운 가정이 탄생하게 되는 것이다.

우리나라에서는 결혼해도 여자의 성(姓)이 바뀌지 않지만, 컴퓨터의 파일은 아무래도 서양 스타일인가 보다. 하지만 우리나라처럼 성이 바뀌지 않더라도 성공적인 결혼생활을 하려면 남녀가 서로 결혼 전의 속성을 억제하고 새로운 속성으로 거듭나야 원만한 결혼생활이 영위되리라 생각해본다. 사회생활이나 직장생활도 이와 다르지 않으리라 생각한다.

이식된 타인의 장기(臟器)를 인체가 거부하지 않고 잘 받아들이도록 해주는 면역억제제가 타인의 입장과 정서를 받아들이고 배려할 수 있는 심리적 면역억제제의 용도로도 사용되면 어떨까 하고 생각을 비약해본다. 심리적 면역억제제의 적절한 사용이 서로의 마음이 연합하고 소통하는 명 처방이 되었으면 하는 생각으로 'off' 위치에 있던 무장해제 버튼을 찾아 'on' 위치에 놓아본다. 이 무장해제 버튼은 시시때때로 이기와 허영심으로 무장되려고 하는 나 자신의 속성을 해제할 때 사용하는 심리적 면역억제제이다.

아로마 테라피

솜씨 좋은 지인으로부터 손수 만든 솟대 한 쌍을 선물 받았다. 그 솟대 위에는 소나무의 가지에 생긴 둥근 혹을 다듬어 만든 새가 올려 있는데 크고 작은 이 두 마리의 새가 마치 어미 새와 아기 새처럼 정답게 보였다. 등산을 좋아하는 지인은 산행 중에 등산로에 버려져 있는 병든 소나무 가지를 주워서 솟대를 만들었다고 했다. 가지가 혹처럼 부풀어 오르는 소나무 혹 종(腫)의 재질로 만들었기 때문에 배가 볼록하고 오리처럼 생긴 것이 겨울에 금강호에 날아드는 철새의 한 종류인 가창오리의 모습과도 흡사했다. 나는 이 한 쌍의 솟대를 한쪽 벽면에 잘 세워두고 향이 좋은 모과를 한지로 만든 접시에 담아 정물을 연출해보았다. 솟대 위의 새와 모과의 연출이 잘 어우러져 마치 아기 새가 향기로운 모과 향을 맡는 것처럼 보인다. 그 모습을 보면서 스토리텔링을 해보았다.

시베리아의 바이칼 호숫가에서 살던 철새들이 추운 겨울을 따뜻하게 보내기 위해 우리나라로 날아오고 있었어요. 철새의 무리 중에는 엄마와 아기 새도 있었어요. 늦둥이로 태어나 연약한 날개로 먼 하늘길을 날아온 아기 새는 어지럽고 기운이 떨어져서 더는 날 수가 없다고 어미 새에게 하소연을 합니다. 어미 새는 달빛 받아 윤슬이 반짝이고 있는 금강호를 가리키며 아기 새를 달랩니다.

"아가, 잠깐만 기다려라, 저어기 금강 변에 있는 나포들녘이 머지않았구나. 거기 가면 맛있는 곡식들이 많이 있단다."

"그래도, 엄마, 날개 힘이 떨어져요."

"그렇구나, 아가! 저기 커다란 나무 한 그루가 있구나. 거기서 잠깐 쉬어가자!"

아기와 어미 새가 잠시 쉬어간 나무는 모과나무였어요. 모과나무는 키가 정말 커서 하늘 높이 향기로운 모과들을 주렁주렁 매달고 있었어요. 모과나무는 아기 새를 위하여 가지를 흔들어 보름달처럼 잘 익은 모과 하나를 떨어뜨렸어요.

"엄마! 정말 향기가 좋아요, 냄새만 맡아도 힘이 생기는 듯해요."

"그래, 좋은 향기는 우리에게 힘을 주는구나! 이 좋은 향기를 많이 들이마시고 힘을 얻어 우리도 향기로운 노래를 부르는 새가 되어야겠지? 아가야!"

향긋한 모과 향으로 아로마 테라피를 한 아기 새는 힘을 얻어 무사히 나포들녘에 도착했어요. 추수가 끝난 논바닥에 떨어져 있는 맛있는 벼이삭을 쪼아 먹으며 행복한 겨울을 보냈어요. 드디어 기나긴 겨울이 지나가고 금강호 강변에는 강아지 꼬리처럼 보송보송한 버들강아지가 피어오르고, 강변의 버드나무는 뿌리에서 부지런히 물을 길어 올려 움을 틔우더니 봄 햇살로 물들여진 연초록 레이스 드레스를 뜨개질하여 입고 있었어요.

봄바람에 그네를 타고 있는 버들 아씨는 청초하고 아름다웠어요. 아기 새도 어미 새처럼 날개가 많이 자라고 튼튼해져서 버드나무 가지로 날아올라 금강호의 멋진 일몰을 구경하곤 했어요. 서해안의 금강호 일몰은 무척 장관이거든요. 저녁 해가 수평선으로 넘어가면서 금강호를 붉게 물들이면 다른 가창오리들과 함께 공중을 날며 군무를 추기도 했어요. 가창오리들의 군무(群舞)를 구경하기 위해 많은 사람이 카메라를 들고 강변에서 숨을 죽이고 기다리기도 한답니다. 가창오리의 군무는 한 번에 무려 30만 마리가 하늘을 날아오를 때도 있는데 이때는 마치 한 마리의 거대한 새의 형상이 연출됩니다. 저물어가는 하늘 위에서 연출하는 장려한 매스게임(mass game)이 아로마 테라피로 활력을 얻은 한 마리의 연약한 새의 날갯짓에서 시작되었다고 상상의 비약을 해봅니다. 봄이 무르익어 가창오리는 힘찬 날개로 창공을 가르며 머나먼 시베리아 바이칼 호숫가로 날아갔지만 내 곁에는 여전히 아기 새와 어미 새가 솟대 위에 남아있습니다.

바이칼호에서 손님이 오셨습니다.
그대 오신다기에 금강호 욕조에
아침 이슬 방울방울 떨어뜨려
가득 채워놓았습니다.

여정에 지친 나래 금강호 맑은 물에
담그고 편히 쉬어가세요.

아기와 어미 새의 아로마 테라피 스토리텔링을 솟대 위의 새들에게 들려주고 있노라니 아련히 피어오르는 어떤 향기들이 후각을 자극한다. 지난봄부터 여름까지 주말마다 근교에 있는 텃밭에 매달려 살았다. 한 주간을 일터인 약국의 닫힌 공간에서 보내다가 텃밭을 찾아가는 길은 각종 향기로운 방향(芳香)으로 넘쳐흘렀다. 도심을 벗어나서 전원 길로 접어들면 아름드리 오동나무가 몇 그루 서 있는데 엄마의 분 냄새 같은 오동꽃 향기가 일에 시달렸던 복잡한 머리를 상쾌하게 치유해주었다. 오동나무 아래 연보랏빛 작은 종 모양의 오동 꽃이 떨어져 있는 모습을 보면 갓길에 차를 세우고 오동 꽃을 주워 꽃 탑 쌓기 놀이를 해본다. 꽃 탑이 첩첩이 쌓이면 가슴속에도 꽃향기가 쌓이고 머리를 복잡하게 했던 상념들은 밖으로 밀려나 사라진다.

이윽고 텃밭에 도착하면 밭 한쪽에 심어놓은 피튜니아 꽃 향기도 달콤한 분 냄새로 다가와 가슴을 포근하게 감싸준다. 나는 피튜니아 꽃밭에 엎드려 잡초를 뽑으며 심호흡으로 아로마 테라피를 한다. 그리운 어머니의 향기를 들이마신다. 어린 시절 엄마의 화장품 바구니에는 거즈 손수건이 한 장 담겨있었는데 그 손수건에는 분 냄새가 가득 배어 있었다. 나는 엄마의 향기를 들이마시며 아기 새처럼 어린 시절로 돌아간다.

어느 추운 겨울 감기에 걸려 학교를 조퇴하고 집에 돌아와 방에 누워있었다. 엄마는 빨래를 하다 말고 방에 들어와서 열에 들뜬 이마를 만져주신다. 찬물에 빨래하던 엄마 손은 얼음장처럼 찼고, 세탁비누 냄새가 배어있었다. 엄마는 비누 냄새가 채 가시지 않은 손으로 이마를 짚어주고 감귤 하나를 까서 고열로 신음하는 딸의 입에 넣어주신다. 이마와 볼에 끓고 있었던 뜨거운 열은 엄마의 차가운 손에 시원하게 식어갔고 나는 기운을 차렸다. 세탁비누 냄새와 감귤의 향이 뒤섞인 엄마 손의 냄새는 해열제를 능가하는 아로마 테라피였다. 어느 날은 생선을 손질하다가 비린내가 배어 있는 손으로 이마를 만져주시기도 했다. 향기롭진 않았지만, 엄마의 손에 배어 있는 냄새였기에 생선 비린내도 문득문득 그리워진다.

독감이 유행하던 지난겨울, 수많은 독감 환자들에게 약을 조제하고 복약 지도하다가 나도 그만 독감 증세를 느꼈다. 인후통과 식욕부진, 무기력증으로 여러 날 시달렸다. 거의 두 주간을 고생하다가 먹고 싶은 음식이 생각났다. 암모니아 향이 물씬 서려 있는 삭힌 홍어탕의 알싸한 맛을 음미하면 기운이 생길 듯도 하여 남편과 함께 식당을 찾았다. 삭힌 홍어와 내장이 걸쭉하게 녹아있는 국물을 한 수저 입에 가까이 냄새를 맡는 순간 알싸한 향이 코에 스며들고 폐에 스며들어 머리가 맑아지는 듯했다. 식욕이 돌아 한 공기의 밥을 거뜬하게 비웠다.

대학 시절, 약제학 담당 교수님 말씀이 떠오른다. 화장품 제조에 관한 향장학 개론을 강의하시며 향수 이야기를 들려주셨다. 재스민과 장미와 바이올렛, 수선화의 향을 추출하여 만드는 샤넬 향수 제조법을 설명하면서 “여러분은 향수 중에서 가장 선호도가 높은 샤넬 넘버 5와 같은 방향을 지닌 사람들이 되었으면 한다. 그러나 사람의 후각은 쉽게 마비되기 때문에 아무리 좋은 향기도 후각이 마비되면 느낄 수 없는데 이 후각을 깨우는 방법이 있다. 그것은 바로 암모니아 향을 맡는 방법이다. 향수를 제조하는 사람들도 향기를 감별하기 위해 코를 찌르는 암모니아 향으로 후각을 깨운 후 방향을 감별한다."라고 하셨다. 그 옛날 재래식 화장실에 들어서면 대소변이 발효되어 암모니아 냄새가 코를 찌르곤 했는데 이상하게도 그 화장실에 한참 동안 쭈그리고 앉아 있으면 머리가 맑아졌던 기억이 있었다. 그런 연유이었을 까? 어느 날은 동화책을 들고 화장실에 들어가기도 했고, 시험 보는 날 아침이면 문제집을 들고 화장실에 들어가기도 했다. 암모니아의 강렬한 향이 머리를 맑게 해 주었는지 기분 좋은 시험 점수를 얻기도 했다.

솟대 위의 아기 새와 짙은 향기를 뿜어내는 모과 한 알을 바라보며 미력하나마 이웃들에게 아로마 향이 되기를 소망해본다. 고열을 식혀주고 아픔을 치유해주는 백약(百藥)의 향기가 배인 아로마 향에 아울러 마음의 고통까지 치유해주는 아로마 향을 찾아서 오늘도 약국의 조제실을 분주하게 서성거린다.

미래 과학에 대한 소망

미래 과학이라는 단어를 듣는 순간 비행접시, 우주선, 우주정거장, 지구와 행성 간의 여행, 인간의 역할을 대행하는 로봇 등 첨단의 과학 장비와 시설 등으로 무장한 단어부터 연상된다. 또한, 컴퓨터에 의해 제어되는 자동화된 편리 시설과 함께 인간의 활동을 모니터링하는 상비 등이 연상된다. 그리하여 미래 과학의 발전과 함께 인류의 생활은 극도로 편리해지지만, 인간성 상실에 대한 염려를 생각하지 않을 수 없다.

인류의 문명은 태고 이래로 눈부신 발전을 거듭하여 생명체를 복제할 수 있는 단계까지 왔다. 살아있는 세포를 이용하여 또 하나의 똑같은 생명체를 만들 수 있게 되었다. 복제 양 '돌리'나, 복제 소 '영롱이'를 우리는 익히 알고 있다. 이러한 양이나 소 등 동물뿐만 아니라 사람까지 복제할 수 있는 유전자 기술

에까지 이르렀다. 생명과학자들의 표현을 빌자면 인간 유전자 genome의 모든 정보가 밝혀졌다고 한다. 인간의 설계도를 해석할 수 있는 유전자 기술을 손에 넣은 것이라고 한다. 윤리와 종교 등 여러 관점에서 인간의 복제 실현을 배제하고 있기는 하지만 인류의 과학은 최첨단의 단계까지 온 것 같다.

60조 개의 세포로 구성된 인간의 세포 하나하나는 살아있으며 이 60조의 세포들이 서로 조화를 이루어 살아간다. 지구상에는 *60억의 인간이 살고 있으면서 전쟁과 여러 가지 불협화음이 끊임없이 일어나고 있는데, 비하여 지구상 인구수의 일만 배 이상 되는 60조의 세포들은 아무런 문제 없이 조화롭게 살아나가고 있다. 이것은 대단히 경이로운 일이다. 살아있는 생명체라는 것이 얼마나 대단한 것인가를 의미하는 사실을 말하는 것이다.

이 살아있는 생명체인 인류를 위한 과학은 우리가 어떻게 발전시키고 어떻게 응용하며 이용하는 것일까? 미래 세계의 주인공이 될 아이들을 기르는 부모라면 첨단과학이 만들어 낸 현재의 생활을 돌아보면 재고해야 할 부분들이 많다고 생각한다. 일례를 들면 컴퓨터의 발달로 전 세계인의 통신이 가능해진 인터넷만 보더라도 얼마나 편리한 세상인지 알 수 있다. 알고자 하는 정보는 즉시 검색이 가능하고 지구 반대편의 소식도 실시간으로 접한다. 인터넷 뱅킹, 인터넷 쇼핑은 얼마나 편리한가?

이렇듯 문명의 이기로서 컴퓨터를 편리하게 이용하고 있지만 반면에 불이익과 해악도 부지기수다. 이른바 컴퓨터의 해킹, 자료의 무단 복제, 청소년이 보아서는 안 되는 음란물의 유통, 불법 거래 등 사이버범죄라 하여 경찰에서 담당 주무 부서까지 두어 관리하고 있다. 다이너마이트를 발명한 노벨이 다이너마이트가 인류 살상 무기로 사용되는 것을 알고서 통탄하여 그 발명을 후회하였다는 일화의 시사하는 바는 삼척동자도 알고 있다.

21세기를 사는 우리 인류는 첨단과학 시대에 살고 있다. 미래 과학은 급속도로 발전할 것이다. 더욱 발전되어 가는 미래 과학에의 바람은 물리, 화학, 등의 기초과학도 물론이지만, 정신과학의 발전에 특별히 기대해본다. 건강하던 사람이 갑작스러운 정신적 충격을 받게 되면 병에 걸리거나 하룻밤 사이에 머리가 하얗게 변하는 경우가 있다. 그러나 항상 긍정적으로 생각하고 생명에 대한 경외심을 가지며 생동감 있고 기대와 소망에 가득 찬 마음가짐으로 살아간다면 위와 반대로 자기 자신이 원하는 인생을 살아나갈 수 있다고 본다. 미래 과학은 인류를 위하여 무한한 발전을 해야 하지만 과학의 발전이 인간성을 상실시켜서는 안 된다고 생각한다. 과학은 인간성을 회복시키는 학문이어야 한다고 생각한다. 과학은 우리의 생활을 편리하게 해 줄 뿐만 아니라 우리의 정서를 더욱 함양시켜야 하고 더욱 인간답게 서로 공존 공생할 수 있게 해야 한다고 생각한다. 또한, 과학의 힘은 인간 생활에 기여하여 보다 훌륭하고 가치 있는 인생을 영위할 수 있게 하여야 할 것이다.

'무라카미 가즈오'라는 일본 생명과학자의 저서에서 다음과 같은 이야기가 있다.

'아폴로 9호에 20년간이나 우주 비행을 했었던 한 우주비행사를 국제 심포지엄에서 만났는데, 그 우주비행사는 우주 공간에 처음으로 나가 본 사람이었다고 한다. 그가 잠시이지만 우주를 유영하면서 내려다본 지구는 아름답기도 했지만 살아있는 것을 느꼈다고 한다. 그 순간 그는 과학자에서 시인으로 변했다고 한다. 지구는 살아있었고 지구의 생명과 자신의 생명이 연결되어 있다는 것을 느꼈다고 한다.'

미래 과학자의 가슴엔 생명체에 대한 경외심과 아울러 시인의 따뜻한 마음과 섬세한 정서가 깃들여야 한다고 생각한다. 또한, 도덕성이 있어야 하고 윤리로 무장되어 있어야 하고 철학의 논리도 있어야 한다고 생각한다. 하여 미래 과학은 모든 학문을 포괄하는 인류학이 되어야 한다. 이러한 인류학자인 미래 과학자들이 발전시킨 우리의 미래는 정말 편리하고 아름답고 밝기만 할 것이다.

부언하건대 미래 세계의 주인공이 될 우리 아이들이 배워야 할 과학에 관한 공부는 물질과학과 아울러 정신과학이라고 생각한다. 물리, 화학 등의 자연과학의 원리와 응용은 물론이고 자신과 타인의 생명을 경외하는 공부, 살아있다는 그 자체에 대한 감사하는 마음을 가질 수 있는 공부인 정신과학을 먼저 익혀야 한다고 믿는다.

자신의 생명을 경외할 줄 아는 아이는 컴퓨터 게임도 적당한 시간만 즐길 것이고(장시간의 컴퓨터 게임 끝에 혈전으로 피가 굳어서 사망할 수도 있다. 따라서 컴퓨터 모니터에서 벗어나 운동하는 시간도 가질 것이다), 또한 타인의 인격을 경외할 줄 아는 아이는 네티켓이라 하는 사이버 통신 예절도 갖출 것이다. 악성 댓글로 사람을 죽음에 이르게까지 하는 사이버테러는 일어나지 않을 것이다. 의료인은 환자를 의료인 자신이나 가족처럼 생각하며 정성을 다하여 적절한 진료를 할 것이다. 또한, 건축가는 부실한 공사를 하지 않고 견고한 토대 위에 미려한 건축물을 지어 예술품처럼 불후의 명작으로 남길 것이다. 음식을 만드는 조리사는 나와 내 가족이 먹는 음식을 만들 때처럼 가장 신선한 재료와 유해 첨가물이 들어가지 않은 재료를 엄선하여 정말 깨끗하고 맛있는 음식을 만들 것이다. 산업체, 공장 등에서는 중금속이 함유된 오·폐수를 직접 하천에 방류하지 않고 정화하여 물고기가 뛰놀 수 있는 맑은 물을 흘려보낼 것이다. 음악가는 영혼을 정화하는 아름다운 선율과 멜로디를 작곡할 것이다. 한편 정치가는 부정부패, 부조리 등의 불합리한 정치를 하지 않고 진정 주민을 위한 올바른 정치를 할 것이다.

상상만 해도 즐거운 일이다. 이러한 정신과학의 발달은 우리 인간이 가지고 있는 역량을 배가시켜 정말 훌륭하고 멋있는 인생을 영위하게 할 것이다. 물질과학과 정신과학의 조화 있는 발달로 유토피아가 된 미래 세계를 상상해 본다.

* 2000년 뉴밀레니엄 맞이 과학의 달 학부모 대상 원고 응모,
당시 지구 인구수는 60억 정도였음

V \ 서쪽에 지친 어머니가 있으면

서쪽에 지친 어머니가 있으면

텃밭에서 뜯어온 아욱 한 줌을 씻어서 아욱국을 끓이려고 멸치를 우려낸 물에 된장 한 숟갈을 풀었다. 된장을 푼 멸치국물에 아욱을 넣고 한소끔 더 끓였다. 아욱국 냄새가 고소하게 후각을 자극한다. 맛있는 냄새에 식욕을 느끼며 문득 미와자와 겐지의 시 한 편이 떠올라 낭송해본다. 하루에 현미 네 홉과 된장과 약간의 채소를 먹으며 자신의 감정을 넣지 않고 작은 초가집에서 살면서 이웃의 아픔과 슬픔을 덜어주며 평범하게 살고 싶은 소박한 꿈을 그린 시이다.

그의 시 전문을 소개해본다.

비에도 지지 않고 바람에도 지지 않고

눈에도 여름의 더위에도 지지 않는 튼튼한 몸을 가지고

욕심은 없이 결코 화내지 않으며 언제나 조용히 웃고 있으며
하루에 현미 네 홉과 된장과 얼마간의 채소를 먹으며
모든 일에 자신의 감정을 넣지 않고 잘 보고 들어 깨닫고 잊지 않고
들판의 소나무 숲 그늘 짚으로 인 초가에 살면서
동쪽에 병든 아이가 있으면 가서 간호해 주고
서쪽에 지친 어머니가 있으면 가서 그 볏단을 져주고
남쪽에 죽어가는 사람 있으면 가서 두려워하지 않아도 된다 이르고
북쪽에 싸움이나 소송이 있으면 부질없으니 그만두라 이르고
가뭄 때는 눈물을 흘리며 냉해의 여름에는 걱정스레 걸어
모두에게 등신이라 불려 칭찬도 받지 못하고 골칫거리도 되지 않는
그러한 사람이 나는 되고 싶다.

고가의 뜨락 한편에 텃밭을 가꾸며 미와자와 겐지의 시를 가끔 떠올려보곤 했다. 요즘 나의 식탁은 텃밭에서 뜯어온 채소가 주를 이룬다. 상추와 부추를 뜯어 양념장에 절이고 풋고추와 애호박, 감자, 두부를 넣어 된장국을 끓인다. 부추와 풋고추, 애호박을 듬성듬성 썰어서 밀가루와 반죽하여 부침개를 만든다. 오이는 반달썰기 하여 양념장에 무치거나 채 썰어 냉면의 고명으로 냉면사리에 얹어 내거나 불린 미역과 함께 새콤하고 시원한 오이냉국으로 변신을 시도한다. 양파와 마늘은 간장, 설탕, 소금을 넣어 배합한 촛물에 절여져 아삭아삭한 장아찌가 된다.

마트나 시장에서 파는 채소들은 자연의 선물이 아니고 내 관점에서 보면 공산품이었다. 비닐하우스에서 화석연료로 높인 온도와 비료, 농약 등으로 조립된 녹색 공산품이었다. 그런데 텃밭의 채소들은 비바람, 햇빛에 온몸을 맡기고 자연스럽게 커간다. 태양의 에너지를 듬뿍 받으며 비바람에 흔들리며 자란 상추는 질기고 쌉쌀하지만 고소하기 이를 데 없고, 갓 따낸 오이와 토마토는 아삭아삭 씹는 즐거움까지 선물해준다. 또한 애호박의 단맛이 감도는 풍미는 녹색 공산품 호박의 맛에 비할 수가 없다. 이러한 음식들을 하나도 버리지 않고 수행하는 사문들의 공양처럼 말끔하게 접시와 그릇을 비운다. 자연이 준 귀하고 귀한 선물을 함부로 할 수 없어서이다.

자연이 준 질박한 선물로 자양분을 채우고 세상의 명리를 잊은 채 초록빛으로 마음을 물들이고 미와자와 겐지의 시를 낭송하며 그 이미지에 동화되어간다. 허영도 이기심도 시나브로 줄어들며 흙 묻은 손과 햇볕에 그을린 팔이 백색 미인보다 더욱 자연스러움을 느낀다. 텃밭에서 수확한 진한 초록빛 선물을 이웃들에게 한 줌씩 나누어 주면서 '맑고 향기롭게'를 법문으로 남기고 가신 스님도 떠올려보고 월든 호숫가의 오두막에서 자연의 삶을 노래한 헨리 데이비드 소로우도 떠올려본다. 논쟁이나 언쟁도 부질없이 여기며 다만 이웃의 입장을 조금이라도 더 이해하고 역지사지의 마음을 배워가고 싶은 것이다. 텃밭 가꾸기는 부질없는 욕심을 줄여주고 허영과 이기심을 줄여주면서 자연과 동화되어 소박하게 살아가라는 메시지를 전해준다. 마음밭을 가꾸는 법문을 들려준다.

어떤 인연

대지진으로 인한 이웃 나라 일본의 지진해일 참사를 지켜보며 안타까운 마음을 금할 길이 없었다. 매스컴에서 대지진 발생지에 대하여 보도하는 것을 들으며 순간 깜짝 놀랐다. 대지진의 발생지는 일본 동북부에 있는 미야기현의 센다이라고 했다. 센다이와는 특별한 인연이 없지만 10여 년 전엔가 센다이공항을 경유한 적이 있었다. 센다이에서 서부 쪽으로 횡단을 하면 미야기현을 넘어 야마가타현에 이르게 된다. 야마가타현에 있는 쓰루오카시를 방문하는 여정이었었다. 쓰루오카는 우리 익산시와 축구 등의 친선교류를 하는 도시였다. 쓰루오카 친선협회초청으로 그곳에 다녀오게 된 것이었다.

2002년 가을, 일본 센다이 공항에 착륙하는 순간 우리와 문화가 다른 이국땅에 발을 디디는 설렘으로 가슴이 두근거렸다. 그 공항이 지진해일로 인하여 관제탑 일부와 활주로가 침수되어 폐쇄되었다고 하니 마음의 항로 하나가 폐쇄된 느낌이 든다. 쓰루오카시에서 고속도로를 3시간 이상 달려서 센다이공항까지 마중 나온 친선협회 회원들의 모습이 떠오른다. 함께 얼싸안고 반가운 인사를 나누었던 일이 잊히지 않고 그 미소가 그대로 선연하다.

우리말을 연습하여 어눌한 발성으로 "안-녕-하-십-니-까? 반-갑-습-니-다!"라고 인사를 하던 친선협회 여성회원의 고조된 음성도 들려온다. 회원들과 함께 손을 잡고 천년의 서기를 지닌 삼나무 숲길을 지나 땀방울을 흘리며 하구로산 정상까지 올랐다. 함께 모여 초밥과 미소시루를 만들고 그곳에서 가꾼 채소와 잡은 생선으로 바삭한 튀김을 만들어 알싸한 고추냉이 소스를 곁들인 식탁을 차려 파티를 했다. 파티가 무르익어 손에 손을 마주 잡고 우리의 아리랑을 부르고 그곳의 민요를 불렀다. 다음날에는 노인복지시설 등의 사회복지시설을 둘러보며 거의 완벽한 사회보장제도에 대하여 부러운 마음을 갖기도 하였다. 특히 치매가 걸린 노인을 위하여 어린 아기의 크기와 무게가 같은 인형을 만들어 안아보게 하여 정서적 안정감을 주는 프로그램은 감동적이었다.

인연은 인생의 소중했던 시간을 이어주는 끈이었다. 인연으

로 하여 사랑이 탄생하고 마음이 이어진다. 마음이 이어지고 심장의 박동 소리를 함께 느꼈던 그 인연을 생각하면서 내가 그들이 되고 그들이 내가 되는 한마음의 연결을 느낀다. 서로 모르는 사람이 우연히 옷깃만 한번 스친 인연이라도 전생에서 1겁(劫)의 인연을 가져야 이루어진다고 한다. 가로와 세로, 높이가 각각 100리가 되는 큰 바위가 있는데, 천상에서 100년에 한 번씩 내려오는 선녀의 얇은 날개옷 자락에 스쳐 바위가 다 닳아 없어지는 시간을 1겁이라 한다. 이 1겁은 약 '42억 2000만 년' 정도라고 추정하고 있다. 우연인지는 모르지만, 지구 나이 45억 년과 아주 비슷하다. 이런 관점에서 볼 때 지구촌의 모든 생명체는 모두 형제요, 사해 동포이다.

이번 지진해일 참사에 작은 마음이라도 보태야겠다고 다짐을 해본다. 그이들의 하늘과 바다, 우리의 하늘과 바다에 태양이 동시에 떠올라 새로운 희망의 땅을 만들어 언제라도 다시 날아갈 수 있는 인연 깊은 사랑의 항로가 하루빨리 복구되기를 소망한다. 다만 우리의 땅 독도 영유권 주장 문제는 철회되기를 강력히 바란다. 이웃의 권리를 인정하는 것 또한 인연 깊은 사랑이라 믿는다.

황금비의 소나기를 기다리며

지난 어느 봄날이었다. 아마 사월 말경이었을 것이다. 각종 꽃이 다투어 피어나는 봄날의 수목원 산책길에서 한 나뭇가지에 맺힌 열매가 유난히 눈길을 끌며 발걸음을 멈추게 했다. 마치 꽈리 모양의 주머니처럼 보이는 갈색 꼬투리가 나뭇가지에 매달려 있었고 벌어진 그 꼬투리 안에는 흑진주처럼 까맣고 동그란 씨앗 한 알이 반짝이고 있었다.

벚꽃이 눈부시게 피어났다가 꽃잎을 눈처럼 하늘하늘 떨어뜨리는 시기인데, 지난해 가을에 맺은 열매를 아직도 매달고 있는 이름 모를 나무였다. 빛나는 흑진주를 주머니 속에 간직하고 있는 이 나무의 이름은 무엇일까 하고 무척 궁금한 생각이 들었다. 나뭇가지에 달린 동그란 씨앗 몇 알을 따서 손가락으로 비비며

굴려 보았다. 손바닥 위에서 까만 씨앗은 더욱 반짝이며 영락없는 흑진주처럼 빛났다.

나는 나무 이름의 단서가 될 만한 것을 찾기 시작했다. 수목원이었기에 나무에 달린 이름표라도 있지 않을까, 하여 나무 주위를 돌아보며 두리번거렸다. 그러나 그 나무에 이름표는 달려 있지 않았다. 다만 그 옆에 무환자나무라는 이름표를 달고 있는 나무 한 그루가 푸른 잎이 피어있는 가지를 늘어뜨리고 서 있었다.

흑진주가 맺히는 나무 이름에 대한 궁금증을 가득 안고 집에 돌아와 컴퓨터에 있는 백과사전 검색을 해보았다. 그 나무가 무환자나무 옆에 있었으니, 우선 무환자나뭇과에 속한 나무들을 열람해보았다. 무환자나뭇과의 나무를 클릭한 나는 잠시 후 환호성을 질렀다. 무환자나뭇과 나무의 한 종류에 아침 산책길에서 만난 똑같은 열매를 매달고 있는 사진이 반기고 있었다. 그 나무의 이름은 바로 모감주나무였다. 이 흑진주 같은 열매로 불가의 스님들이 사용하는 염주를 만든다고 한다. 그래서 모감주나무를 두고 염주나무라고 부른다. 외형적인 모습도 염주로 적합하지만, 더욱 신기한 것은 염주를 엮기 위해 열매에 구멍을 뚫는데 2~3㎜ 정도만 실로 꿰어도 나머지는 저절로 뚫어진다. 하지만 모감주나무 염주는 워낙 귀한 탓에 높은 스님들의 차지였다고 한다.

모감주나무란 이름은 닳거나 소모되어 줄어든다는 뜻의 모감(耗減)에서 유래되었다고 하니 이 역시 염불을 외우며 업장을 소멸시키는 염주와 연관이 있을 것이라고 짐작하게 한다. 중국에서는 즐거운 나무 또는 열매란 뜻의 이름으로 부르며, 영어 이름은 Golden rain Tree, 즉 황금비 나무라고 부른다고 한다. 그리고 보통 꽃들처럼 봄철에 개화하지 않고 한여름에 노란색의 꽃을 피운다고 했다.

그런데 내가 관찰한 모감주나무의 열매는 작년에 맺힌 열매였고 난 아직 모감주나무의 꽃을 직접 만나지 못했다. 7월경에 꽃이 핀다고 했으니 그날 이후로 나는 산책길에 모감주나무 곁을 지날 때마다 칠월이 다가오기를 고대하며 모감주나무의 개화를 하루하루 기다렸다. 기다림의 나날 속에 사월이 지나고 오월도 지나고 유월에 접어들었다. 수목원엔 매화꽃, 명자나무, 목련, 사과나무, 배나무, 찔레꽃, 탱자나무 꽃, 라일락, 수국, 작약, 때죽나무 꽃, 조팝나무 꽃, 오동나무 꽃, 붓꽃, 금은화, 삼색병꽃나무, 박쥐나무 꽃, 산딸나무, 마로니에 꽃 등이 앞을 다투는 듯 또는 차례대로 피었다가 거의 다 지고 짙푸른 신록만이 초여름의 절기를 알리고 있었다.

그러던 칠월 초의 아침 산책길을 무심히 걷고 있던 나는 제법 먼 시야에서 무환자나무과 밭의 나무들의 초록빛 잎사귀가 금빛 햇살에 빛나고 있는 것을 보았다. 금빛으로 빛나는 것은 아침 햇살이려니 했다. 그러나 멀리서도 금빛은 햇살만이 아닌 듯 싶어 무환자나무과 밭으로 달려갔다. 아, 기다리고 기다렸던 모감주나무 꽃이 피어있었다. 마치 요정처럼 밝은 미소를 활짝 띤 노란색의 앙증맞은 꽃송이들이었다. 조금 먼발치에서 바라보면 이른 봄에 피는 개나리꽃처럼 보이기도 하지만 그 느낌이 전혀

다른 꽃이었다. 개나리꽃이 샛노랗고 청초하다면 이 모감주나무 꽃은 진한 노란색의 발레복을 입고 초여름의 환희를 춤추는 무희처럼 보였다. 꽃이 지닌 매력을 아낌없이 발산하며 온몸으로 춤추는 요정이었다. 그동안 내가 보아왔던 꽃의 이미지가 아니었다.

내가 지금까지 보아왔던, 또한 느꼈던 꽃의 이미지가 다소곳하면서도 기다리는 듯한 이미지였다면 이 모감주나무 꽃은 꽃이 주는 열락의 환희를 아낌없이 터뜨리고 있는 듯싶었다. 중국에서 명명했다는 '즐거운 나무', 서양에서 명명했다는 '황금비나무'의 자태를 그대로 보여 주고 있었다.

젊은 날의 환희를 요정의 발랄한 몸짓으로 보여 주는 모감주나무 꽃을 보며 이른 봄에 보았던 모감주나무의 까만 열매를 떠올렸다. 외국에서는 꽃의 형상으로 그 이름을 붙였고 우리나라에서는 열매의 형태와 연유하여 그 이름을 모감주나무라 불렀으니 문득 '삶의 환희' 뒤에 오는 '삶의 수행'이라는 화두가 떠올랐다. 그 발랄한 춤사위로 환희를 노래하던 꽃송이들이 단단하고 까만 열매로 변하는 과정에서 얼마나 큰 아픔과 고난을 이겨냈을까 하는 생각이 들었다. 거센 비바람에도 떨어지지 않고 흑진주로 익어간 그 열정과 인내를 볼 수 있었다.

모감주나무 밑에는 꽃이 채 열매를 맺지 못하거나 열매를 맺었어도 부실한 열매들은 비바람이 지나간 다음 날에는 우수수 떨어져 있는 것을 보았다. 그러나 그 고통이나 시련보다 더욱 긍정적인 화두로 다가온 것은 흑진주 열매 속에 삶의 환희가 투명하게 비친다는 것이었다. 그 흑진주 열매는 마치 마법의 수정 거울처럼 아름다웠던 날들의 좋은 추억을 반영시켜주고 있었다. 사람들이 정신적 위기에 처했을 때 제일 행복했던 추억을 떠올리면 그 긍정적인 힘이 그 위기를 이겨내고 벗어나게 한다니 좋았던 삶의 시절을 떠올리는 것도 치유에 도움이 되리라고 생각한다.

젊은 날, 꽃의 시절에 누렸던 즐거운 나무의 열락을 단단한 열매 속에 간직하고서 모감주나무 열매가 선물해 준 흑진주를 굴리며, 올여름에도 시원스럽게 쏟아질 황금비의 소나기를 기대해 본다.

청량한 여름이에요

때론 장맛비가 시원스럽게 내리기도 하고 폭염으로 후끈후끈한 여름입니다. 열매가 열리는 계절이라서 열음(여름)이라는 이름이 지어졌다고 하는 여름철은 정말 신비로운 계절이라는 생각이 들어요. 봄에 씨앗을 뿌렸거나 모종을 심었던 텃밭에서 정말 놀랄만한 일이 일어나고 있었어요. 실처럼 가늘고 여린 모습을 하고 있던 대파 모종이 어느새 튼실한 대파로 자라났고 호박, 오이, 토마토, 고추 모종들이 말 그대로 폭풍 성장을 하여 열매를 주렁주렁 매달고 있습니다.

그리고 지인 한 분이 봄에 박씨 몇 알을 주셨기에 마당에 심어 두고 싹이 나오기를 기다리던 때가 엊그제 같았는데, 떡잎이 나오고, 떡잎 사이에서 본잎(本葉)이 층층이 나오더니 어느새 꼬불꼬불한 덩굴손을 내밀어 장대를 감아 타고 높은 지붕으로 올라가고 있답니다. 아마 곧 하얀 박꽃 화관식(花冠式)이 거행되고 조롱조롱 박이 열려 가을엔 대박을 터뜨리는 것인지도 모르겠어요. 자두나무에 홍보석 같은 자두도 열렸는데요, 작년 여름에 태풍 볼라벤이 강타하여 뽑힐 뻔했다가 가지와 나무 몸통이 거의 부러졌던 자두나무에서 새 가지가 돋아나고 꽃이 피더니, 드디어 열매가 맺혀 탐스럽게 익어가고 있어서 그 생명력에 새삼 경외와 감사의 마음을 느끼고 있어요.

아참, 텃밭 한쪽에 피어있는 접시꽃도 얼마나 아름다운지 모른답니다. 재작년엔가 뿌린 꽃씨에서 이듬해에는 하얀 접시꽃만 피었었는데, 올해는 어떤 변이를 일으켰는지 같은 뿌리에서 붉은 접시꽃과 하얀 접시꽃이 피는 줄기가 각각 올라와 고옥의 지붕과 하늘을 배경으로 아름다운 꽃잎 접시가 맺혀 있어요. 하얀 꽃잎 접시엔 순수를 담고 붉은 꽃잎 접시엔 열정을 담아 여름의 성찬을 즐기면 어떨까 하고 빙그레 웃으며 마음에도 붉고, 하얀 꽃잎 접시를 층층이 쌓아봅니다.

그리고 이웃이 강낭콩을 한 보따리 선물해 주셨는데, 한 알 한 알 정말 탐스러운 보석 같아요. 또 보석 타령이냐 하시겠지만 나는 그 강낭콩 한 알 한 알이 농부의 보석 같은 땀방울로 만들어졌다는 것을 잘 알고 있지요. 아침 이슬과 한낮의 땀방울이 응결되어 생성된 이 보석에 무슨 이름을 붙여야 할지 아직 결정하지 못했어요.

그런데 텃밭에는 내가 가꾸지 아니한 풀들도 왕성한 생명력을 다투며 자라고 있습니다. 3년 전엔가 어설픈 텃밭 놀이를 처음 시작했을 때, 장마철이 되자 잡초들이 무서운 기세로 자라 완전히 풀숲이 된 텃밭을 보며 놀라기도 했었는데요, 지금은 그 왕성한 생명력에 감사하는 마음을 가집니다. 무성하게 자란 풀들을 베어 땅에 덮어주기도 하고 퇴비를 만들어 채소밭의 거름으로 사용합니다. 자연의 유기물을 자양분으로 흡수한 소채(蔬菜)들은 윤기 흐르는 이파리를 키우며 탐스러운 열매를 맺습니다. 이처럼 풀들은 퇴비를 만들어 사용하기도 하지만, 때로는 그대로 두고 그들이 피워낸 야생화를 감상하기도 합니다. 무리 지어 피어있는 새하얀 개망초 꽃무리 위로, 한 줄기 바람이 지나가는 것을 보신 적이 있으신가요? 밤하늘의 은하수가 내려와 낮은 하늘에서 흐르고 있는 느낌이 들며 아름다운 꿈의 나라에 들어선 듯 신비로운 느낌이 들기도 해요. 또한, 새벽이슬 머금은 청람 빛 날개를 가진 달개비꽃을 보고 있노라면 내 마음도 청람 빛으로 물들어가곤 하지요.

후끈후끈 무더운 날씨가 이렇듯 경이로운 '열음'을 선물해 주는 여름! 게다가 이열치열 문자 그대로 땀 흘려 일한 후의 청량함을 맛볼 수 있는 절기! 시원한 빗줄기에 상쾌해진 마음을 활짝 열어 그대에게 한 줄기 바람으로 다가가고 싶습니다. 그대는 한여름의 연지에 피어나는 향기로운 한 송이 백련으로 '마음 열음'의 염화미소를 선물해 주시리라 믿습니다.

호호호(好好好)

장마가 지나고 이글거리는 햇볕을 무제한으로 받은 텃밭은 밀림을 방불하게 했다. 제초제와 살충제를 사용하지 않는 텃밭은 곤충과 잡초의 천국으로 변모해 있었다. 잡초의 여왕이라는 불리는 바랭이는 한 자가 넘게 자라고, 호박 덩굴, 오이 덩굴이 한데 어울러 엉키고, 심지어 환삼덩굴까지 호박, 오이와 함께 어울리려고 접근해오고 있었다. 전지가위로 환삼덩굴을 잘라내고 낫을 들고 풀을 베어냈다.

어설픈 낫질로 대충 풀을 베어내자 풀 속에 숨어있던 단호박들이 반겨준다. 단호박은 짙은 초록색으로 잘 여물었다. 순도 높은 황금으로 만든 잔처럼 생긴 호박꽃 속으로 꿀벌들이 잉잉대며 나들이하던 때가 엊그제 같았는데 어느새 커다란 청보석으로 변신해 있으니 한여름 열기의 도가니 속에서 연금술(鍊金術)

이 일어났었나? 이글거리는 햇볕을 받아 열매를 키우고 부지런히 물과 양분을 빨아올려 둥글둥글 둥그런 보석으로 변신했네.

잘 여문 단호박 두어 개를 땄다. 집에 가져와 바람이 잘 통하는 곳에 두고 며칠 동안 청보석 같은 단호박을 감상하다가 물에 깨끗하게 씻어 도마 위에 올려놓고 잘랐다. 짙은 녹색의 외피 속에 드러나는 황금빛 속살이 정녕 보석, 호박(琥珀)인 듯 견고하고 아름답다. 호박을 자르다가 한 조각 집어 들고 달콤하고 싱그러운 향으로 아로마 테라피를 해본다. 싱그러운 향을 깊은 들숨으로 들이마시니 눈앞에 푸른 초원이 펼쳐지고 황금의 꽃 잔에 아침 이슬이 감로수로 채워져 가슴을 적셔준다. 마음에 황금빛이 스며들며 그 밝은 빛으로 눈이 밝아진다. 호박의 노란 색소인 베타카로틴(β-carotene)은 인체에 흡수되면 비타민 A가 되어 눈의 건강에 도움을 주는 성분인데, 호박의 황금빛 속살을 바라보는 것만으로도 눈이 밝아지는 효험이 있다고 하면 지나친 과장일까? 어쨌든 눈앞에 보이는 육안(肉眼)의 시력뿐만 아니고 심안(心眼)까지 밝아지면 좋겠다고 생각하며 마음의 상승작용을 기대해 본다.

단호박을 적당한 크기로 잘라 냄비에 담아 물을 조금 부어 찌는 듯 삶았다. 잘 삶아진 단호박을 접시에 담아놓고 냄비에 남아 있는 호박 물을 투명한 유리컵에 따랐다. 유리컵에는 샛노란 황

금빛 액체가 가득 담겨 아름답기 이를 데 없다. 한 모금 마셔본다. 설탕이나 꿀 등의 감미료를 전혀 가미하지 않았지만 달큰한 단맛이 기분 좋게 미뢰(味蕾)에 스며든다. 이뇨작용이 있어 몸의 부기를 가라앉혀 주는 이 호박물이 가끔은 허황된 들뜬 내 마음의 부기까지 내려주지 않을까 기대하며 또 한 모금 마신다.

황금의 음료를 입안에 머금으니 나의 미뢰들이

'좋아.' '좋아요.' '좋습니다.' 하며 호호호(好好好) 웃으라고 두 볼을 자극한다.

나는 미뢰의 지령을 받아 호호호(好好好) 웃으며 '호박'하고 소리를 냈다.

그래,

호박(好博)! 하늘처럼, 바다처럼 넓은 마음을 주렴,

호박(好朴)! 들꽃처럼 질박한 마음을 주렴,

하늘 아래 들꽃처럼 질박한 미소로 살고 싶구나.

나에게 그 힘을 부여해주지 않겠니?

부채 한 개 드릴까요?

무더위가 연일 지속되고 있어요. 조금만 움직여도 땀이 흐르지요? 제가 부채 한 개 드릴까요? 이 부채는 정말 시원한 바람을 머금고 있는 아주 예쁜 부채랍니다. 선풍기나 에어컨 바람에 비할 수 없지요. 물론, 두통이나 감기 증상 등의 냉방병도 일으키지 않고, 화석에너지를 전혀 필요로 하지 않으니 요즘처럼 고유가 시대에 아주 안성맞춤인 부채이지요.

잠깐만 기다려주시겠어요? 저의 비밀의 화원으로 가보아야 한답니다. 거기에 있는 나무에 부채가 많이 열려 있어요. 나무에 달린 부채, 믿기지 않으시겠지만, 오늘 아침에도 보고 왔는걸요.

이른 봄, 봄의 전령사라 일컫는 개나리보다 먼저 피어나는 꽃이 있답니다. 물푸레나뭇과의 미선나무 꽃!

개나리꽃처럼 잎이 피어나기 전에 연분홍 꽃이 마른 줄기에

서 피어나는데 작은 꽃잎이 개나리꽃을 닮았어요. 아직 꽃샘추위가 가시지 않은 황량한 겨울 끝자락의 동산에서 물오른 자줏빛 봉오리를 맺지요. 그 자줏빛 봉오리는 이른 봄, 햇볕을 받으면서 연분홍색으로 앙증맞게 피어난답니다.

제가 처음으로 미선나무 꽃을 본 날, 고요한 아침의 나라, 그 왕국의 어여쁘신 공주님을 생각했어요. 긴 줄기 따라 분홍빛으로 피어난 꽃이 마치 별궁의 공주님처럼 보였어요.

미선나무 꽃, 제가 미선 꽃을 보고 왔다고 하니까 지인들이 웃었어요. 앞집에 미선이를 보고 오셨나, 뒷집에 미선이를 보고 오셨나, 미선아 노올자……

그런데요, 몇 해 전인가, 처음으로 미선나무 꽃을 보고 온 저는 다시 그다음 해의 이른 봄을 손꼽아 기다리게 되었어요. 고요한 아침의 나라 공주님의 자태를 다시 보고 싶은 그리움이었어요. 그래서 봄소식도 까마득한 겨울부터 그 미선나무를 찾아갔지요. 공주님의 우아한 미소를 기다리면서요.

아, 그런데 어느 겨울날, 미선나무의 마른 나뭇가지를 바라보면서 정말 깜짝 놀랐어요. 앙상한 나뭇가지에 부채 한 장이 매달려 있었어요. 꼬리 끝이 둥근 부채, 갈색 미선 한 장이 곱게 매달려 있었답니다.

아! 부채가 달렸네, 미선(尾扇)!

짧은, 단음으로 부를 미선이 아니고 미-선, 그래서 나직한 음성으로 미-선 나무를 불러보았습니다. 미선나무에 매달린 부채는 사실은 미선나무의 열매였습니다. 둥근 부채모양으로 열매가 익어가고 꼬리 부근에는 씨앗이 한 알 담겨있었습니다.

이윽고 새봄을 맞이했습니다. 고요한 아침의 나라 공주님은 봄의 생기 어린 연분홍 미소를 우아하게 머금고 봄동산에서 화

관식을 올렸습니다. 화관식을 마친 공주님은 봄동산을 환하게 밝히셨어요. 봄이 무르익을 때까지, 황량한 동산을 분홍빛으로 빛내고 계셨어요.

태양의 고도가 높아지고 공주님은 별궁으로 돌아가셨어요. 가지에는 초록빛 미선이 하나둘 달리기 시작했어요. 우아한 공주님의 옥 같은 안색을 지켜드려야 했으니까요.

올여름은 미선나무에 매달린 둥근 부채가 시원한 바람을 가득 안고 있다가 땀 흘려 일하시는 분들께 더위를 식혀주는 무한한 청량함을 선물해 주리라 믿고 있습니다.

아마 이 부채는 마음의 들뜬 열도 내려줄 것이고요, 우리 아가들이 감기에 걸렸을 때 머리맡에서 어머니나 할머니가 해주시는 부채질처럼 고열도 바로 내려줄 것이고요, 장마철의 고온다습한 무더위를 시원하게 날려드릴 것이랍니다. 또한, 여러 가지 걱정거리나 기원해야 할 일들이 많은 세상의 더위나 짜증도 식혀줄지도 모르겠지요.

요즘 더운 날씨가 연일 이어지고 있지요? 예쁜 부채, 미선(尾扇) 한 장 드릴 게요!

미선나무, 우리나라, 한반도에서만 자생하는, 천연기념물로 보호받고 있는 나무입니다. 굳이 올여름은 더위를 피하여 멀리 떠나지 않으시더라도 우리들의 마음속에 미선나무와 같은 나무, 한 그루 가꾼다면 정말 시원하게 지내실 수 있으리라고 믿고 있습니다.

비 오는 날 비밀의 화원에서의 소요

요즈음 나는 알프스의 소녀 하이디가 알름산이 있는 고향에 돌아가고 싶어서 마치 몽유병이라도 걸린 것처럼 이른 아침, 잠에서 깨어 비밀의 화원을 산책하곤 합니다.

비밀의 화원! 인근에 있는 모교의 자연식물원을 비밀의 화원이라고 부르고 있답니다. 인적 없는 이른 새벽, 자연식물원에 도착하면 청명한 공기와 새들의 노랫소리, 우거진 숲, 아름다운 꽃들이 피어나 반겨 줍니다.

휴일 아침, 늦잠을 자도 좋을 시간이지만 비밀의 화원에서 부르는 소리가 들려와, 눈을 비비며 그곳으로 향했습니다. 지금은 장마철이 지나고 폭염이 기승을 부리는 절기이지만 비가 자주 내리고 있습니다. 작은 물빛 우산 하나 쓰고서 화원으로 들어갔습니다. 비밀의 화원에서는 우중에도 불구하고 환하게 불을 밝히고 손님을 맞이해 주고 있었습니다.

활짝 핀 나리꽃이 주홍색의 밝고 따뜻한 꽃등을 환하게 켜 미소 짓고 있었어요. 나리꽃 등불의 안내로 화원의 연못으로 향했어요. 연못에 빗물이 방울방울 떨어지며 빗방울 전주곡을 연주하고 있었습니다. 쇼팽의 24의 프렐류드 중 제15번이 들려옵니다. 맑고 청아한 음색으로 싱그러운 여름을 노래하고 있었어요. 문득 동요 한 소절이 떠오릅니다.

나는 나는 갈 테야, 연못으로 갈 테야,
동그라미 그리러 연못으로 갈 테야.

이 동요에서 '나'는 누구일까요? 네, 바로 이슬비입니다.
이슬비는 속삭이며 다음과 같이 노래합니다.

나는 나는 갈 테야, 연못으로 갈 테야,
동그라미 그리러 연못으로 갈 테야.

나는 나는 갈 테야, 꽃밭으로 갈 테야,
꽃봉오리 만지러 꽃밭으로 갈 테야.

이슬비의 속삭임이라는 동요였어요. 이슬비는 연못에 동그라미를 예쁘게 그리며 수련 꽃봉오리를 간지럽힙니다. 수련 꽃은 새하얀 미소를 수줍게 띠며 피어납니다. 나는 수련꽃의 미소를 마음에 가득 담고 연못의 징검다리를 건너서 화원 깊이 들어갔어요.

화원 깊은 곳에서는 영롱한 빛을 반짝이는 보석들이 제 발걸음을 붙잡습니다. 측백나무 사이에 거미줄이 결쳐 있고, 거미줄에는 빗방울이 매달려 있습니다. 다시 동요 한 소절을 불러봅니다.

송알송알 싸리 잎에 은구슬,
조롱조롱 거미줄에 옥구슬
대롱대롱 풀잎마다 총총,
방긋 웃는 꽃잎마다 송송송

아름다운 은구슬, 옥구슬이 총총, 송송 빛나고 있습니다. 은구슬, 옥구슬을 고이고이 오색실에 꿰어서 마음에 가득 담고, 걷다가 점점 화원 깊이 들어갔습니다. 아름드리 오동나무 아래 연분홍색의 술패랭이꽃, 호피처럼 생긴 무늬가 있는 부채 모양의 범부채 꽃, 신비로운 사람이라는 꽃말을 가진 연보라색 비비추꽃이 빗방울을 머금은 채 더욱 선명하고 아름답게 피어있었습니다.

아름드리 몇 그루의 오동나무는 그리스 신전의 기둥처럼 우뚝 서 있고 그 아래 피어있는 꽃들은 마치 신의 영광을 노래하며 춤추는 무희들처럼 보입니다. 나도 그 숲 속의 무희가 되어, 쓰고 있던 작은 물빛 우산을 던져두고 느티나무를 돌면서 꽃들과 함께 윤무를 추어봅니다. 아무도 없는 비밀의 화원에서의 춤사위였으니까 혹여 누군가 이 광경을 보면서 웃지는 않았겠지요? 아니, 어쩌면 풀잎들이 산들바람에 서걱거리며 웃었는지도 모르겠어요. 꽃들과 함께 한참 동안 춤을 추고 난 후, 나의 얼굴과 등에서는 땀이 배어납니다. 이윽고 꽃들에게 다시 오겠다는 인사를 나누고 비밀의 화원에서 나와서 귀갓길에 올랐습니다.

이슬비에 촉촉이 젖은 나의 옷자락에 새하얀 수련의 미소, 나리꽃의 붉은 열정, 술패랭이꽃의 연분홍 낭만, 범부채꽃의 호피문양 자태, 신비로운 사람이라는 꽃말을 가진 비비추의 청순함을 다소라도 적셔왔다면 오늘 아침, 비록 우중이기는 했지만 정말 행복했던 비밀의 화원에서의 소요였겠지요? 거기에 덤으로 은구슬, 옥구슬까지 한아름 담아왔으니 말이에요.

태풍 전날 여름 갈무리

라오스의 고원이라는 이름을 가진 태풍 볼라벤이 북상하여 우리나라를 통과한다는 일기예보를 듣고 새벽부터 서둘러 텃밭으로 달려갔다. 얼마 전부터 호박이 누렇게 익어가고 있었는데 태풍이 불어 들면 동반되는 폭우에 상할 것 같아서 갈무리하기로 마음먹고 늙은 호박을 수확했다. 고추와 가지도 몇 개 바구니에 담고 지주대에 매어놓은 줄이 견고한지 한 번 더 확인한 후 텃밭을 한 바퀴 둘러보고 나오는 길에 꽃밭 쪽으로 눈길을 돌리니 철 지난 장미꽃이 봉오리를 활짝 열고 부르고 있었다. 전지가위로 조심스레 장미꽃을 잘랐다. 장미꽃도 큰바람과 큰비에 그 향을 잃을까 염려되니 집에 고이 모셔가야겠다.

비설거지라 했던가? 소나기가 자주 내리는 여름날, 어머니는 장에 가시면서 햇볕을 쬐기 위해 열어놓은 장독 뚜껑 덮는 것과 빨랫줄에 널어놓은 빨래 걷는 것을 내게 당부하곤 하셨다. 나는 대청마루에 엎드려 미숫가루를 마시며 책을 읽고 있다가 후드득 하고 빗소리가 들리면 부리나케 장독대로 달려가 고추장, 된장, 간장독의 뚜껑을 덮고, 빨랫줄의 바지랑대를 내려 재빨리 빨래를 거둬들였다. 빨랫줄에서 바싹 말랐던 홑이불과 수건들이 조금 젖어있었지만, 차곡차곡 개켜서 안방의 윗목에 놓았다. 비가 지나가고 볕이 들면 조금 더 말려야 하기 때문이었다. 지금은 아파트의 베란다에 빨래를 널거나 건조기에서 세탁물을 건조하기 때문에 갑자기 비가 내려도 특별히 비설거지를 할 일이 거의 없다. 베란다의 창문만 닫으면 되니 말이다. 그런데 요즈음 어설픈 농부가 되어 일기(日氣)에 민감해져 비 소식이 들리면 삼십 리 밖에 있는 텃밭에 달려가 비설거지를 하곤 했다.

부랴부랴 비설거지를 마치고 집에 돌아와 늙은 호박을 수세미로 닦아 물에 씻어 거실 한쪽에 성하(盛夏)의 전리품처럼 장식해 놓고 장미꽃은 투명한 물컵에 꽂아두었다. 끝물이었는지 꽃송이가 왜소했지만, 여름 향기를 갈무리한 장미 향이 매우 향긋하다. 장미 향기에 취하여 시간 가는 줄 모르고 한가로이 향기요법을 하다가 문득 시계를 본다. 오늘은 산에 가야 한다. 해가 가장 긴 시간에 산에 올라야 한다. 분주하게 얼음물을 챙겨 배낭에 넣고 미륵산으로 향했다. 태풍이 북상하기 전, 날씨는 그야말로 태풍의 눈처럼 맑았다. 하얀 구름에 에워싸인 푸른 하늘이 신비로운 영상을 보여주고 등산로 초입에서 바라본 산봉우리도 거대한 솜털 구름을 두르고 있

었다. 거대한 솜털 구름 이는 봉우리, 거길 올라야 한다. 그 높은 곳에 올라 한반도 모양의 저수지, 금마저수지를 내려다보아야 한다. 태풍이 불어오기 전 오늘이 가장 밝은 시계(視界)를 보여줄 것이기에, 밝고 밝은 태양의 조명이 비춰 줄 때 아름다운 우리 고장의 산하를 내려다보아야 한다. 태양의 고도가 가장 높고 시야가 확보된 오늘 이 시간이 가장 적기다.

산에 오르기 시작했다. 한낮의 태양이 마지막 여름의 열정을 불태우듯 이글거리고 한 발자국 한 발자국 산정을 향해 발을 디딜 때마다 땀방울이 이마에서 맺히다가 흘러내려 옷이 흠뻑 젖는다. 볕으로 달궈진 땅과 바위는 지열을 뿜어 올려 후끈후끈 숲속을 열탕으로 만들어 놓고 있었다. 오후 2시의 강렬한 햇살은 숲속 나뭇잎 사이를 뚫고 들어와 온몸으로 쏟아져 내린다. 땀으로 흘러내리는 안경테를 콧등에 바짝 올리려고 만진 안경테까지도 열에 달궈져 따끈따끈하다. 배낭의 얼음물을 꺼내 들

이켜도 단숨에 흡수되고 이내 숨이 차오른다.

"예서 말까?"

등산로 초입에 있는 계곡으로 돌아가 얼음처럼 차가운 물에 손을 담그고 물놀이나 하다 갈까? 열을 단단히 받은 몸의 기관들이 반란을 모의한다.

"하지만, 예서 말 순 없다. 올라야 한다."

반란을 모의하는 몸의 기관들을 달래고 포섭하여 한 걸음 한 걸음 능선을 오르고 밧줄을 잡고 암벽을 오른다. 드디어 숲속에 하늘빛이 가득 들어온다. 정상이 가까워졌다. 바위에 걸터앉아 잠시 숨을 고른 후 태극기가 휘날리는 그곳에 도달했다. 미륵산 정상의 태극기는 삼백육십오일 휘날리고 있어서 정상에 오를 때마다 가슴 벅찬 느낌으로 등산객들을 맞이해 준다. 경건한 마음으로 산정에서 휘날리는 태극기를 바라보다가 금마저수지를 내려다본다. 우리나라 지도 형상을 꼭 닮은 저수지이다. 미륵산에 오르면, 이렇게 우리나라 지도가 펼쳐지고 높은 봉우리에 태극기가 휘날린다.

나는 4계 중에서 여름을 가장 좋아한다. 아마도 체질이 이글이글 타오르는 태양에너지가 만물을 성장하게 하고, 그 충만한 에너지의 기운을 체 표면에 받아 확연히 느끼는 것을 즐기는 여름 체질인 듯하다. 어쩌면 한여름에 태어나서 그런지도 모르겠고, 일광에도 잘 그을지 않는

피부를 가져서 그런 지도 모르겠다고 생각해본다.

여름이 막바지에 다다른 오늘, 새벽에 텃밭에 가서 늙은 호박 몇 개를 따오고, 장미꽃 한 송이를 꺾어 오고, 또 한낮에는 고향의 물줄기가 발원된 산정에 올라 삶의 에너지를 확인해본 발걸음은 태풍과 폭우가 몰려오기 전에 수행한 '여름 에너지의 갈무리'의 여정이라 여긴다. 흠씬 내리는 빗줄기처럼 땀을 흠뻑 흘리고 산정의 바람을 맞이했으니 폭풍우에 대한 예방백신의 약물이 폐부에 스며들어 혈맥에 흐르지 않을까?

이렇게 오늘 부지런히 여름 에너지를 갈무리하여 충전했으니, 내일은 태풍이 카리스마와 카오스의 의상을 떨쳐입고 여름의 막을 내리는 극(劇)을 인정사정없이 연출해도 담담히 바라보며 보낼 수 있고, 극의 막이 내리면 오롯한 결실로 다가오는 가을을 맞이할 것이다.

수목원의 가을 보석축제

거기, 티파니인가요? 네, 여기는 티파니가 아니고요, 아름다운 보석의 도시 익산입니다. 아! 보석의 도시라고요? 제대로 찾았네요. 저기요, 어여쁜 신부에게 드릴 진주 목걸이를 만들어주세요.

네, 잠시만 기다려주세요. 마침 비밀의 화원에 가는 길인데요. 거기 보석이 많이 열렸어요. 진주 목걸이를 원하시면 작살나무에 부탁해 볼게요. 작살나무는 봄에 연보랏빛 꽃을 피운 후에 가을이 되면 우윳빛이 은은하게 감도는 진주와 연보랏빛 진주를 주렁주렁 맺는답니다. 혹시 붉은 보석은 필요하지 않으세요? 감탕나무밭에 가시면 낙상홍 열매가 붉은 보석을 알알이 맺고 있답니다. 하얀 솜털 구름을 곱게 수놓은 파란 가을 하늘빛 보자기에 낙상홍 열매를 소담하게 담아 바라보시면 홍보석이라고 하는 루비는 비할 바가 아니지요. 어여쁜 신부에게 물방울 다이아몬드도 선물해 드리고 싶다고요? 그러면 안개가 짙게 드리워졌다가 살며시 걷힌 새벽녘이나 밤새 가을비가 내렸다가 갠 아침나절에 비밀의 화원에 가보세요. 물방울 다이아몬드가 나뭇잎 끝에 영롱하게 맺혀 있답니다. 정말 순도 높은 물방울 다이아몬드이지요. 아무런 흠도 없고 투명하여 그대의 눈망울과 푸른 하늘까지 비취는 보석이랍니다.

가을이 무르익어 가는 수목원에 드니 보석이 잔뜩 쌓인 알라딘의 동굴에라도 들어선 듯 각종 수목이 보석 같은 열매를 주렁주렁 맺고 있었다. 작살나무에는 진주 같은 열매가 소담스레 맺혀 있었고, 낙상홍은 붉은 보석이 알알이 맺힌 가지를 늘어뜨리고 있었다. 장미과의 피라칸타 열매엔 이슬이 맺혀, 물방울 다이아몬드가 고귀하신 옛 황후의 귀고리처럼 매달려 있었다.

수목원에는 화려한 가을 보석축제가 열리고 있었다. 보석축제의 마당에는 알록달록 만국기가 축제 분위기를 고조시키고 있었다. 화살나무가 큐피드 화살촉을 겨드랑이에 지니고 있다가 스스로 사랑을 이루려 자신의 가슴에 화살을 명중시켰는지, 온몸을 붉게 물들여 핏빛처럼 붉은 단풍을 축제의 만국기처럼 펄럭이고 있었다. 화살나무는 노박덩굴과의 관목으로서 매끈한 형태의 보통 나뭇가지와는 그 생김새가 매우 다르다. 나뭇가지에 화살촉 같은 날개를 달고 있다.

아름답고 감미로운 사랑의 화살이지만 타인의 가슴에 차마 날카로운 화살을 겨눌 수 없어서 자신의 가슴에 화살을 쏘아 가을 제전의 희생양처럼 보배로운 선혈을 쏟아서 화살나무는 나뭇잎을 고운 단풍으로 물들이고 있었다. 그 붉은빛은 가을 제전의 첨탑 위에서 성화처럼 타오르고 있었다. 또한, 그 빛은 불멸의 영혼을 가진 인간을 동경하였던 인어공주가 사랑하는 왕자의 가슴에 비수를 꽂지 못하고 스스로 물거품이 되어버린, 애틋한 사랑의 빛인 듯도 하였다.

수목원의 가을 보석축제의 테마는 '드높은 사랑과 꿈'이었다. 산비둘기는 감탕나무밭에서 낙상홍의 사랑의 붉은 열매를 입에 따서 물고 가을 동산에 사랑의 서신을 전달하는 전서구의 배역으로 분주하였고, 화살나무는 제 가슴에 화살을 꽂는 살신성인의 '숭고한 사랑'이 수놓아진 선홍빛 깃발을 가을 하늘 아래 슬로건으로 내걸었다. 작살나무의 진주 같은 열매와 나뭇잎 끝에 맺힌 물방울 다이아몬드는 맑고, 소박하지만, 고귀한 꿈을 가진 이에게 한없는 기쁨을 주는 가을 보석축제의 장이었다.

잠시 짬을 내어 그곳에 가보시면 어떨까요? 가을 보석축제 이벤트의 주인공으로 반갑게 맞아 드릴 거예요.

시치미 떼고 싶다

첫눈이 내린 날, 문득 고향 집을 돌아보고 싶은 생각이 들어 고향마을인 봄나루 학연마을로 향했다. 연말에 내린 서설은 봄나루 들판을 눈부신 설원으로 단장해놓고 있었다. 추수가 끝난 드넓은 들판에 백설이 쌓인 설경을 차창 밖으로 보면서 고향마을 할머니 댁에서 살았던 유년 시절의 겨울 풍경을 떠올려 보았다.

함박눈이 내린 아침이면 삼촌들은 아침밥을 먹자마자 참새를 잡는다고 헛간에 가서 삼태기를 찾아서 새끼줄을 길게 매달아 방 안에 있는 나에게 넘겨주며 새끼줄을 꼭 잡고 있으라고 했다. 삼태기는 막대기로 고여 놓고 그 밑에 쌀을 한 줌 뿌려놓았다. 삼태기 아래로 참새들이 모여들어 정신없이 곡식을 쪼아 먹고 있을 때 새끼줄을 잡아채라고 일렀다. 하지만 나는 번번이 실

수로 참새들을 날려 보내곤 했다. 삼촌들은 참새가 널 잡겠다고 하면서 내 귓불을 잡아당기며 웃었다. 참새 잡기도 시들해졌는지 삼촌들은 귀마개를 하고 벙어리장갑을 끼고 중무장을 한 차림새로 뒷동네에 있는 논에 가서 꿩을 잡아 오겠다고 하면서 집을 나섰다. 나는 따라나서진 않고 여전히 참새를 잡겠다고 삼촌들이 집을 나선 후 대청마루에 있는 뒤주를 살짝 열어 쌀 한 줌을 삼태기 아래쪽에 다시 뿌려놓고, 방에 들어와 새끼줄을 잡은 채 삼태기 아래로 참새들이 모여드는 것을 기다리고 있었다.

얼마나 지났을까, 삼촌들이 돌아오는 소리가 고샅에서부터 들리기 시작한다. 꿩 한 마리가 큰삼촌의 손에 들려있다. 콩에 구멍을 뚫어 그 속에 싸이나를 넣어 논에 뿌려놓고 망을 보다가 꿩이 콩을 주워 먹고 죽은 것을 잡아 온 것이라 했다. 다섯 살배기의 나는 싸이나가 무엇인지 몰랐다. 훗날 화학을 공부하면서 독극물인 시아나이드(cyanide), 청산가리라는 것을 알게 되었다. 그날 그 꿩을 요리해서 먹었는지는 모르겠다. 어쩌면 삼촌들끼리 사랑채 아궁이에서 구워 먹었는지 끓여 먹었는지 모른다.

그날 저녁 무렵 머슴아저씨는 숫돌에 칼을 갈고 가마솥에 끓인 물을 한 대야 준비하더니 닭장의 닭을 한 마리 잡아서 닭의 털을 뽑기 시작했다. 나는 아저씨 옆에 쪼그리고 앉아서 닭을 잡는 과정을 구경했다. 닭은 그해 봄엔가 할머니가 장에 가서 병아리를 사다 기른 것이었다. 할머니는 병아리를 사 오시면 며칠 간은 병아리 상자를 안방 윗목에 두고 물과 모이를 주면서 길렀다. 나는 윗목의 병아리가 삐악삐악 하는 소리를 들으며 잠이 들었고, 또 그 소리를 들으며 아침잠에서 깨어났다.

보송보송한 병아리의 솜털이 점점 뻣뻣한 깃털로 바뀌며 병아리는 다리도 길어지고 꽁지 깃털도 길게 자라났다. 병아리는 중병아리가 되어 닭장에서 자라며 낮에는 채마밭 사이를 돌아다니며 벌레도 잡아먹고 무럭무럭 커갔다. 병아리들은 앞집 담장 아래 물고랑으로 자주 나들이를 했다. 그런데 문제가 생겼다. 물고랑을 지나서 앞집 울 밑으로 넘어간 우리 집 병아리들을 그 집 주인이 모두 잡아서 자기 집 닭장에 집어넣어 버렸다. 할머니는 발을 동동 구르며 병아리를 돌려달라고 했지만, 앞집 주인은 막무가내로 자기네 닭이라고 우기며 돌려주지 않았다.

다음 날 장에 다녀오신 할머니는 보자기를 풀어 종이봉투에 담긴 꽃자주색, 초록색 가루 물감을 꺼내셨다. 양재기에 물감을 갠 후 닭장에 가서 병아리 꽁지 깃털에 알록달록 물을 들였다. 병아리 꽁지에 염색해서 우리 병아리라는 것을 표시한 것이었다. 꼬리를 물들인 병아리들은 여전히 앞집 울 밑을 넘어가서 놀았고, 앞집 주인은 알록달록 물든 병아리의 꽁지 깃털을 싹둑 잘라버리고 닭장에 가두어 계속 자기네 병아리인 양 했다.

할머니는 병아리 찾는 것을 포기하고 다시 장에 가서 병아리 한 상자를 사다 기르셨다. 그 병아리가 중병아리가 되면 꽁지 깃털에 알록달록 물들이는 일도 잊지 않고 계속하셨다. 할머니는 애지중지 기른 병아리를 비일비재 잃는 일이 속상하셨겠지만, 어린 나는 그저 재미있는 추억이었다. 채마밭을 돌아다니는 병아리 꽁지의 초록색과 꽃자주색이 유년의 삽화가 되어 기억 속에 고운 빛깔로 선명하게 직조되어 있다.

할머니 댁 앞집 주인이 병아리 꽁지 깃털을 잘라서 자기 것이라며 우긴 사건은 '시치미 떼기'였다. 단백질 섭취가 어렵던 시절, 사람들은 직접 사냥을 해서 육류를 구했다. 날쌘 매를 이용한 사냥법도 빈번했는데 문제가 있었다. 사냥하러 날아갔던 매가 꼭 주인집으로 찾아온다는 보장이 없었다. 그래서 매의 발목에 주인의 이름표를 달았는데 그것을'시치미'라고 불렀다. 그런데 매가 다른 집으로 날아가서 그 집 주인이 매의 이름표인 '시치미'를 떼면 주인을 가려낼 방법이 없었다. 자기가 하고도, 아니한 체하거나 알고 있으면서도 모른 체한다는 의미인 '시치미를 떼다'는 여기서 비롯되었다.

'시치미를 떼다'라는 낱말을 생각하며 빙그레 웃다가 어느새 고향 마을 집에 도착했다. 텅 빈 고옥을 한 바퀴 돌아보고 앞집 울 밑도 바라보며 올해는 시치미 떼는 추억을 만들어 보아야겠다는 생각을 해보았다. 봄이 오면 호박 모종을 심어 호박 덩굴이 앞집 담장을 넘어가 그 집 담장 아래로 호박이 열려 앞집 주인이 두어 개 따먹어도 시치미 떼고 모른 체해주고 그 집 감나무 가지가 우리 집 담장을 넘어와 감이 열린다면 감 한두 개는 시치미 떼고 따먹어 볼까 한다. 그리고 그 집 마당에서 민들레 씨앗이 날아와 우리 마당에 노란 민들레꽃을 피우면 시치미 떼고 예쁜 꽃을 감상해야겠다. 앞집 대추나무와 자두나무 사이에서 지저귀는 새들의 노래도 담을 넘어 들려오면 우리 집 마당에서 들리는 새소리인 양 즐겨야겠다.

시치미 떼기! 가족이나 이웃, 지인들을 위하여 깜짝 이벤트를 벌여놓고 먼발치에서 시치미 떼며 살짝 웃는다면 얼마나 즐거울까?

Ⅵ
신춘원단, 해맞이를 하며

신춘원단(新春元旦), 해맞이를 하며

새해가 시작되는 아침, 새벽녘부터 기상하여 어둠이 사라지고 발그레하게 물든 동녘 하늘을 우러러본다. 솟아오르는 새해의 여명이 연보랏빛 베일처럼 아름답다. 순결한 신부의 베일 사이로 붉은 연지 볼의 태양이 떠오른다. 드디어 병신년(丙申年) 새해가 밝았다. 혹자는 병신년 발음으로 육두문자를 떠올리며 언어유희를 하지만 필자는 생명과학도의 입장에서 긍정적인 언어유희를 해본다.

병신(病神)! 이웃의 몸과 마음의 병을 치유시키는 병(病)의 신(神)에 근접하는 소양을 더욱 공고히 갖추는 한 해가 되기를 다짐해 본다. 그리고 헬렌 켈러가 남긴 말을 떠올려본다.

그녀는 다음과 같이 말했다.

사흘만 볼 수 있다면 첫째 날에는 내게 삶의 보람을 느끼게 해 준 친절하고 따뜻한 사람들을 만나보고 싶다. 내가 눈을 뜨고 볼 수 있는 첫 순간 나를 어둠에서 구해준 설리반 선생님을 찾아갈 것이다. 그리고 친구들을 만나고, 남이 읽어주는 것을 듣기만 했던 책들을 읽어 볼 것이다. 오후에는 들과 산으로 가서 예쁜 꽃과 풀들을 볼 것이다. 저녁이 되면 석양의 빛나는 황홀한 노을 앞에서 감사의 기도를 드릴 것이다. 그날은 한잠도 이룰 수 없을 것 같다.

둘째 날에는 동트기 전에 일어나서 밤이 아침으로 바뀌는 가슴 설레는 기적을 바라볼 것이다. 그리고 잠든 대지를 깨우는 태양의 장엄한 광경을 경건하게 바라보면서 세상을 두루 살펴볼 것이다. 낮에는 박물관과 미술관을 둘러보고 밤에는 영화관이나 극장을 가고 싶다. 또 영롱하게 빛나는 밤하늘의 별을 볼 것이다.

셋째 날에는 아침 일찍 큰길로 나가 부지런히 출근하는 사람들의 활기찬 표정을 보고 싶다. 낮에는 오페라하우스에 가고 밤에는 도시 한 복판에 나와 네온사인이 반짝이는 거리와 쇼윈도에 진열된 멋진 상품들을 볼 것이다. 집에 돌아와 눈을 감아야 할 마지막 순간에는 이 사흘만이라도 눈을 뜨고 볼 수 있게 해 준 하나님께 감사의 기도를 드리고 영원히 어둠의 세계로 돌아가겠다.

헬렌 켈러의 간절한 소망처럼 나는 매일 아침 해맞이를 하곤 한다. 향리의 전원주택으로 이사한 이후 매일 아침 해맞이를 하기위해 익산천 제방이 한눈에 들어오는 동쪽 창가에서 서성인다. 익산천 제방 위의 하늘이 보랏빛에서 분홍빛으로 물들기 시작하면 내 마음도 분홍빛으로 설레기 시작한다. 선명한 일출이 예고되기 때문이다. 조선 시대의 의유당 김씨부인은 관북유람일기에서, 일출을 보면서 떠오르는 해가 그믐밤에 보는 숯불 빛 같고 붉은 호박 구슬처럼 곱다고 했지만 나는 떠오르는 태양을 보면 자애로운 어머니의 등불 같은 생각이 든다. 부지런하신 어머니는 등불을 들고 어둠을 깨워 당신의 세상을 밝고 따뜻한 빛으로 감싸주신다. 또한 적군과 아군을 가리지 않고 헌신적으로 병사들을 치료해 준 플로렌스 나이팅게일의 등불도 떠올려본다. 크리미아 전쟁 때 야전병원의 병상에 누워있던 부상병들은 등불을 들고 병실을 순회하던 나이팅게일의 등불만 보아도 병이 치유되는 느낌을 받았다고 한다.

떠오른 태양의 한줄기 붉은빛이 유리창을 통과하여 테라스의 벽에 걸린 '봄나루'라고 쓰여 있는 공예품을 비춘다. 몇 해 전, 박씨를 심어 박이 열리고 그 박을 따서 바가지를 만든 적이 있었는데 나는 그 바가지에 '봄나루'라고 글씨를 써서 현판처럼 테라스 벽에 걸어두었다. 한 줄기 빛은 봄나루 현판을 지나 거실의 벽에 다가와 화위복원(和爲福原)이라고 쓰여있는 액자를 스포트라이트처럼 비춘다. 신혼 선물로 받은 액자인데 가훈으로 삼아 걸어두고 있다. 빛은 다시 액자 아래의 벽면을 밝히고 있다. 나는 빛을 등지고 서서 손가락으로 하트 모양을 만든 후 벽면을 향했다. 벽면에는 선명한 그림자 하트가 그려진다.

선명한 그림자 하트를 바라보며

"새해가 밝았어요!
새봄이에요, 신춘원단(新春元旦)"

2016년 丙申年 새해 첫날

풍년화 향기와 함께 다가온 봄

햇살이 따사로웠던 휴일 오후, 아지랑이가 살며시 창가에 다가와 전해준 봄맞이 초대장을 받아 들고서 가까운 수목원으로 봄나들이를 나섰습니다. 지난겨울은 비교적 온난한 날씨가 지속되었지만, 건조하고 일교차가 심한 꽃샘바람 속에 아지랑이가 진해준 봄맞이 초대장은 그리운 이가 보내준 연서처럼 반가웠습니다.

낮은 철책 대문이 활짝 열려 있는 수목원에 들어서는 순간 달콤한 봄기운이 밀려듭니다. 그 봄 동산을 신명나게 누빌 나의 발자취 아래 앙증맞게 피어난 봄까치풀꽃이 비취색 꿈 송이를 곱게 수놓은 초록의 융단을 펼쳐 포근하게 반겨줍니다. 나는 봄 동산에 서린 꿈 한 자락을 부드러운 머플러처럼 마음에 휘감은 채 경쾌한 발걸음으로 걷기 시작했습니다. 바람은 살랑거리며

머릿결을 부드럽게 날리고 봄내음을 가득 실어서 후각을 상큼하게 자극합니다. 겨우내 움츠러들었던 가슴이 활짝 펴지며 봄의 생기가 마음속에 흘러들기 시작했어요.

수목원에는 다투어 피어나는 꽃소식이 아직 도달하진 않았습니다. 탱자나무는 초록 물을 부지런히 길어 올려 귀여운 달팽이가 기어 다닐 부드럽고 예쁜 가시 줄기를 만들고 있었고, 장미과의 명자나무는 붉은 꽃망울을 좁쌀처럼 맺고 있었습니다. 홍매화, 청매화는 단단한 봉오리로 부푼 꿈을 조롱조롱 맺고 있었고요. 감태나무는 아직도 단풍잎을 벗지 않은 채로 꽃망울을 맺고 있었고 모감주나무는 작년에 맺은 까만 흑진주 같은 열매를 가지에 매달고 있었습니다.

단풍나무 숲을 지나갔습니다. 빈 가지엔 단풍나무의 씨앗이 마치 나비처럼 매달려 있었습니다. 머지않은 날에 이 봄동산을 날아다닐 나비들이 나뭇가지에서 고요한 휴식을 취하며 꿈을 꾸고 있는 것처럼 보였어요. 나비의 가볍고도 고운 날갯짓을 마음속에 그리며 정자가 있는 양지바른 언덕을 향해 걷기 시작했습니다. 저 멀리 노란 꽃송이들을 매달고 있는 나무숲이 보입니다.

벌써 개나리가 피었을까요? 산수유가 꽃망울을 터트렸을까

요? 그 노란 꽃 숲으로 가까이 다가갔습니다. 개나리꽃이 핀 것도 아니고 산수유 꽃이 핀 것도 아니었어요.

이게 웬일일까요? 그 숲속에서는 가을도 아닌 이른 봄의 절기에 풍년가가 울려 퍼지고 있었습니다. 가지마다 노란 깃발을 늘어뜨리고 풍년화가 활짝 피어있었습니다. 나는 환호성을 터트렸습니다. 이 이른 봄에 올 한 해의 풍년을 예고해주는 풍년화의 향기가 봄동산에 넘치고 있었으니 말이에요. 풍년화는 장미목 조록나뭇과의 관목입니다.

아직 이른 봄임에도 불구하고 제일 먼저 봄소식을 알리고 있는 풍년화의 향기는 강한 희망의 메시지로 다가왔습니다. 봄꽃의 향기는 알싸할 정도로 가슴깊이 스며드는 느낌이 있습니다. 향긋하면서도 매운맛이 감돕니다, 풍년화의 꽃향기도 그러했어요. 이 풍년화의 향기와 자태를 전해드리며 작은 소망 하나를 봄동산에 남기고 돌아왔습니다. 올해는 우리네의 살림살이에도 풍년이 들어 모두가 살맛나는 살림살이로 피어나고 또한 우리의 몸과 마음에도 풍요로운 마음이 깃들어 사랑이 넘치는 사회가 되기를 기원하며 풍년화의 나뭇가지에 간절한 소망 하나 꽂아두고 왔습니다.

사월에 드리는 편지

곡우(穀雨) 이튿날, 베란다 남쪽 창가로 햇빛이 밝게 비쳐들며 따뜻한 하루가 될 것이라는 일기예보에 마음 놓고 봄을 스케치하기 위해 아침 일찍 카메라를 들고 수목원으로 달려갔답니다. 벚꽃이 며칠 전에 개화하기는 했었지만, 추위와 강풍, 그리고 때아닌 봄눈에 거의 다 지고 말아서 봄꽃이 무척 그리웠거든요.

수목원의 자작나무밭을 향하는 순간 물방울 보석의 밭을 보았어요. 헤아릴 수 없는 물방울 다이아몬드가 쇠뜨기 영양 줄기에 맺혀 아침 햇살에 빛나고 있어서 영롱하기 그지없었어요. 문득 우리 고장에 있는 보석박물관에서 본 보석 꽃이 생각났어요. 삼천여 개의 다이아몬드와 천연보석으로 만들어진 꽃인데요, 가격은 이십여 억 원에 상당하며 세계에서 유일무이한 보석 꽃이라고 해요. 그런데 말이지요. 쇠뜨기 줄기에 맺힌 이슬이 만들

어낸 영롱한 물방울 보석과 비교할 때 저는 그 보석 꽃이 전혀 탐나지 않았어요. 아침이슬이 잠시 잠깐 빛나는 존재라고 해도, 일단 마음의 렌즈에 포착하여 오래오래 지워지지 않을 환희로 빛나고 있는데, 박물관의 보안 장치 속에 있는 보석 꽃은 영구히 그 폐쇄공간에 갇혀서 대자연의 생명의 소리를 들을 수 없으니 말이에요. 물론 우리 고장의 보석 꽃이 세계적으로 자랑거리라는 자부심이 있긴 하지만요, 혹한을 이겨내며 피어나고 바람에 흔들리며 생명의 노래를 부르는 자연의 아름다움에 비할 순 없다고 생각해요.

항하사(恒河沙)의 숫자와 맞먹는 물방울 다이아몬드를 마음에 담고 발걸음을 옮기니 설국의 성벽이 보였어요. 전날 내린 봄눈이 쌓였을 리는 없고, 조팝나무 덤불이 송이송이 하얀 꽃을 피워 설국의 성루와 성벽을 이루고 있었어요. 좀 더 가까이 다가가 보니 새하얀 갈기를 가진 수사자가 위풍당당하게 사월의 숲속에 서 있는 것처럼도 보였지요. 우렁찬 포효도 들리는 듯했어요. 새하얀 조팝나무 꽃송이로 티아라(tiara)를 만들어 머리에 쓰면 청초한 사월의 공주처럼 보이겠다는 동화의 감상에 젖으며 사월 숲속을 우아한 스텝으로 걸으며 벚나무 길에 이르렀습니다. 벚꽃이 거의 다 지고 새순이 돋아나고 있었지만 바람이 불 때마다 연분홍 꽃잎이 날리며 숲속 나무 테이블에 쌓입니다.

마치 정원의 야외식탁에 반가운 벗을 초대해 놓고 깔아놓은 꽃잎 레이스 자락처럼 보였어요. 그 식탁엔 매화꽃 한 송이 띄운 맑은 차 한 잔이 놓여 있어도 운치 있겠다는 상상을 해봅니다. 그러고 보니 홍매화가 아직도 피어있네요. 시원스럽게 아치를 이루며 늘어진 수양홍매는 그네를 타는 춘향(春香, 봄 향기)의 자태로 창공을 가르고 있었습니다.

그래요, 사월은 쇠뜨기 줄기에 물방울 다이아몬드가 열리기 시작하는 계절이었고, 조팝꽃이 새하얀 갈기를 드리운 채 위풍당당하게 포효하며 서 있는 수사자의 위용이었고, 조팝꽃 티아라를 쓴 공주의 어여쁜 자태였으며, 홍매화가 고운 맵시로 창공을 가르는 봄의 향기였어요.

또 하나 추신한다면 이제 곡우가 지났으니 대지에 씨앗을 뿌리거나 모종을 해도 잘 자라는 절기가 돌아온 것이지요. 너무 일찍 부지런하게 노지(露地)에 모종을 심은 분들의 전언에 의하면 모종들이 추위에 그만 얼어 죽었다고 해요. 계사년 올 사월은 그야말로 긴박한 국내외 정세와 변화무쌍한 일기로 춘래불사춘(春來不似春)이라는 옛말이 가슴 깊이 다가왔지만 저는 생각을 바꾸어 이 사월이 잔인한 계절이 아니고 더욱 아름다운 내일의 희망을 위한, 기다림과 연단의 계절이라고 생각해 보았어요. 삼월 초순 무렵에 고향 집 마당에 심어둔 사과나무에서도 잎이 나오고 있어서 깜짝 반가운 사월이었습니다. 마음 밭에도 향기로운 꽃 한 송이 피울 씨앗을 파종하기 위해 사색의 서랍을 뒤적이고 있는 사월(思月)이라고 바람결에 속삭여봅니다.

아름다운 오월을 보내며

아침 산책을 하다가 인동과나무 밭에서 초록색 잎 사이로 붉은 열매 하나가 맺혀 있는 것을 발견했다. 정교한 하트 모양의 열매였다. 처음 보는 붉은 하트모양의 열매에 신기함과 호기심을 느끼며 어떤 나무의 열매인지 한참 생각해보았다.

이른 봄, 꽃샘추위에 향긋한 향기로 피어난 길마가지나무 꽃이 지고 난 후 맺힌 열매였다. 인동과나무들은 추운 겨울을 넘기고 봄의 시점을 알리는 시기에 제일 먼저 꽃을 피운다. 봄의 전령이라 부르는 개나리나 진달래보다 먼저 피어나 황량한 들판에 봄 향기를 전해주는 꽃이다.

정열적인 선홍빛을 띤 하트 모양의 길마가지나무 열매를 보며 생각을 해본다. 그러한 뜨거운 열정을 꽃봉오리 속에 품고 있었기에 영하의 기온을 넘나드는 꽃샘추위에도 능히 추위를 이겨내며 꽃을 피울 수 있었으리라 생각이 든다.

동화 속의 이야기가 생각난다. 오스카 와일드와 안데르센 동화에 사랑의 상징인 심장 이야기가 나온다. 오스카 와일드의 동화를 보면 어느 한 도시에 행복한 왕자의 동상이 있었는데 자신의 몸에 박힌 보석들을 하나하나 빼어내어 불우한 이웃들을 돕다가 마침내 초라한 몰골로 불에 녹아버린다. 그런데 용광로 속의 타오르는 불에도 심장만은 녹지 않고 하늘의 천사도 귀히 여

기는 천상의 보물로 남게 된다.

안데르센의 동화에서는 발레리나 인형을 짝사랑하는 외다리 병정 이야기가 나오는데 바람에 날려 원치 않는 모험을 떠났다가 우여곡절 끝에 사랑하는 발레리나 인형 곁으로 다시 돌아오

게 된다. 그러나 긴 여정으로 초라한 몰골이 된 외다리 병정은 불타는 난로 속으로 던져지고, 무희 인형도 바람에 날려 난로 속으로 떨어진다. 두 장난감이 녹아내린 자리에는 까맣게 탄 발레리나 인형의 브로치와 외다리 병정의 심장인 작은 양철 하트만 남는다는, 이야기이다.

길마가지 나무의 하트 모양 열매에는 동화 속의 애틋한 사랑의 상징과 하늘의 천사도 귀히 여기는 행복한 왕자의 심장이 함께 녹아 붉게 맺혀 있는 듯싶었다.

계절의 여왕 아름다운 오월에 인동과의 길마가지나무는 사랑의 상징과 뜨거운 열정을 열매로 맺고 있었다. 그 열매를 한참 바라보며 독일의 낭만파 시인인 하인리히 하이네의 서정소곡에 슈만이 작곡한 연가곡 '시인의 사랑' 중에서 첫 곡 '참으로 아름다운 오월에(Im wunderschönen Monat Mai)'라는 노래를 허밍해 보았다.

참으로 아름다운 오월에 모든 꽃봉오리 피어날 때
나의 가슴에도 사랑이 싹텄네.
참으로 아름다운 오월 모든 새들이 노래 부를 때
나의 그리움과 아쉬움 그녀에게 고백했네

하이네의 서정소곡에 마음을 실어 이 아름다운 오월을 하트 모양의 붉은 열매에 담아 끝없이 간직하고 싶다.

향기로운 꽃향기와 연초록 잎들이 산들바람에 살랑거리는 대자연의 아름다움을 베풀어 주신 이에게 끝없는 사랑을 고백하고 싶다. 참으로 아름다운 오월의 동산에 서서 타오르는 불에도 녹지 않는 사랑의 상징, 그 붉은 열매 한 알을 경건한 마음으로 대자연의 창조주 그분께 봉헌하고 싶다.

또한, 오월은 가정의 달이다. 길마가지나무의 열매는 가정의 달 오월에 가족 사랑과 이웃사랑의 상징으로 초록 잎 사이에서 빛나고 있었다. 길마가지 나무의 붉은 하트 모양의 열매는 아름다운 오월에 열린 사랑의 열매였다.

유월의 사색

유월의 들녘에 서 있습니다. 모내기를 마친 논은 초록빛 크레파스로 뾰족뾰족 그림을 그려 놓고서 수채화 물감으로 덧칠한 듯 투명하고 아름답습니다. 그 아름다운 들녘을 무대 삼아 백로가 하얀 나래를 펼치고 날아다니며 멋진 춤사위를 펼치고 있습니다. 또한, 산에는 짙어가는 녹음 위에 순백의 꽃들이 피어 향기를 발하고 있습니다. 쪽동백이 향기롭고 하얀 꽃 그물을 펼쳐 놓은 듯 피어있습니다. 조롱조롱 예쁜 종들이 매달려 있는 모양의 쪽동백의 꽃을 바라보면서 그 어여쁜 꽃을 위한 노래를 불러 봅니다.

동산에 올라 꽃 그물을 던졌어요.
바람과 함께 춤추던 고운 노래의 향기가

꽃잎으로 모여들고 있어요.

잠시 후 향기 가득한 그물을 걷어 올렸어요.

드넓은 우주에 그 노래를 방생(放生)하듯

그 향기를 다시 풀어놓았어요.

바람결에 무수한 종(鐘)이 울리면서

향기로운 선율이 쏟아져 나와

나의 눈을 보이지 않게 하고

나의 귀를 들리지 않게 합니다.

보이는 것은 다만 그대의 고운 모습,

들리는 것은 다만 그대의 청아한 음성이었습니다.

유월의 새하얗고 푸른 대지에 서 있노라니 이 땅에 평화를 주고 가신 호국 영령들이 떠오릅니다. 아름다운 산하, 조국을 지키다가 꽃 넋으로 산화한 호국 영령들을 기리기 위하여 꽃들은 초여름에도 순백의 설화(雪花)를 피워내고 있었습니다. 지난 현충일에 TV를 통하여 추념식 뉴스를 보던 중 현충원의 묘비에 헌화하는 가족들의 모습을 보며 가슴이 아려왔던 기억이 떠오릅니다. OOO 일등병의 묘, OOO 상병의 묘…… 꽃다운 청춘의 호국 영령이 영면하고 있는 묘역의 현장에 제가 그들의 부모가 되어서 있는 심정을 느꼈습니다.

저도 현역 일등병으로 복무하고 있는 아들의 부모이므로 그 슬픔이 가슴 깊이 스며들어 눈가에 맺힌 이슬을 닦아냈습니다.

유월, 달력의 여섯 번째 달을 의미하는 유월(六月)이 아닌, 유월(逾越)을 생각해보았습니다. 성서에 나오는 유월절(逾越節), Passover, '지나치다', '그냥 넘어가다'라는 의미의 유월입니다. 이 유월절은 애굽에서 나오기 전에 재앙을 면하고, 애굽으로부터의 자유를 얻기 위하여 양을 잡는 것으로부터 유래되었다고 합니다. 그런데 신약성서를 읽어보면 그리스도가 인류의 죄를 대속하기 위하여 유월절 희생양이 되어 십자가의 고난을 겪는 것으로 표현되어 있습니다.

유월절 순백의 희생양이 되어 인류의 죄를 대속해준 그리스도를 생각하면 향기롭고 하얀 꽃을 피웠다가 툭툭 떨어지는 쪽동백의 향기가 서려오고 이제 곧 피어날 백합의 향기가 서려오는 듯합니다. 공의(公義)로운 절대자의 눈으로 피조물의 미숙함과 불의(不義)를 무한한 사랑으로 유월(逾越)하는 관용과 인내가 가슴 깊이 아로새겨집니다. 그 사랑을 생각하면 어떤 상황에서든지 관용하고 인내해야 할 용기도 생겨납니다.

또한, 우리가 살아가는 조국산하를 지켜준 호국 영령들도 국가의 환란을 유월(逾越)시켜준 유월절 희생양의 숭고한 사랑으로 대입해보며 유월의 사색을 해봅니다. 이 호국보훈의 달, 유월에 호국 영령들에게 감사와 추모의 묵념을 드리며 유월의 사색이 그대와 나 그리고 이웃과의 사랑, 나라 사랑으로 이어주는 가교가 되어준다면 참 좋겠다고 생각해보았습니다.

칠월의 아침 선물

아침 다섯 시 오십 분, 창가에는 햇빛이 밝게 빛나고 새들의 노래가 경쾌하게 들리고 있습니다. 잠자리에서 일어나기는 좀 이른 시간이지만 초하의 싱그러움이 빛나고 있을 칠월 아침의 전원풍경을 놓치기가 아까워 수면 시간을 아끼고 산책길에 나섰어요. 도심을 벗어나 텃밭이 있는 고옥을 향하여 달렸습니다.

저 멀리 보이는 산맥은 눈부시게 빛나는 밝은 햇살을 반사하며 은백색으로 수묵담채화의 배경을 그리고 있었고, 눈앞에 가까이 보이는 논은 지난달 모내기 한 벼들이 짙푸르게 자라 창해(蒼海)를 이루고 있었어요. 푸른 바다에 갈매기가 날아드는 것처럼 백로 몇 마리가 논 가운데로 날아들어 새하얀 날개를 활짝 펼치고 멋진 춤사위를 보여 주다가 길게 뻗은 날씬한 다리로 우뚝 서 있습니다. 저도 가던 길을 멈추고 백로처럼 한가로이 서서

너른 들녘을 바라보며 마음을 바다처럼 넓혀보고, 눈은 꿈을 꾸는 것처럼 고요하게 하늘을 응시해봅니다. 간간이 산들바람이 불어 들판이 푸른 물결로 출렁거립니다. 넓은 들녘은 마음을 환하게 열어주고 백로의 날갯짓은 아름다운 비상을 꿈꾸게 해 줍니다.

며칠 전 자연식물원 산책길에서는 백조들이 군무(群舞)를 공연하고 있는 것을 보았는데요, 백색의 잎에 백색의 꽃, 백색의 뿌리를 가지고 있다 해서 삼백초(三白草)라 부르는 꽃이 군락으로 피어있었어요. 삼백초의 길게 뻗어 늘어진 꽃줄기는 백조의 우아한 목덜미와 흡사하고 하얀 잎은 발레리나의 드레스처럼 예쁘답니다. 이 삼백초는 항염, 이뇨작용이 있어서 생약제로 사용되는 약용식물이에요.

이윽고 텃밭에 당도했어요. 텃밭 도랑가에는 초록빛 드레스를 차려입은 칠월의 요정들이 하얀 레이스로 만든 양산(陽傘)을 펴들고 따가운 여름 햇살을 가리고 있었지요. 오밀조밀 작은 꽃송이들이 모여 예쁘게 펼쳐진 양산처럼 생긴 모양의 꽃을 피우는 산형과(繖形科)의 꽃들에는 미나리, 당귀, 방풍 등이 있어요. 뿌리를 말려 생약재로 사용하는 약용식물인 당귀, 방풍의 보혈(補血), 발산풍습(發散風濕)의 약리작용은 잘 알고 계시리라 생각합니다. 또한, 잎에는 향긋한 방향이 있는 정유(精油) 성분이 다량 함유되어 있어서 쌈 채소로 식탁에서 환영받고 있는 식물이라는 것도요. 당귀의 부드러운 이파리 몇 장을 뜯어 바구니에 담았습니다. 바구니에는 방금 딴 오이, 애호박, 풋고추도 담겨있었어요. 바구니에는 칠월 아침의 선물이 넘치고 있습니다.

또한, 꽃밭에서는 백합이 개화해서 짙은 향기를 내뿜고 있었어요. 봄철에 심어둔 백합이 칠월의 찬란한 아침에 꽃봉오리를 활짝 열고 감미로운 향기로 후각을 유혹합니다. 그런데 백합의 향을 맡으면서 불현듯 노(老) 시모님이 생각났어요. 당뇨병과 요실금 증상이 있는 시모는 아침이면 욕실 앞에서 기저귀를 교환하시는데요. 톡 쏘는 특이취가 배어있는 기저귀의 지린내가 아침 식사를 준비하는 주방까지 날아올 때가 있어요. 기저귀의 그 특이취와 백합의 향기가 비슷하다고 느끼면서 노 시모가 한 송이 백합화 같다는 생각을 해봅니다. 시모의 쪼글쪼글한 주름이 백합(百合) 구근의 인편(鱗片) 한 조각, 한 조각과 닮았다

는 연상을 해봅니다. 시모는 삶의 여정에서 한 조각 한 조각 백합 구근의 인편을 만들고, 꽃을 피워 이제는 몸에서 꽃향기를 흘립니다. 당뇨가 있는 소변은 체내에서 포도당이 재흡수되지 못해 달콤한 꽃향기도 섞여 있는 듯하거든요. 그래요! 노 시모님은 아직도 향기로운 한 송이 꽃입니다!

바구니에는 싱싱한 채소를 가득, 마음에는 충만한 사랑을 가득 채워 텃밭에서 돌아오면서 엘리베이터 앞에서 이웃을 만났습니다. 괜찮다고 사양하며 만류하는 이웃에게 "텃밭에서 방금 따온 거예요!" 하면서 바구니에서 풋고추 한 줌을 꺼내 건넵니다. 칠월의 아침 선물이에요.

매듭달의 사색, 단풍나무 숲에서

한 해를 마무리하는 매듭달입니다. 바람이 싸늘하지만, 볕이 좋은 휴일 오후, 단풍나무숲을 소요하였습니다. 갑자기 찾아온 한파에 단풍잎은 낙엽이 되어 단풍나무 아래 대지를 별처럼 수놓고 있었고, 아직도 고운 단풍잎 몇 장은 오 헨리의 마지막 잎새처럼 추위를 이겨내며 단풍나무의 존재를 알리고 있었습니다.

상엽홍어이월화(霜葉紅於二月花)라!

봄꽃은 청초하면서도 매혹적인 아름다움으로 다가오지만, 서리에 물든 단풍잎은 완성된 미의 아름다움으로 다가옵니다. 꽃술의 꿀이나 향기로 벌과 나비를 불러들이는 고혹적인 미의 다툼이 아니고, 감미로움과 향기가 모두 배제되었지만, 완성의 색

조미를 온몸으로 발산하는 절대적인 아름다움입니다. 단풍나무 숲에 들 때마다, 만해 선사의 '님의 침묵'을 낭송해봅니다.

푸른 산 빛을 깨치고 단풍나무숲을
향하여 난 작은 길을 걸어서 차마 떨치고 갔습니다.

만해 선사의 단풍나무숲 발자취를 헤아리며 선사가 들려주는 '차마 떨치고 가야 할' 단풍나무숲의 여정을 들었습니다. 엄동설한에도 꽃눈과 새움을 만들어야 하고, 꽃샘추위에 푸른 잎을 피워내고, 그 푸른 잎을 폭염과 폭우, 폭풍에 연단시켜 풋 물을 우려내어 계절을 다 이룬 만추의 날에, 화엄(華嚴)의 천의(天衣)를 드리우고 있었습니다. 천수만수(千手萬手)의 손짓으로 부르고 있는 그 단풍나무숲은 낙원이 극치(極致)를 이룬 극락의 숲이었습니다. 극락이었고, 이상향이었기에 선사는 제반의 사념을 버리고 '차마 떨치고' 새 희망을 향하여 그 길에 들어선 것이었습니다.

석양이 단풍나무숲 속에 비쳐 듭니다. 선홍빛의 단풍잎이 석양의 화살 같은 빛을 받아 실핏줄이 드러나고 속살이 말갛게 드러납니다. 풋내를 우려낸 성정(性情)에 열정과 온화의 밝은 빛이 가득 찬 품격이 보입니다. 지난(至難)했던 광음(光陰)을 보내고 초겨울의 동산을 수놓은 단풍잎은 삶의 노화가 아니고 삶의 완성이었습니다.

삶을 마무리하는 임종의 시기에 '다 이루었다.'는 평온한 표정으로 가신 분들의 모습에서 단풍잎의 색조를 읽은 적이 있었습니다. 엊그제 후배의 모친상에 조문을 다녀왔습니다. 아흔넷의 춘추(春秋)를 누리고 영면하신 고인의 영정사진에서 속살이 말갛게 드러난 고운 단풍잎의 모습이 겹쳐 보였습니다. 후배의 모친께서는 피안의 새로운 하늘 아래 파종될 씨앗을 고이 감싸

안고 날아가는 듯한 자태로 사진틀 속에서 미소 짓고 계셨습니다. 생리학적인 견지에서 보면 임종 직전에는 도파민과 엔도르핀의 수치가 최대가 되어 사실상 고통을 느끼지 않는 편안한 상태가 된다고 합니다.

단풍나무 씨앗은 잠자리 날개처럼 얇은 막에 감싸여 있습니다. 몇 해 전 겨울, 선친이 운명하실 때에도 날개 달린 단풍 씨앗과도 같은 학(鶴)의 날개가 펼쳐지는 것을 보았습니다. 육(肉)의 것을 모두 비우고 비워, 한 모금의 물도 받아들이지 않고, 이 세상의 모든 것을 '차마 떨치고' 일 학(一 鶴)이 되어 비상하시는 모습을 임종으로 지켜보았습니다.

한 해를 마무리하는 매듭 달에 이르러 단풍나무숲을 소요하면서 '다 이룬 아름다움'의 감상의 삼매에 빠져들고 '차마 떨치고 갈' 제반의 사념을 정리해봅니다. 그리하여 올 한 해를 보내면서 다사다난한 역경이 있었다면 보다 나은 내일을 위한 연단의 기회로 삼아 슬기롭게 마무리할 꿈을 꾸면서 새 희망의 노래를 불러봅니다.

서설이 내린 수목원에서

새해를 하루 앞둔 날이다. 마치 새해의 첫 무대 서막을 맞이하기 위해 준비하는 서설(瑞雪)처럼 함박눈이 이틀 전부터 내려 시야에 보이는 온 세상이 아름다운 백설의 세계를 연출하고 있다. 올겨울은 좀처럼 눈 구경을 할 수가 없었다. 11월 말경이었던 가? 눈발이 잠시 날렸다가 기온이 올라가는 바람에 빗방울로 바뀐 장면을 본 이후로 올 처음 쌓인 눈을 볼 수 있게 된 가히 첫눈이었다.

설경을 제대로 감상하기 위해 방한복으로 중무장하고 인근 수목원으로 갔다. 자동차의 실외 온도 계기판이 섭씨 영하 2도를 가리키고 있었다. 수목원 입구에서부터 설원의 정경이 보이기 시작한다. 봄부터 가을까지 개나리, 벚나무, 단풍나무, 사과

나무가 화려하게 반겨 맞아 주었던 수목원 입구의 오솔길은 오늘은 눈꽃 송이로 백설의 꽃을 소담스럽게 피우고서 맞이해 주었다. 그 오솔길을 미끄러지지 않게 등산용 운동화까지 신고서 큰 보폭으로 걸으며 수목원 내의 연지(蓮池)를 향했다. 여름날 선홍빛 혹은 순백의 자태로 연못에 몸을 반쯤 담그고 마치 반신욕 선(禪)을 하는 것처럼 보였던 수련이 피어나던 연지, 엄마의 넓은 레이스 주름치마 같은 잎새를 뚫고 나와 뾰족하게 보랏빛의 꽃을 피웠던 가시연꽃, 불타와 가섭존자 사이에 오갔을 그 염화시중의 미소를 닮았을 법한 홍련, 백련의 향이 가득했던 연지였다.

서설이 내린 연지는 어떤 모습으로 반겨줄까? 초가을 붉은 꽃 바다를 이루었던 꽃무릇 군락지 밭을 지나면서 겨울 연지의 모습을 상상해 보았다. 꽃무릇 군락지 밭을 지나면 이르는 곳이 바로 연지이다. 멀리 연지가 보이며 탐스러운 백련화의 자태가 보이기 시작했다.

한겨울 백련화라…… 마른 연꽃 줄기 위에 달려있던 연밥마다 서설이 동그랗게 쌓여 연지는 백련화를 가득 피우고 있었다. 한겨울 백련화가 피어있는 연지는 무향으로 고요한 화엄 세계를 연출하고 있었다. 그 정결한 무향으로 깊은 호흡을 하면서 백련화의 순백의 꽃등을 마음에 밝혀 보고 싶은 소망을 연지의 살얼음 틈 사이로 살짝 흘려보냈다.

연지를 돌아 나오면서 지나쳐왔던 꽃무릇 군락 밭을 다시 걸었다. 꽃무릇의 초록 잎 위에 하얀 눈이 가득 쌓여 드넓은 설원처럼 보였지만 자세히 보면 꽃무릇의 초록 잎은 두껍게 쌓인 눈을 뜨거운 열정으로 녹이며 군데군데 뾰족뾰족 솟아 나와 푸른 자태를 보였다. 초가을 불타오르는 한 송이의 꽃을 피우기 위해 그 푸른 삶을 아낌없이 다 바칠 열정을 간직한 꽃무릇이기에 한겨울의 두껍게 쌓인 눈도 아랑곳하지 않고 그 초록빛 자태는 눈밭 위에서 더욱 짙푸르게 빛나고 있었다.

연지도 지나고, 꽃무릇 밭도 지나서 지난봄 장미과 꽃이 피어 있었던 곳으로 향했다. 꽃샘추위에 꽃봉오리를 맺고 봄이 무르익을 무렵이 되면 고혹적이라는 수식어를 붙일 만큼 붉은색의 앙증맞은 꽃망울로 피어나는 장미과의 명자나무 꽃!

그 명자나무 꽃이 서설이 내린 오늘은 그녀 역시 백설의 눈꽃 송이를 달고 있었다. 카메라의 줌을 바짝 당겨 렌즈에 포착된 명자나무는 꽃을 피울 움을 이 한겨울에 이미 틔우고 있었다. 붉은 좁쌀처럼 보이는 움이 설화를 녹이는 열정을 보였다. 어쩌면 이른 봄에 피는 꽃들은 얼음이나 쌓인 눈도 녹여 버리는 뜨거운 에너지를 가지고 있을지도 모른다.

수목원 탱자나무 울타리에 쌓인 눈과 탱자나무 근처의 측백나무에 쌓인 눈이 눈길을 붙잡는다. 탱자나무의 뾰족한 가시는 눈발을 붙잡지 못하고 가지 틈에 조그마한 눈꽃을 안고 있었다. 반면에 향나무는 마치 버섯 지붕처럼 둥근 지붕 모양의 거대한 눈꽃을 피우고 있었다. 문득 새삼스레 각자의 개성이 생각난다. 제각기 자신의 본연의 모습대로 눈꽃을 피우고 있는 것을 볼 수 있었다.

수목원 중앙 광장에 이르니 아이들의 웃음소리가 들려온다. 눈사람을 만들고 있었다. 둥글게 눈을 굴려 얼굴과 몸통을 만들고 솔잎으론 눈썹을 붙이고, 빨간 열매론 몸통의 단추를 붙여 제법 멋있는 눈사람이 수목원 광장에 만들어져 있었다. 눈사람을 만든 아이들에게 살짝 미소 지으며 다가가서 카메라에 담았다.

그렇다!

그랬다!

연지에 있는 연꽃의 마른 연밥 위에 내린 눈은 백련화를 피우고 있었고. 명자나무 가지에 내린 눈은 꽃송이 모양이었으며, 꽃무릇의 초록 잎 위에 내린 눈은 군데군데 하트모양으로 녹아 초록빛 자태가 백설 위에 더욱 빛났고, 탱자나무의 가시에는 눈발이 미끄러져 내려 눈꽃이 피어나지 않았고, 향나무는 둥근 버섯 지붕처럼 생긴 거대한 눈꽃을 피웠으며, 아이들의 마음속에 내린 눈은 눈사람을, 사람을 만들고 있었다. 내 마음속에 내린 눈은 무엇을 만들고 있었을까? 정해년(丁亥年) 한 해를 보내며 서설이 내린 수목원의 중앙 광장 설원에 우뚝 서서 생각에 잠겨보았다. 눈발이 잠시 뜸해지고, 설원에 햇빛이 강하게 반사되면서

온 세상이 하얗게 빛나고 있었다. 다가오는 2008년 무자년(戊子年) 한 해는 서설이 보여준 메시지를 가슴에 안고 새해를 맞이해야겠다고 생각하면서 설화 만발했던 수목원을 나와 귀로에 올랐다.

Ⅶ / 디기탈리스 꽃의 매혹으로

디기탈리스 꽃의 매혹으로

남편은 교통 속도 통제 구간이 없는 도로가 나타나자 자동차의 가속페달을 힘껏 밟아 시속 140킬로 미터로 달렸다. 남편의 옆자리에 앉은 나는 천천히 달리라는 등의 아무 말도 하지 못하고 자동차의 손잡이를 꽉 붙잡고 있었다. 내가 부탁한 아주 특별한 시간이었기 때문이었다.

지난여름 어느 토요일이었다. 인근 전주수목원에서 디기탈리스 꽃이 피어 있는 것을 보았다. 디기탈리스 꽃은 사진으로는 많이 보았고 생약재로서 심장을 튼튼하게 하는 강심제로 사용하는 약용식물이기에 라틴어 학명부터 약효성분까지 잘 알고 있었지만 실물을 대하기는 처음인 꽃이었다.

정말 보고 싶었던 꽃이기에 두근거리는 가슴을 진정하며 디기탈리스 풀푸레아 Digitalis purpurea, 대학 시절 생약학 시간에 배웠던 디기탈리스의 라틴어 학명을 불러보았다. 수많은 종들이 질서정연하게 매달린 그 매혹적인 모습을 담기 위해 휴대하고 다니는 디지털카메라의 전원을 켰다. 그런데 이게 웬일, 카메라의 뷰파인더에 "메모리칩이 없습니다."라는 메시지가 뜬다. 전에 찍은 사진을 컴퓨터에 옮기는 작업을 하다가 카메라의 메모리 칩을 컴퓨터에 꽂아두고 온 것이었다. 처음 만난 디기탈리스의 자태를 카메라에 담지 못하는 안타까움은 이루 표현할 수가 없었다.

그도 그럴 것이 이 수목원은 일요일에는 개방을 하지 않는다. 그럼 평일에 와서 보면 될 것이 아니냐고 하겠지만 피치 못할 사정이 있다. 수목원은 월요일부터 토요일 오후 6시까지만 개방을 하는데 내가 낼 수 있는 시간은 토요일 5시부터이다. 그것도 사실은 5시 30분부터 6시까지 불과 30분 남짓이다. 직장에서의 퇴근 시간이 토요일 오후 5시인데 익산에서 전주수목원까지 가는 시간이 30여분 걸린다. 어쨌든 다음 주 토요일 퇴근 후, 카메라에 메모리 칩을 제대로 끼우고 와서 30분 동안 수목원에 머무르면서 촬영을 하면 될 것이 아니냐고 할 것이다. 그런데 다음 주 토요일 그 시간에는 반드시 참석해야 하는 행사가 있다. 이렇게 한 주를 보내고 나면 디기탈리스 꽃은 그 자태를 잃어버리고 시들어 버리고 말 것이다.

나는 고민에 빠졌다. 미국 동화작가 타샤 튜더 할머니가 쓴 책에서 보았던 디기탈리스 꽃, 생약학(生藥學) 교과서만 보았던 디기탈리스 꽃을 카메라에 담아서 꽃이 지고 난 후에도 내 마음의 영상에 담아야할 텐데… 나는 어떻게 하면 디기탈리스 꽃을, 그 꽃이 지기 전에 직접 카메라에 담아볼 까하고 노심초사 밤잠을 설쳐가며 궁리했다. '그래, 점심시간을 이용하는 거야.

월요일 아침, 남편에게 싱긋 미소를 보내며

"나아, 말이지요. 소원이 하나 있는데…."

"음, 소원이 뭔데?"

"응, 전주 수목원에 가서 디기탈리스 꽃을 보고 싶어… 낼 점심시간에 전주수목원에 가고 싶은 데 함께 가줄 거지?"

남편은 소원이라고 말하는 나의 간절함을 느낀 듯 아무 말 없이 고개를 끄덕인다. 화요일 12시 30분, 직장의 점심시간이 시작되자 점심도 거른 채 나는 남편과 함께 자동차로 전주수목원을 향해 달리기 시작했다. 지금부터 1시간 30분 후, 점심시간이 끝나는 2시까지는 직장으로 돌아와야 한다. 수목원까지는 왕복 1시간 이상이 걸리니, 수복원에 머물 수 있는 시긴은 길어야 20여분이다.

드디어 전주수목원에 도착했다. 남편이 주차를 하고 있는 동안 나는 지난주에 봐두었던 수목원 내의 디기탈리스 꽃밭을 향하여 쏜살같이 달렸다. 오전에 소나기가 내려서 수목원의 꽃밭은 물기를 머금고 있었고, 지열에 그 물기가 데워져 더운 수증기가 훅하고 올라온다. 꽃밭에 들어서자 얼굴에 땀이 빗방울처럼 흘러내린다.

아, 디기탈리스 꽃이 물방울을 머금고 싱그러운 모습으로 반겨준다. 나는 가까이 다가가 한껏 클로즈업을 하여 디기탈리스 꽃을 카메라에 담았다. 예쁜 작은 종 모양의 진분홍의 꽃잎에 매혹적인 까만 점들이 박혀있고, 그 작은 꽃들이 조롱조롱 매달려 있는 디기탈리스 꽃의 자태를 카메라에 몇 컷 담지도 않았는데, 초조함에 들여다본 손목시계는 벌써 1시 25분을 가리킨다. 나는 아쉬움에 디기탈리스 꽃에게 내년에 만나자는 인사를 하고 남편이 기다리고 있는 주차장을 향하여 달렸다.

남편은 다시 평균 시속 140km의 속도로 달려서 나의 직장에 1시 55분까지 데려다주었다. 두근거리는 가슴을 진정하며 책상에 앉아 카메라에서 메모리 칩을 꺼내 컴퓨터에 꽂았다. 진분홍의 디기탈리스 꽃이 화면 가득 매혹적인 모습으로 미소 짓고 있다. 나는 남편의 배려가 선물해준 디기탈리스 꽃을 보며 행복한 마음으로 오후 일과를 시작했다.

이제 곧 결혼 20주년 기념일이 돌아온다. 남편과 연애시절 나는 데이트라도 하게 되면 장미꽃 등을 사달라고 조르곤 했었다. 그런데 보통 남자들이 장미 꽃다발 등으로 연인의 마음을 환심하던데, 남편은 내가 꽃 이야기라도 꺼낼라 치면 정색을 하고 싫어했다. 곧 시들어버리는 꽃을 선물하느니 차라리 장미꽃 문양의 펜던트를 사주겠다고 했고, 밤하늘의 별을 따달라고 하면 별 모양의 목걸이를 선물해주겠다고 하여 나는 마음속으로 '정서와 담쌓고 사는 유물론자'라고 남편을 매도하며 속상해하기도 했었다.

향기로운 한 송이의 꽃에도 감탄하고 이슬방울의 영롱함도 보석이라고 하며 자칭 감성이 풍부하다고 하며 지내던 내가 어쩌다가 이런 유물론자 하고 결혼을 했나 하며 결혼 초기엔 많이 다투기도 했다. 남편은 나에게 꽃나발을 단 한 번도 선물헤 주지 않았고 가끔 지인들이 내게 선물해준 꽃다발을 말려서 드라이플라워를 만들어 벽에 걸어둘라치면 집안 대청소하는 날 그 드라이플라워마저 벽에서 떼어 쓰레기통에 버렸다. 알레르기 등 각종 질병을 일으키는 곰팡이와 세균의 온상이라는 이유에서였다. 남편과 나는 그렇게 사소한 일로 서로 다투며 많이 토라지기도 했었다. 사실 드라이플라워는 장마기간 동안에는 주변의 습기를 머금어 좀 벌레 등의 서식지가 되기도 하지만 말이다.

그런데 세월은 같은 공간에서 호흡하며 사는 부부를 서로 닮게 만드나 보다. 남편과 나는 서로 마주보며 20여 년이라는 길다면 긴 세월 속에 표정을 닮아가고 대화를 나누며 소리맵시를 닮아갔다. 나는 남편의 합리적인 모습에 차츰 동화되어가고 남편은 나의 직관적 감성에 조금씩 동화되어 언쟁과 다툼이라는 흐림이 비교적 적은 맑은 물처럼 흘러가는 세월이 되어가고 있다.

화공약품인 염산이 양잿물로 알려진 수산화나트륨과 서로 결합하여 중화반응을 일으키면 물과 소금으로[HCL(염산)+ NAOH(양잿물 또는 수산화나트륨)= NACL (소금)+ H2O물]변화되듯이 염산의 산성 성질도 수산화나트륨의 알칼리성의 극성 성질도 없어지고 맑은 물과 소금결정이 남게 된다. 공업용으로서는 다양한 용도가 있는 염산과 수산화나트륨이지만, 두 물질은 개별적으로 보면 강산과 강알칼리성으로 인체에 접촉이 되면 상해를 입게 되는 매우 위험한 화학물질이다.

나는 남편을 닮아가며 드라이플라워를 벽에 걸어두지 않고, 남편은 가끔 내게 공원에 나가 산책을 하며 밤하늘의 별을 바라보자고 한다. 이번 결혼기념일에 남편에게 무슨 선물을 할 까? 남편이 지난여름에 보여준 디기탈리스 꽃의 매혹으로 다가가 볼까 하고 거울을 요리조리 보며 쌩긋 웃어본다.

주는 기쁨 채워지는 기쁨

내가 받은 선물 중에서 오래오래 잊히지 않고 마음의 선물상자에 넣어 보관하고 있는 것들을 나열해볼까 한다. 나는 가끔 그 선물상자를 열어 선물들을 하나씩 꺼내 펼쳐보며 소소한 기쁨에 잠기곤 했다.

올 밸렌타인데이에 선물 받은 초콜릿 다섯 조각은 한 조각, 한 조각 입에 넣을 때마다 달콤했다. 카페에서 전문 바리스타로 근무한 경력이 있는 솜씨 좋은 이웃이 초콜릿을 직접 만들어 가져온 것이었다. 문우들과의 송년회에서 받은 만년필은 글을 쓰는 이가 받으면 기분 좋은 선물이었으며 원로 시인이 손수 촬영하여 선물한 은방울꽃 사진액자는 항상 맑은 은종(銀鐘) 소리를 심연에 들려주고 있다. 또한, 지난해 겨울 지인이 뜨개질하여 보내준 노란 스웨터는 입을 때마다 한겨울에도 산뜻한 봄을 느끼게 해주고 있다. 부드러운 털실로 뜨개질한 그 노란 스웨터를 입고 거울 앞에 서면 활짝 핀 개나리꽃 한 아름이 환하게 웃고 있는 실루엣이 비쳤다.

결혼 후에도 내 생일이 다가오면 친정아버지가 하얀 봉투에 내 이름을 써서 챙겨주셨던 축하 금일봉은 나를 기쁨과 회한에 젖게 하는 선물이며, 친정어머니가 혼수로 챙겨주셨던 색동 밍크이불은 손바닥으로 쓸어보기만 해도 포근하기 이를 데 없는 어머니의 품이 느껴진다. 시모께서 막내며느리 혼수함에 넣어주셨던 세모시 한 필도 올올이 내 마음을 섬세하게 감싸준다. 원로 선배께서 나눠준 박 씨앗도 싹이 트는 과정의 설렘에서부터 하얀 박꽃의 개화, 마침내 박이 열리고 바가지를 만들어 이웃들에게 선물하면서 행복하게 해 주었다.

대학병원 의약정보실 근무를 마치고 약제과장님께 받은 공로패의 문구도 나를 돌아보게 해주는 선물이다. '위 사람은 천부적 예지, 아름다운 영혼의 소유자로서, 진리에의 신앙인으로서의 품성과 미덕을 갖추며 빼어난 창의력에 입각한 꾸준한 성실성으로서 학술 기획 정보 분야에 알찬 열매를 거두어온 공로가 매우 크므로 이 패를 드립니다.'라는 문구의 공로패인데 이 문구가 담긴 공로패를 받기엔 과분하였고 나 자신이 많이 부족하여 몸둘 바를 몰라 매우 부끄러웠지만, 틀에 박힌 전형적이고 형식적인 공로패가 아닌 전달하는 이의 마음을 정성스럽게 담아 전해 주었기에 잊을 수 없는 선물이다. '알찬 열매'라는 단어보다 '알찐 열매'라는 단어가 더욱 어울린다고 공로패에 과분한 문구를 선물해 주셨다.

미혼의 푸른 시절, 나는 라빈드라나드 타고르의 종교적인 신앙 시(詩), 기탄잘리에 심취하여 그 시를 즐겨 낭송했었다.

내 노래는 그녀의 장식을 떼어내 버렸습니다. 그녀는 옷과 치장을 자랑하지 않습니다. 장신구는 우리의 결합에 상처를 내고 당신과 나 사이에 끼어들 것이며 그것들의 쩔렁거리는 소리는 당신의 속삭임을 파묻을 것입니다. ~하략

타고르의 기탄잘리 중 제7번이라는 표제가 붙은 이 시를 봄의 신앙이라는 가곡과 함께 라디오 방송 고전음악 감상 시간에 신청하여 들은 아나운서의 미성이 지금도 아련히 들리는 듯하다. 아마도 그때부터 나는 이 신앙 시(詩)를 불필요하게 치장하는 외모와 허영심에 대한 경구로 삼아 시와 음악의 장식 외에는 별다른 치장을 좋아하지 않고 생활하며 살아오지 않았나 싶기도 하다.

어느 해 연말의 일이었다. 어느 날 갑자기, 남편이 1억 원의 현금이 급하게 필요하다고 한다. 남편은 지인들의 부탁을 쉽게 거절할 줄 모르는 성격이다. 그리고 지인들이 어려운 일이 생기면 자기 일처럼 밤낮을 가리지 않고 해결해주려고 백방으로 알아보고 함께 고통을 나누는 성격이다. 1억 원의 현금은 지인의 금융보증으로 남편에게 역으로 부담된 선물이었다. 나는 역(逆)부담된 1억 원의 부채를 안고 전전긍긍하는 남편의 오지랖을 힐난하며 질책했지만 어찌할 도리가 없었다. 돈을 마련하여 남편의 금융위기를 막아야 한다. 하지만 노모를 부양하고 있는 데다가 두 아이의 대학 등록금도 준비해야 하는 상황에서 벌어진 일이어서 고액의 현금을 쉽게 마련할 수가 없었다. 정기적금과 보험을 모두 해약하고 은행에 가서 대출을 받아서 합산을 해보았지만, 많이 부족했다. 문득 목걸이와 반지 등 패물이 생각났다. 결혼할 때 남편이 결혼예물로 준 다이아몬드 반지와 십자 문양의 금목걸이를 처분하면 부족한 금액에 보탬이 될 것 같았다. 십자형 순금 목걸이는 결혼 직후부터 지금까지 내 목에서 거의 떠난 적이 없었다. 백년가약을 약속했던 시간의 증표이기도 했고 신앙의 상징이기도 했기에 항상 목에 걸고 있어서 경제적인 가치보다는 내 신체의 일부처럼 여기던 물건이었다. 그리고 다이아몬드 반지는 일할 때 불편하기에 외출할 때에만 끼고 결혼의 증표임을 상기하곤 했었다. 나는 비장한 마음으로 거울을 보며 목걸이를 풀고 화장대 서랍에서 다이아몬드 반지를 꺼내어 조용히 남편에게 건넸다. 남편은 당황하여 사양했지만 나는 명료하고 간곡하게 표현했다. 며칠 후면 결혼기념일이 돌아오는데 당신의 건재(健在)를 위한 나의 선물이니 요긴하게 쓰라고……

이러한 우여곡절로 결혼 24주년을 며칠 앞두고 나는 남편에게 1억 원을 선물했다. 그 금액에는 나의 처녀 수필집 출간을 계획하고 있던 비자금도 보태져 있었다. 나는 오 헨리의 단편소설 크리스마스 선물의 여주인공 델라처럼 탐스러운 머리칼 전부를 잘라 팔아서 남편에게 선물한 느낌이 들었다. 나는 담담한 듯한 표정을 지으며 남편에게 나의 현금 전 재산과 귀금속 장신구를 선물했지만, 마음 한편으로는 서운하고 허전한 감정이 쓰나미처럼 밀려들었다. 옛 사진 속의 내 모습에서 지금은 사라진 목걸이가 빛나고 있는 것을 보면 심히 허전했고 외출할 때 끼었던 다이아몬드 반지가 서랍에 없는 것을 생각하면 또 허전했다.

그러나 즐겨 낭송하던 기탄잘리 제7번,

내 노래는 그녀의 장식을 떼어내 버렸습니다. 그녀는 옷과 치장을 자랑하지 않습니다. 장신구는 우리의 결합에 상처를 내고 당신과 나 사이에 끼어들 것이며 그것들의 쩔렁거리는 소리는 당신의 속삭임을 파묻을 것입니다.

내 시인의 허영은 당신의 모습 앞에서 부끄러이 사라집니다. 오, 위

대한 시인이여, 나는 당신 발치에 쓰러졌습니다. 오직 당신이 음악으로 가득 채우는 갈대피리처럼 내 삶을 단순하고 곧바르게 하옵소서.

이 구절이 마음속에 들려왔고 나는 한 음절 한 음절 그 시를 낭송하면서 마음을 다잡았다. 내가 시인이라는 이름을 얻을 때 원로 시인께서 아침이슬로 만든 찬란한 가락지를 언급해 주신 적이 있었다. 그때부터였는지는 모르지만 나는 실제 다이아몬드 반지보다 아침이슬로 만든 찬란한 가락지를 더욱 즐겼었다. 산책하면서 아침이슬로 만든 찬란한 물방울 다이아몬드를 보면서 정신적 삶의 아름다움을 묵상하게 되었다. 봄날 이른 아침 산책길에 볼 수 있는 쇠뜨기 영양 줄기에는 아침이슬이 만든 물방울 다이아몬드가 헤아릴 수 없이 맺혀 있다. 그것을 소유하는 산책길이니, 나는 얼마나 부유한가? 남편이 내년에 선물해 줄 은혼식 선물보다는 삶의 가치와 삶의 자세를 더욱 견고히 하는 기회가 되었으니, 남편은 나에게 은혼식 한 해 앞서 '온전하게 주는 기쁨 후에 정신적으로 채워지는 기쁨'을 선물해 주었다고 믿고 싶다.

열어두었던 선물상자를 닫으며 문득 생각 나는 선물 하나를 떠올렸다. 사탕 한 봉지 값으로 아이들에게 버찌 씨 여섯 알을 받고 아무 말 없이 거스름돈까지 내주었던 위그든 아저씨의 사탕 가게가 등장하는 폴 빌라드(Paul Villiard)의 '이해의 선물'을 나의 이웃들과도 주고받고 싶다는.

대박을 드립니다

텃밭을 가꾸는 원로 선배님께서 박 씨 몇 알을 선물해 주셨다. 날씨가 따뜻해진 어느 봄날, 박 씨를 고향 집 마당에 심어 두고 노심초사하며 싹트기를 기다렸다. 곡우가 지난 며칠 후, 드디어 박 씨가 발아되어 떡잎이 나오더니 사나흘이 지나자 떡잎 사이에서 본 잎이 나왔다. 박은 이글거리는 햇빛과 맑은 바람과 시원스럽게 내리는 비를 맞으며 연잎처럼 넓은 잎을 펼치면서 무럭무럭 자랐다. 그러더니 어느새 줄기에서 덩굴손을 내밀어 버팀목으로 세워 놓은 장대를 감아 타고 지붕으로 올라갔다. 나는 하루가 멀다고 박이 자라는 과정을 관찰하기 위해 아침 일찍 일어나 출근 두어 시간을 할애하며 고옥(古屋)의 마당에 있는 텃밭을 들락거렸다. 출근시각에 늦지 않도록 시시각각으로 시계를 들여다보며 초조해하면서도 박이 자라는 것을 보러 텃밭에 가는 길은 마음속에 설렘이 가득한 시간이었다.

칠월 중순 무렵이 되자 박꽃이 피었다. 하지만 순백의 화관을 쓰고 있는 박꽃의 자태를 보는 것은 정말 어려운 일이었다. 보통 꽃들처럼 낮에 피는 꽃이 아니기 때문이었다. 박꽃은 달맞이꽃처럼 저녁 무렵 피어서 새벽까지 피었다가 해가 떠오를 무렵이면 봉오리를 닫고 시들어 버리는 꽃이다. 박꽃을 보러 간 첫날은 날이 밝을 무렵에 도착했기에 시든 꽃에 아기 박이 맺혀 있는 모습만 보고 돌아왔다. 활짝 피어있는 박꽃을 보지 못하고 돌아오면서 다음 날 올 때는 달빛을 받아 순백으로 빛나는 화관을 쓰고 있는 박꽃 공주님을 기필코 알현하고야 말리라고 아쉬운 발걸음을 돌렸다. 그날 밤이 되어 '박꽃 공주님 알현(謁見) 작전'을 생각하며 잠을 설치다가 새벽 네 시경 눈을 떴다. 어두운 사위를 뚫고 고옥의 마당에 도착했다. 박명(薄明)의 어스름한 하늘을 배경으로 박꽃 공주님은 새하얀 화관을 쓰고 우아한 기품 서린 자태로 맞이 해주셨다.

그런데 박꽃 공주님은 왜 밤중에 화관식을 거행하실까? 같은 마당에 있는 호박꽃은 해가 떠올라도 오전까지는 샛노란 순금의 화관을 쓰고 꿀벌들을 불러들이고 있는데 말이다. 꽃이 가지고 있는 색깔과 향기는 곤충을 불러들이기 위한 수단이다. 꽃을 피우는 식물들은 대부분 곤충의 도움을 받아 번식하는데 곤충마다 좋아하는 색깔과 향기가 제각각이다. 이 때문에 꽃들은 자기가 원하는 곤충을 불러들이기 위해 자기만의 색깔과 향기를 만든다. 이러한 자연의 순리에 따라 박꽃 공주님은 깊은 밤에 빛나는 순백의 화관으로 단장하고 어여쁜 각시가 되어 공주님의 연인(戀人)인 박각시나방을 공주님의 별궁에 있는 밀실(密室, 蜜室)로 초청하여 달콤한 향연을 벌인다. 시인 백석의 시에도 등장하는 이 박각시는 나방의 일종으로 주로 밤에 활동한다.

당콩밥에 가지 냉국의 저녁을 먹고 나서
바가지꽃 하이얀 지붕에
박각시 주락시 붕붕 날아오면……

– 백석의 시에서 –

다음에는 더 이른 시간에 나와서 달이 빛나는 밤에 달빛 받아 은은히 빛나는 월하미인(月下美人)의 박꽃 공주님을 알현해야겠다고 생각하며 유방(劉邦)을 도와 한(漢)나라를 개국한 책사 장량(張良)에 얽힌 고사를 떠올려 보았다.

유자가교(孺子可教)라, 아무렴, 어여쁘신 박꽃 공주님을 뵙고자 하면 아무 때나 되는 게 아니었다. 일몰 즈음부터 옥(玉) 같은 안색(顔色)을 알현하는 것을 허하시는 공주님이니 유자(孺子) 시절의 장량처럼 여러 번 정성을 다한 예를 갖추어 스승을 찾아뵈어야 그 뜻을 이룰 것이다. 여러 번에 걸쳐 시각을 맞추어 찾아가서 시들지 않은 순백의 박꽃을 보는 일과 유자가교(孺子可敎)의 고사를 대입한다는 것은 지나친 비약이다 싶긴 하지만 박꽃이 밤에 피어나는 연유와 박각시나방과의 관계에 관하여 탐구하며 관찰할 기회가 되었으니 순수한 유자(孺子)의 마음으로 자연의 섭리를 가르침 받은 일은 정녕 경이로운 일이었다.

박꽃 공주님이 탄생시킨 아기 박이 탄탄하게 여물어 대박을 터뜨릴 날을 일각이 여삼추로 기다리다가 무서리가 내린 늦가을의 휴일에 드디어 커다란 박을 수확했다. 집에 가지고 와서 남편과 함께 흥부 내외의 흉내를 내며 톱으로 박을 탔다. 박을 두 쪽으로 타서 하얀 솜덩이 같은 박속을 긁어내고 커다란 솥에 넣고 물을 가득 부어, 한 시간 이상 삶았다. 박을 삶는 동안 박속에 가득 박혀있는 박 씨앗을 분리했다. 이 박 씨앗을 잘 말려서 원로 선배님이 씨앗을 나눠주셨던 것처럼 나도 텃밭이 있는 이웃들에게 나눠주어야겠다고 생각했다.

삶은 박을 솥에서 꺼내 보니 단단한 목질 부분만 남아있는 바가지의 모습이 되어있었다. 바가지의 얇은 겉껍질을 수저로 깨끗이 긁어내니 연한 갈색의 예쁜 바가지의 자태가 드러났다. 바람이 잘 통하는 그늘에 바가지를 말리는 동안 바가지에서는 담백하고 구수한 차의 냄새가 나는 듯했다. 플라스틱 재질의 바가지가 아닌 이 천연 바가지로 물을 떠서 마시면 바가지에 담긴 물이 약수가 되어 갈증이 사라짐은 물론 생기가 더욱 살아날 듯

도 했다. 바람이 잘 통하는 그늘에서 바가지를 여러 날 말렸다. 드디어 바가지가 탄탄하게 잘 말랐다. 나는 도공의 가마에서 잘 구워진 도자기라도 꺼낸 양, 탄탄하게 건조된 바가지를 들고 손가락으로 튕겨도 보고 이리저리 살펴보았다. 그리고 우물가에서 물을 청하던 나그네에게 바가지에 버들잎을 띄워 물을 건넸던 어느 규수의 옛 설화를 떠올리며 버들잎 대신 단풍잎을 띄워 바가지에 물을 채워 보았다. 바가지의 맑은 물에 뜬 선홍빛 단풍잎을 바라보니 물을 마시지 않아도 갈증이 사라지는 듯 청량한 기분이 든다.

박을 가꾸고 수확하여 탔다는 이야기를 이웃들에게 하며 씨앗을 드리겠다고 하니 흥부네 박처럼 박속에서 금은보화라도 나왔느냐고들 한다.

"네? 금은보화요? 음, 저는 박을 타며 깨끗하게 비어 맑아진 마음을 선물 받았어요. 박을 타기 전 박속이 담긴 박은 만삭의 임부처럼 무거웠는데요, 그 무거운 박을 타고 박속을 긁어내고 씨앗을 분리하고 열탕에 삶아 마침내 단단한 목질만 남은 바가

지는 청빈한 수행자로 거듭난 경지를 보여 주었어요. 텅 비어 있기에 가득 채워지는 것도 보았고요. 버들잎처럼 사랑과 배려의 엽신(葉信) 띄워진 맑은 샘물로요, 이 바가지에 찰랑거리는 시원한 샘물 한 모금 드셔 보세요. 가슴속까지 정말 시원해지실 거예요.

원로 선배님이 주신 박 씨를 기르며 박꽃 필 무렵에는 유자가교의 가르침을 받았고, 박을 타고 바가지를 만들면서 깨끗하게 비어 맑아진 경지를 보았으니 마음을 풍요롭게 하는 금은보화가 가득 채워진 느낌이에요."

세밑에 지인들에게 선물하기 위해 화구(畵具)를 챙겨 바가지에 채색하고 그림을 그렸다. 새해 대박(大舶)을 기원하며 커다란 박에 대박이라고 글씨도 써넣었다.

대박(大舶)! 억대 복권 당첨의 행운이나 물질적 풍요만의 기원이 아니고 삶의 파고(波高)를 헤치고 대양(大洋)을 무사히 항해해 나갈 커다란 선박이라는 의미의 대박이라고 모놀로그를 해본다.

"대박, 대박(大舶)을 드립니다!"

뿌리 깊은 맛

텃밭에서 달래와 냉이를 캤다. 뿌리가 깊어 조심스럽게 호미질을 해서 캐내었다. 뿌리에 붙은 흙을 털어내고 물에 담가 두었다가 맑은 물이 날 때까지 여러 번 헹구어 바구니에 담았다. 이파리보다 더욱 긴 뿌리를 보며 상념에 잠겨본다.

봄의 전령으로
피어나기 위하여
엄동설한에도
따뜻한 기운 잃지 않고
뿌리에 영양을 저장하여
땅속 깊이 뻗어 나갔겠지.

튼실하고 긴

두레박줄이 되어

깊은 땅속의 봄소식을 길어 올렸겠지.

냉이의 튼실하고 긴 뿌리를 보면서 뿌리 깊은 삶의 유전, 삶의 뿌리의 깊이와 대비(對比)하고 싶은 생각이 들었다. 서가에 꽂힌 족보를 꺼내어 펼쳤다. 나의 뿌리의 깊이를 가늠하기 시작했다. 아버지는 조부와 조모의 장자였다. 조모는 동래 정씨의 부와 진주 강씨의 모의 뿌리에서 태어나셨다. 어머니는 여산 송씨의 부와 경주 최씨의 모에 뿌리를 두고 있었다. 그렇다면 나의 뿌리는 진주에 본을 두지만, 최소한 동래 정씨, 진주 강씨, 여산 송씨, 경주 최씨까지 뻗어 있다. 고고성을 울린 곳은 익산의 평야 지역인데 저 멀리 부산 동래포구, 진주 남강, 경주 토함산, 가까이는 여산의 봉우리의 정기가 서린 뿌리이다.

더 윗대로 올라가 추적하면 너, 나 할 것 없이 우리는 모두 한반도 방방곡곡의 정기가 서리고 얽힌 뿌리일 것이다. 나아가 인류의 시조가 태생하던 지구촌의 어느 산맥 아래에서 발아된 종자의 뿌리이겠지.

들녘에서 눈과 비바람을 맞으며 자란 냉이도 단순한 뿌리가 아닐 것이다. 시베리아 기단이 만든 눈이 대지에 내려 녹은 물을 머금었을 것이며 북태평양 기단이 몰고 와서 만든 빗물도 머금고 뿌리를 길러 나갔을 것이다. 지구와 우주의 정기가 씨앗을 발아시키고 뿌리를 키우고 새싹을 돋게 했을 것이다.

멸치국물을 우리고 깨끗하게 씻은 냉이와 김장김치를 잘게 다져 넣고 된장을 한 숟갈 풀어 냉잇국을 끓였다. 국자로 국물을 떠서 후후 불어가며 냉잇국의 간을 본다. 감칠맛이 돈다. 냉이 뿌리도 건져내어 깨물어 본다. 뿌리에서 단맛이 스며 나온다. 한방에서는 뿌리가 달린 이 냉이의 전초(全草)를 제채(薺菜)라 하여 비(脾)를 조화시키고 소변을 잘 나오게 하며 지혈(止血)하고 시력을 좋게 하는 효능이 있는 약재로 사용한다.

국물에는 땅 위에 오체투지(五體投地)로 납작 엎드린 냉이의 보랏빛 겨울 이파리 위로 포근하게 눈이 내리던 밤하늘의 달빛과 별빛이 녹아있다. 겨울을 나던 냉이 뿌리에서 녹은 치열한 맛이 폐부로 스며들며, 이파리에 별빛과 달빛이 서린 꿈도 미뢰(味蕾)에 녹아든다. 한 모금 더 간을 보니 겨울을 나기 전 냉이 꽃잎 위에 내렸던, 여름과 가을비의 구름의 여행기도 감칠맛으로 온몸에 퍼진다.

깊고, 넓고, 머나먼
바다의 섬들을 휘돌아 온
구름의 여정의 쉼터는
야생의 꽃잎이었을 거야.

시원한 빗방울이 되어

카타르시스의 눈물처럼

꽃잎 위에 흘러내렸겠지.

국그릇에 떠놓은 냉잇국이 마시기에 적당히 식었다. 국물을 훌훌 마신다. 온몸의 혈맥에 흡수되면서 폭우와 태풍을 이겨냈던 삶의 노래가 들려온다. 온상에서 고이 자란 채소의 소곤소곤 들려오는 실내악이 아니고 모진 풍상을 견뎌낸 튼실한 뿌리의 깊은 울림이 있는 교향악이 들려온다. 장려한 봄의 교향악을 들으며, 겨울잠을 자고 있었던 온몸의 세포들이 기지개를 켜고 일어난다.

커튼을 활짝 열고 봄 햇살을 받아들인다. 봄 햇살이 방안으로 흘러든다. 서재의 책장도 햇살을 받아 해바라기를 한다. 눈부신 듯 봄 햇살을 난반사하는 책장의 유리창을 열어 가족의 뿌리가 기록된 족보를 다시금 눈여겨보면서 그곳에 노거수(老巨樹)의 뿌리로 계시는 분들에게 후손의 예를 올린다.

세모시의 고운 올처럼

아침 산책길에 마치 세모시의 날실처럼 고운 형상의 꽃이 눈길을 사로잡는다. 꽃잎이 한 올 한 올 고운 실처럼 생긴 자귀나무 꽃이다. 자귀나무의 영명이 실크 트리(silk tree)라 하여 비단을 일컫고 있지만 얇고 고운 올로 섬세하게 직조된 세모시가 연상되었다.

세모시라, 장롱 속에 있는 모시옷을 꺼내서 손질해야겠다는 생각이 문득 든다. 여름옷 중에 20여 년 가까이 입고 있는 옷 한 벌이 있다. 결혼할 때 시댁에서 준비해 혼수함에 넣어준 세모시로 만든 블라우스와 치마이다.

시댁은 충남 서천 기산, 세모시로 유명한 한산 인근이다. 결혼 당시, 1990년도 그 무렵만 해도 시댁이 있는 서천에 가면 집

집이 모시를 짜는 베틀을 구경할 수 있었다. 그러나 지금은 이웃 나라의 값싼 수입제품에 밀려 경제성이 떨어지고 또한 수요가 줄어 이제는 가내 수공업으로 모시를 짜지 않는다고 한다. 다행히 한산 모시관이 건립되어 그곳에 가면 베를 짜는 광경이나 물레, 베틀 등을 볼 수가 있다.

모시 한 필을 얻으려면 재배와 수확에서부터 시작하여 태 모시 만들기, 모시 째기, 모시 삼기, 모시 굿 만들기, 모시 날기, 모시 매기, 모시 짜기, 모시 표백 순으로 아홉 단계를 거쳐야 했다.

재배하여 수확한 모시풀을 훑고 겉껍질을 벗겨 태모시를 만든다. 그 태모시를 하루 정도 물에 담가 말린 후, 다시 물에 적셔 실의 올을 하나하나 쪼갠다. 이것을 모시 째기라고 한다.

쪼갠 모시 올을 이어 실을 만드는데, 이 과정을 모시 삼기라 한다. 이 모시 삼기의 과정은 실의 균일도가 가름되는 과정으로 한산의 모시 삼기 기술은 우수하여 균일도가 일정하다. 한 올 한 올 실을 뽑아 침을 바르고 무릎에 대고 비벼 가면 한 가닥의 긴 모시실이 만들어진다.

모시 삼기를 하여 만들어진 실을 체에 일정한 크기로 서려 담아 노끈으로 묶어 모시 굿을 만든다.

모시 날기는 실의 굵기에 의해 한 폭에 몇 올이 들어갈지 결정하는 것이다. 모시실은 날기 과정을 거쳐 모시 한필의 길이와 넓이를 갖추게 된다.

모시 매기는 모시실에 풀을 먹이는 과정이다. 콩가루와 소금을 물에 섞어 만든 콩풀을 모시에 먹이고 열판으로 가열하면, 모시실의 이음매는 매끄러워지고 실에서 나온 잔털도 없어지게 된다.

이렇게 모시매기를 마친 매끄러운 모시실을 베틀을 이용해 모시를 짠다. 마지막으로 모시표백단계인데 직조된 모시를 물에 적셔 햇빛에 여러 번 말리면 비로소 새하얀 모시가 탄생된다.

모시는 보통 7새에서 15새(보름새)까지 있는데 10새 이상을 세모시라 하고 숫자가 높을수록 고운 최상품으로 여긴다. 1새는 30㎝ 포폭에 80올의 날실로 직조된 것이다. 모시는 습도가 모자라면 끊어지기 쉬우므로 더위에도 통풍이 안 되는 움집에서 짜야 하고, 바람이 불거나 비 오는 날에는 일을 할 수가 없다.

세모시는 그 질감이 잠자리 날개 같은 느낌을 줄 정도로 얇고 정교하게 직조되어 있다. 세모시 블라우스와 치마를 가까운 세탁소에 맡겼다. 옷을 직접 손질할 시간이 없어서 세탁소에 부탁했더니 옷감을 보면서 깜짝 놀란다. 이렇게 얇고 정교한 세모시는 근래 보질 못했다고.

결혼 후 수년간 세모시 한 필을 장롱 속에 고이 간직해 두기만 하였다. 아이를 키우는 새댁이 입기에는 적합하지 않은 질감의 옷인 것 같아서였다. 두 살 터울로 태어난 아이들을 업거나 안아주지 않아도 될 나이가 되자, 문득 장롱 서랍 속 깊이 넣어 둔 세모시가 생각났다. 옷감을 꺼내 들고 한복집으로 갔다. 나름대로 내가 생각해 둔 디자인으로 옷을 만들어 달라고 했다. 웃옷은 블라우스 형태로 마름질하여 칼라를 달고, 치마는 폭을 넓게 하여 겹을 어밈 단추로 처리해 달라고 했다.

이렇게 만들어진 세모시 블라우스와 치마를 여름이 되면 매년 즐겨 입었다. 벌써 20여 년이 되어간다. 그런데 입을 때마다 새 옷 같은 느낌이 든다. 조금 얼룩이 지거나 변색하여도 세제를 넣어 삶으면 순백색으로 표백된다. 합성섬유로 만든 옷은 옷장 속에서 시간이 지나 변색이 되면 드라이클리닝을 해도 잘 지워지지 않아서 못 입게 되는 옷도 많은 데 말이다.

모시옷은 손질이 까다롭다. 우선 천연 세제로 세탁한 후 삶아서 맑은 물에 헹군 다음 풀을 먹여야 한다. 그다음 그늘에 말리면서 약간 촉촉한 상태에서 다림질한다. 지나치게 건조되었으면 물을 뿌려가며 다림질을 해야 한다. 풀이 고르게 먹어 빳빳하게 다림질된 세모시 블라우스와 치마를 입고 외출을 하면 행동이나 마음가짐도 한 올 한 올 세모시 올처럼 조신해진다.

질박한 자연에서 얻어진 세모시의 성품을 본받아, 삶을 살아가다가 삶이 퇴색되거나 얼룩이 질 때 세탁비누를 발라서 수행의 열탕에 삶아 헹궈 내면 원래의 순백색으로 환원되는 삶이 되면 참 좋겠다는 생각을 해본다. 제아무리 고온 다습한 폭염이 기승을 부리더라도 서늘하고 보송보송한 느낌으로 바꿔주는 미덕도 함께 지니면서 말이다.

오늘은 세모시 블라우스와 치마로 성장을 하고, 바람이 시원하게 불어 드는 누각에 앉아 청아한 음성으로 시낭송을 하며 나의 고운 님에게 미소 지어 보고 싶은 날이다. 아침 산책길에서 보고 온 자귀나무 꽃의 고운 색실이 세모시의 고운 올처럼 마음속에 감싸이며 초여름 여인의 마음을 설레게 한다.

포플러 나뭇잎의 노래

아들이 대학 신입생이 되어 엊그제 기숙사로 떠났다. 아들이 떠나가고 없는 빈방을 둘러보면서 대학 수학능력시험을 약 3개월 앞둔 어느 날 아들과 함께 잠시 잠깐의 산책을 했던 날을 떠올려 보았다.

여름이 깊어가는 8월의 휴일, 이른 아침이었다. 밤늦게까지 공부하고 잠들어있는 고3 수험생 아들을 깨워 인근 수목원으로 산책을 나섰다. 하루 다섯 시간밖에 잠을 자지 못하고 학교와 독서실 책상에만 앉아 있는 아들의 머리를 잠시라도 식혀줄 마음으로 함께 나선 산책길이었다. 수목원 입구에서부터 백련과 홍련이 꽃등을 환하게 켜놓고 반겨주는 연지를 지나며 아들은 별천지라도 들어온 듯 밝은 표정을 짓는다. 숲 속의 나무들이 뿜어내는 상쾌한 공기를 들이마시며 가슴을 활짝 펴고 오솔길을 성큼성큼 걷는다.

나는 아들의 손을 잡아끌며 수목원에 서 있는 나무에 관해 설명을 해주었다. 추운 겨울을 넘기며 봄이 되면 새싹을 피워내는 인동초 이야기, 인동초는 초여름이 되면 하얀색의 꽃이 피는데, 하얗게 피었던 꽃이 노랗게 변하는 꽃이기에 금은화라고 부른다. 금은화는 사람들이 아파서 열이 날 때 열을 내려주는 약초의 역할을 한다고 일러주었다.

또한, 배롱나무 숲을 지나며 하양, 연분홍, 진홍색의 예쁜 꽃을 피우고 있는 배롱나무에 대한 설명도 잊지 않았다. 법력 높은 스님들이 여름철에 석 달 동안 수행 정진하는 하안거(夏安居)라는 수행 기간보다 열흘 이상 더 길게 꽃을 피우기에 백일홍 나무라는 별칭을 붙였다는 이야기를 들려주었다. 그래서 스님들이 법당 앞의 백일홍 꽃을 바라보며 무더위가 기승을 부리는 하안거 수행을 잘 견더낼 수 있다는 이야기도 곁들이며. 석 달 정도 남은 아들 녀석의 수능시험 일자에 은연중 비교를 해주었다. 아무렴, 백일홍 나무보다 더 고운 꽃을 피워야 하지 않겠니? 아들아!

배롱나무의 예쁜 꽃을 눈에 가득 담은 후 습지원(濕地園) 옆의 포플러 나무 숲으로 들어섰다. 포플러 나무의 이파리들이 바람결에 부르는 노래가 들려온다. 바람이 불 때마다 포플러 이파리들이 하트 형태의 작은 심벌즈처럼 서로 부딪히며 솨 아아, 솨 아아 맑고 투명한 음색으로 연주를 한다. 오늘의 포플러 나무 협주곡 주제는 고요한 아침의 서시처럼 다가왔다. 솨 아아 솨 아아 솨 아아아…… 악성 베토벤의 전원 교향곡 제1악장 알레그로 마논 트로프의 선율이 들려오는 듯 마음이 맑아지며 평화로운 기운이 감돈다.

포플러 나무 숲에 들어서자 아들은 나뭇잎들이 바람에 흔들리며 내는 소리가 참 듣기 좋다고 한다. 그래, 포플러 나뭇잎들이 어떤 소리를 내고 있길래 듣기 좋은 소리가 들려올까?

"엄마, 정말 기분 좋은 소린데요, 마치 철판 볶음 요리를 할 때 들리는 쏴 아아 치지직 하는 소리 같아요."

아들의 대답을 들으며 순간적으로 당혹스러운 표정을 지었다. 아름다운 음악을 연주하는 악기 소리, 또는 문학적이고 서정적인 표현을 기대했던 나는 아들의 말에 말문이 막혔다. 그러나 잠시 후 나는 아들에게 미소 지으며 고개를 끄덕였다. 나의 일방적인 느낌을 정석이라고 생각했던 마음을 순간적으로 접으며 아들의 마음속에 들려왔던 철판 볶음 요리의 식용유가 기분 좋게 치지직 쏴아아 하며 튀는 소리를 함께 들었다.

"그래, 아들아! 이처럼 주입식 교육이 아닌 무한한 상상력을

바탕으로 공부한다면 정말 좋을 것이야." 아들은 고교 시절에 학원이나 과외 수업 등의 사교육을 받지 않고 스스로 공부했다. 간혹 작문 숙제 등을 할 때 기상천외의 생각들을 솔직하게 원고

지에 적어놓아 당황했던 적이 있기도 했다. 아들은 자신이 느낀 솔직한 감정이나 생각을 글로 표현하곤 했는데 나는 교과서적인 매끄러운 문체로 첨삭을 해주려고 하는 억지를 부리곤 했다. 그때마다 아들은 정색하며 나의 첨삭을 싫어하고 다시 자신만의 문체를 고집했다.

그러한 주관으로 공부를 하며 비록 손꼽히는 명문대는 아니지만, 남편과 내가 원했던 국립대학교에 합격하여 장학금이 적혀있는 등록금 고지서를 받아드니 대견한 생각이 들었다.

'그래, 아들아! 너의 독특하고 창의적인 학업의 자세로 이제 상아탑의 학문을 멋지게 연구해 나가렴. 엄마는 아들이 들었던 포플러 나뭇잎의 노래, 철판볶음 요리의 노래를 다시금 들으며 아들이 기숙사에서 집에 돌아오는 날 함께 먹을 간식 준비를 해야겠다고 생각한단다.'

치지직, 쏴아아,

'식용유가 프라이팬에서 노래를 부르고 있네. 아들아!'

탱자나무 울타리를 지나며

수목원 산책길에서 탱자나무 울타리를 발견했다. 요즈음엔 벽돌을 쌓은 담장이나 예쁜 철책이 건물을 둘러싸고 있지만, 나의 유년 시절 시골에서는 탱자나무가 울타리 역할을 많이 했다.

수목원의 탱자나무는 복숭아 과수원을 보호하는 울타리 역할을 하고 있었다. 오뉴월의 햇살을 받은 탱사나무에는 새순이 돋아나 초록색의 부드러운 가시가 돋아나 있고 가시 줄기 사이로 탱자 열매가 동그랗게 맺혀 커가고 있었다.

'탱자나무는 운향과의 식물로서 감귤류의 하나로 알려져 있다. 영문지 귤생회남즉위귤 생우회북위지(嬰聞之 橘生淮南則爲橘生于淮北爲枳)라 하여 강남의 귤이 회수를 넘으면 탱자가 된다는 말이 있어, 새콤달콤한 감미로 주목을 받는 과일인 귤에 비해 품

격이 격하된 느낌을 받지만, 탱자는 생약제로 귀중한 역할을 하는 열매이다.'

인용한 귤화위지(橘化爲枳) 이야기는 강남에 심은 귤을 강북에 옮겨 심으면 토질과 환경요인으로 인해 탱자로 변화되어 사람도 주위 환경에 따라 달라진다는 것이다. 선량했던 제나라 사람이 초나라에 와서 살게 되면 풍토의 영향을 받아 도둑질을 배워 도둑이 되었다는 이야기로 빗대어 안영에게 억지를 부리는 초나라 왕을 굴복시킨 고사이다.

안영의 고사에서는 이처럼 귤이 탱자로 변하는 과정에서 탱자를 격하시켜 도둑과 동일시 여겼지만, 사실은 이 탱자나무가 과수원의 도둑을 지켜주는 울타리의 역할을 하고 있으니 탱자나무 울타리와 귤화위지 고사는 극과 극의 이야기다.

탱자의 덜 익은 열매를 따서 말린 것은 생약제로 사용한다. 미성숙한 작은 열매를 지실(枳實)이라 부르고 비교적 큰 열매를 지각(枳殼)이라 부른다. 지실(枳實)은 소화불량, 복통 등에 기(氣) 순환을 시켜주어 소화 장애가 있을 때 사용하는 생약제이고 지각(枳殼)은 지실보다 작용이 완만하여 위염으로 소화가 안되어 통증이 있을 때 사용하는 생약제이다.

탱자나무 울타리 아래에는 작년에 자랐던 가시 줄기가 꺾여 낙엽 위에 떨어져 있었다. 갈색으로 마른 탱자 가시 줄기가 마치 사슴뿔을 잘라놓은 것처럼 보인다. 사슴뿔은 녹용이라 하여 최고의 자양강장제로 사용하는 생약제로 널리 알려져 있다.

넓은 초원에서 수많은 사슴을 방목하는 뉴질랜드 같은 나라에서는 우리나라나 일본 사람을 대상으로 이 사슴뿔을 고가로 판매하고 있다. 그런데 뉴질랜드인들은 사슴뿔을 약제로 사용하지 않는다. 우리나라 관광객에게는 만병통치약으로 판매하고 있다. 녹용의 주성분은 칼슘으로 알려져 있다. 특히 새로 자라나는 어린 뿔은 흡수되기 쉬운 칼슘 성분이어서 성장기 어린이의 성장에 도움이 되는 생약이다. 또한, 칼슘이 부족한 성인에게도 근골을 강화해 주기도 한다. 우유나 유제품 등 칼슘이 풍부한 식이를 주로 하는 서양인들은 어쩌면 특별히 칼슘이 필요하지 않아서 사슴뿔까지 달여 먹을 필요가 없을지도 모른다. 그러한 서양인들, 특히 뉴질랜드 사람들은 우리나라 관광객에게 접근하여 고가로 판매하고 있으니 아이러니한 생각이 든다.

문득 사슴뿔처럼 보이는 탱자나무 가시 줄기를 바라보면서 녹용처럼 달여 먹으면 어떨까 하고 생각해보았다. 극과 극은 통하니 이 탱자나무 가시 탕이 체내에 흡수되면 혹시 마음속에 자라나는 원망과 증오 등의 불필요한 가시 같은 것을 녹여주지 않을까 하고, 또한 탱자나무 가시 울타리처럼 낭만적인 울타리가 마음속에 생겨서 불필요한 감정들이 침입하는 것을 막아주지 않을까 하고 생각해본다.

오동나무 그늘 아래

산책길의 오솔길에 오동나무 꽃송이들이 떨어져 있었다. 보랏빛 꽃송이를 주워 들고 향기를 맡아보았다. 강렬한 꽃향기가 코를 찌른다. 주변을 살펴보았다. 오동나무가 보이지 않는데 어디에서 꽃이 떨어졌을까? 이리저리 살펴보니 시야에서 몇 미터 정도 떨어진 곳에 보이는 그리스 신전의 거대한 기둥 같은 아름드리 오동나무가 서너 그루 보였다. 수령이 몇십 년이나 되었을까? 오동나무는 아득히 올려다본 하늘 아래 우듬지에 보랏빛 꽃송이들을 헤아릴 수 없이 달고 있었다. 그러고 보니 이른 봄에 보았던 나무, 오래된 수령으로 인하여 고사하여 가는 나뭇가지에 영양수액이 달려있었던 나무였다. 그 영양수액이 달린 나무를 보며 생명에 대한 무한한 경외감을 느끼며 '나의 생명이 다할 때까지 초록 잎의 노래는 끊임없어라' 하고 노래했던 기억이 떠

올랐다.

나무 밑에 떨어진 꽃송이, 예쁜 조각품 같은 연보랏빛 꽃송이들을 주워서 오동나무 아래 모아놓고 꽃탑을 쌓아보았다. 꽃탑 위로 보이는 오동나무 높은 가지에서 불현듯 충무공 이순신 장군의 음성이 들려왔다. 오동나무 가지에서 어이하여 충무공의 음성이 들려왔을까?

"안 된다. 절대로 안 된다. 아무리 좌수사의 명령이라 하더라도 나라의 물건을 마음대로 자를 수는 없다."

충무공 이순신이 고흥 지방의 만호로 부임했을 당시 상관인 전라 좌수사가 거문고를 만들 오동나무를 베어오라고 명하자

만호 이순신은 좌수사에게 항명하며 단호히 거절의 변을 말하였다.

아, 그 말씀이시구나, 나는 충무공의 음성에 답하였다.

"정녕 옳은 판단이십니다. 아무리 상관의 명이지만, 한 사람의 위락을 위한 거문고를 만들기 위해 이 오동나무를 자를 수 없었지요. 비록 한 그루의 나무에 지나지 않을지라도 나라의 물건이니 사사로이 베어 사용해서도 안 되고, 이 고을 어귀에 서서 그늘이 되어주는 아름드리 오동나무를 살생한다는 것은 있을 수 없는 일이었지요. 봄이면 오동 꽃향기가 어머니를 그리는 이에게 어미의 분 향기 섞인 살내음을 전하고 여름이면 넓은 잎을 피워 올려 푸른 녹음과 시원한 그늘을 만들어 더위를 피해 주며 저 높은 가지에는 새들이 깃들 집터를 마련해 주는 공덕이 으뜸인 나무입니다. 오동나무 높은 가지에서 꽃들이 낙화할 때, 그 푸른 하늘의 소식을 담아 함께 전해주며 떨어지지요. 또한, 수령이 다 하였을 때 가난하지만 고운 처자의 장롱이 되어줄 나무입니다.

좌수사께서 듣고 싶은 거문고 소리는 이 살아있는 오동나무 그늘에 서서 계시면 아름다운 음률로 들으실 수 있답니다. 산들바람에 흔들리는 오동잎의 소리, 빗방울이 오동잎에 떨어지는 소리가 거문고 현의 선율로 들리실 것입니다. 또한, 이 오동나무 가지에 깃든 새들의 노래는 하늘 가까이에서 들리는 천상의 울림이 아니겠습니까?

충무공이시여! 당신의 단호한 결단에 삼가 경의를 표합니다."

충무공의 단호하고 우렁찬 음성은 아름드리 오동나무 뒤로 사라져 갔고, 바람결에 오동잎이 사뿐사뿐 춤추며 동탁 조지훈 님의 시, 승무(僧舞)가 들려왔다.

얇은 사(紗) 하이얀 고깔은 고이 접어서 나빌레라.
파르라니 깎은 머리 박사(薄紗) 고깔에 감추오고,
두 볼에 흐르는 빛이 정작으로 고와서 서러워라.
중략~
빈 대(臺)에 황촉(黃燭) 불이 말없이 녹는 밤에
오동잎 잎새마다 달이 지는데,

오동잎 잎새마다 달이 지고 세사에 시달려도 번뇌는 별빛이 되어 빛났다. 오동나무 그늘에 떨어진 오동꽃 향기는 충무공의 단호한 음성도 들려주었고 동탁 조지훈 님의 별빛 같은 서정도 오동잎 잎새 사이로 보여 주었다.

바람결에 오동 꽃이 또 떨어지고 나는 꽃을 주워 꽃 탑을 하나 더 쌓아놓고 산책길을 내려왔다. 오동나무 높은 가지 끝에서는 까치 한 마리가 깍깍 드높은 톤으로 한 소절 봄노래를 부르다가 나래를 펼쳐 푸른 하늘을 향하여 날아가고 있었다.

내 곁에 날아든 철새

가을걷이가 끝난 들판에 날아온 철새처럼 새들이 무리 지어, 내 곁에 찾아들었다. 이들은 어디에서 날아들었을까? 다뉴브강처럼 푸른 물결 일렁이는 시베리아 바이칼 호수에서 봄, 여름, 가을을 보내고 추운 겨울을 나기 위하여 난류 흐르는 남쪽 나라로 내려오다가 고르지 못한 기상으로 잠시 쉬어가려고 남녘 땅 초입에 있는 나의 빈 새장 속에 불시착하지 않았을까? 그렇다면 나의 새장을 열린 새장으로 개방하여 그들을 맞이하여 향기로운 화목(火木)으로 난로에 불도 지피고 주전자에 계피와 생강을 넣고 차를 끓여서 난류가 흐르는 강으로 꾸며주어야 할 텐데…… 새들이 깃들인 새장 곁에 자주 다가가 따뜻한 숨결과 다정한 손길로 난기류를 만들면 생기를 되찾아 아름다운 음률의 노래를 들려주지 않을까? 나는 노심초사 한겨울의 상서로운 손

님맞이에 분주했다.

새들은 하나둘씩 홰에 올라 자리를 잡고 나의 애조가 되어주었다. 나래를 활짝 펼치고 날아든 새의 모습을 바라보니 비단결처럼 윤기가 흐르는 붉은 깃털이 아름다웠다. 목덜미에는 윤기 흐르는 하얀 깃털이 둘러싸여 있어서 고귀한 품종의 새처럼 보였다.

나의 애조들은 아침 이슬처럼 맑은 물을 조금씩 머금고 맑은 햇빛에 잠깐 해바라기 할 뿐 다른 먹이는 먹지 않았다. 이윽고 생기를 되찾은 새들은 붉은 입술을 열어 나에게 노래를 들려주었다. 들려주는 노래는 멘델스존의 무언가(無言歌)라 할까? 가사가 없는 가곡을 날갯짓만으로 무언의 음률을 만들어 정중동(靜中動)의 노래를 들려주었다. 가만 듣다 보니 목계(木鷄)의 노래인 듯도 싶었다. 목계! 나의 새는 목계가 되어 말 없는 위엄을 보였다.

기원전 8세기 중국 주나라의 선왕(宣王)을 위하여 투계 조련사인 '기성자'라는 사람이 훈련하여 만든 최고의 투계인 목계! "처음에는 그 닭이 교만하여 자신이 최고인 줄 알고 상대방의 소리와 행동에 너무 쉽게 반응했었다. 그 눈초리가 너무 공격적이어서 감정 상태가 다 보였는데, 마지막 조련 결과, 상대방이 아무리 소리를 지르고 위협해도 반응하지 않고. 완전히 편안함과 평정심을 찾았다"라고 왕에게 보고했다. 더불어 "다른 닭이 아무리 도전해도 의연하다. 마치 나무로 만든 닭같이 목계(木鷄)가 됐다. 이젠 어떤 닭이라도 그를 바라보기만 해도 도망칠 것이다"라고 말했다. 장자의 달생편(達生篇)에 나오는 목계 이야기다.

장자는 이 고사에서 덕을 갖춘 인격자가 되려면 세 가지 조건이 있는데, 첫째는 자신이 제일이라는 교만함을 버려야 한다, 둘째는 남의 소리와 위협에 민감하게 반응해선 안 된다, 셋째는 상대방에 대한 공격적인 눈초리를 버려야 한다고 말한다. 즉 교만과 조급, 그리고 성냄의 눈빛을 완전히 극복한 사람의 모습이 목계(木鷄)의 덕을 가진 인격자라는 것이다.

목계의 노래를 들려주는 새들과 수시로 눈을 맞추며 시나브로 그 목계의 음률에 익숙해졌다. 그런데 이 새들이 정말 어디에서 날아왔을까? 곰곰이 생각해보니 어쩌면 처음부터 나의 새장 속에서 부화하여 가까이 늘 나와 함께 있었는지도 모를 일이라는 느낌이 들었다. 왜냐하면, 며칠 전에 나의 게발선인장 화분에서 아름다운 새의 형상을 띈 꽃들이 피어났기 때문이었다. 게발선인장은 봄부터 가을까지 한 마디 한 마디 손가락 마디처럼 푸른 꿈을 마디게 키웠다. 무서리가 내린 초겨울 아침, 단단한 손톱 같은 끝마디를 뚫고 맺힌 아주 작은 화뢰(花蕾)를 발견하고 나는 머잖아 있을 미조의 탄생을 예견하며 기꺼운 미소를 지었다.

드디어 한겨울 동짓날 즈음에 붉은 나래를 활짝 펴고 미조가 탄생하였다. 성탄절에 이 땅에 오신 분께서 흘리고 가신 보혈(寶血)의 색조와도 꼭 닮은 선홍빛이었다. 이 붉은 미조의 탄생은 동짓날 끓이는 팥죽의 붉은색처럼 뜨겁고 훈훈한 사랑으로 스며들고, 대속(代贖)의 보혈처럼 마음을 정결하게 씻어줄 사랑의 빛으로 마음속에 화인(花印)을 찍어주는 듯했다.

동지를 기점으로 낮의 길이가 점점 길어지니 동지 즈음에 태어난 나의 붉은 미조는 봄을 움트게 하는 희망 조이고, 붉은색의 힘찬 날개로 액운을 물리치는 길조임이 틀림없다고 여기며 붉은 우편(羽片)에 사랑의 메모를 남겨 다리에 묶어 이웃에게 전서구(傳書鳩)로 날리고 싶은 상상을 해본다.

내 곁에 날아온 철새는 저 머나먼 이국의 바이칼 호수에서 날아온 것이 아니고 내 곁에서 봄부터 가을까지 함께 보내며 목계의 덕을 묵묵히 가르쳐 준 화계(花鷄)였으며, 한겨울에 피어난 따뜻한 사랑의 붉은 미조였다.

Ⅷ

양처럼 어진 인형

양(羊)처럼 어진 인형(仁兄)

지난 세밑에 문우 몇 분에게 감사의 마음을 담아 연하장을 보내드렸다. 컴퓨터 자판에 타이핑하고 스마트 폰을 터치하는 것에 익숙해진 요즈음, 펜으로 글자 한자, 한 자를 정자(正字)로 써서 연하장을 작성하는 것은 예상외로 힘이 들었다. 책상에 정좌를 하고 앉아서 봉투에 주소와 성명을 또박또박 쓰고 카드에 인사말을 쓰는 과정은 연하장을 받는 한 분 한 분에게 정성스러운 예를 갖추는 느낌이 들었다.

그동안 문우들에게서 많은 책을 선물 받았다. 문우들은 책을 발간하는 것만으로도 산고(産苦)가 매우 클 터인데, 그 책에 일일이 서명하고 봉투를 쓰고 우송해 주었다. 작가가 본인의 저서를 타인에게 선물한다는 것은 자신의 피와 살을 나눠주는 문학인의 성찬의식과 같다는 생각이 든다. 나는 작가의 책을 증정 받을 때마다 깊고 넓은 문향(文香)의 바다에 빠졌다가 참된 문우로써 거듭나는 세례의식을 치른 후, 작가가 독자에게 나누어 주는 피와 살의 성찬의식에 참례함을 실감하곤 한다.

문우들은 어진 인형(仁兄)들이었다. 인형(仁兄)은 편지글에서 친구사이를 높여 부르는 이인칭 대명사이다. 나는 편지글에서 인형이라는 단어를 직접 사용해 본 적은 없었던 듯싶다. 문우(文友)들과 연배가 다르고 형(兄)이 남성 명사이어서 그랬을까….

며칠 전 서재를 정리하다가 책과 책 사이에 끼워져 있는 봉투 하나를 발견했다. 그것은 친정아버지가 친구 분에게 받은 작품집이 담긴 우편물의 겉봉이었다. 봉투에는 아버지의 함자와 인형이라는 호칭이 쓰여 있었다. 5년 전 돌아가신 아버지의 유품을 정리하다가 인형이라는 아름다운 호칭에 감동되어 내 서재에 보관했던 것이 생각났다. 붓펜을 사용하여 달필(達筆)로 쓴 인형이라는 어휘에는 벗을 존중하는 마음이 고스란히 담겨있는 듯했다.

을미(乙未)년 새해, 서설이 내린 다음 날 수목원 산책길의 관목 숲에서 양의 형상을 발견했다. 풍년화(豐年花) 나뭇가지에 눈이 쌓였다가 녹는 과정에서 눈으로 만든 어린양 한 마리가 우연하게 만들어진 것이었다. 올해가 양의 해라서 그런지 양의 이미지가 마음속에 각별하게 다가왔다. 착할 선(善) 자의 부수(部首)에 양머리가 들어있을 정도로 양은 온순하고 어진 동물의 상징이다.

나는 눈으로 만들어진 양의 형상을 보면서 올해, 청양(青羊)의 해가 시작되었으니 양의 온순하고 원만한 이미지에 청(青)의 푸른색을 더하여 진취적이고 적극적이고 긍정적인 기운이 모두에게 전해졌으면 좋겠다는 생각을 해보았다. 그리고 마음속에 떠오르는 양처럼 어진 인형(仁兄)이라는 호칭을 불러 보았다.

인형(仁兄)! 을미년 새해가 시작되었습니다. 저는 참 어지신 인형을 생각하면서 성현들이 말씀하신 인(仁)에 대하여 묵상해 보았어요. 한 가정이 인(仁)하면 나라가 흥인(興仁)하고, 위에 있는 자가 인을 좋아하는데 아래에 있는 자가 의(義)를 좋아하지 않는 일이 없으며(大學), 인하면서 부모를 버리는 일은 없고 의하면서 나라를 버리는 일은 없다(孟子), 인은 마음의 덕이요, 가정의 보배요, 위정의 근본이요, 만물과 일체이다.

부언(附言)하면 인을 구성하는 여러 덕목 중에서 핵심은 사랑이다. 이 사랑이 부모에게 이르면 효(孝)가 되고, 형제에게 이르면 우(友)가 되며, 국가에는 충(忠)이 된다. 그러므로 배우는 이는 먼저 인을 알아야 한다는 말씀을 상기해보았어요.

제 곁에 이러한 인(仁)을 일깨워 주시는 인형이 계셔서 참 좋았습니다.

인은 '인(人)'과 '이(二)'의 두 글자가 합해서 된 것이며, '친(親)하다'는 뜻이라고 하니 새해는 인형과 더욱 친해져서 그 어짊을 본받고 싶습니다.

인형(仁兄)!

새해 더욱 건강하시고 더욱 보람되시기를 기원합니다. 새해 복 많이 받으십시오!

〈2015년 乙未年 새해에〉

북극성과 남십자성이 빛나던 밤하늘

“너의 보랏빛 꿈은 분홍빛으로 승화되어 한없이 빛날 거야!” 여고 시절, 학교 친구가 보내준 편지의 한 구절이다. 나의 소녀 시절은 방사능 원소인 라듐을 발견하여 노벨상을 받은 폴란드 출신의 과학자 퀴리 부인의 깊고 푸른 눈매에 빠져있던 시절이었다. 15살의 나는 퀴리부인의 본명인 마리아 스콜로도프스카(maria sklodoska)라는 소녀와 함께 꿈을 꾸며 그녀의 애국심과 향학열을 본받고 싶어 했다. 마리아는 프랑스로 유학하여 소르본느대학에 입학하여 공부하지만, 그녀의 생활은 정말 어려웠다. 추운 겨울, 가난한 유학생인 그녀는 컵 속에 담긴 물이 얼어버리는 방에서 외투를 둘러쓰고 공부를 했다. 나도 추운 겨울밤에 숙제하고 복습과 예습까지 마치고 아랫목에 있는 이불속에 들어가 잠들었다가 아침에 일어나 보니 방 윗목에 놓인 책상의 물 대접의 물이 얼어있는 것을 보았다. 나는 추위도 잊은 채 마리아의 하숙방처럼 물이 어는 방에서 공부했다는 사실이 즐거웠다.

방문에 문풍지를 바르고 커튼을 두른 방이었지만, 낡은 한옥인 1970년대 우리 집의 겨울이 그렇게 추웠나 보다. 연탄불 아궁이 위에 놓인 커다란 물 솥에서 밤새 데워진 따뜻한 물 한 바가지를 떠서 세수한 후 어머니가 준비해 주신 도시락을 챙겨 학교에 갔다. 아직 해가 떠오르지 않은 새벽 등굣길이었다. 등굣길에 친구네 집 앞을 지나며 친구를 불러 함께 학교에 갔다. 동행한 친구는 이웃 반이었다. 아직 교실 문이 열리지 않은 이른 시각인 지라 교무실에 들러 교실 열쇠를 챙겨 각자 교실 문을 열었다. 그리고 교실에 들어가 유리 창문을 활짝 열어 신선한 공기로 환기 후, 첫 교시 수업이 시작될 때까지 자율학습에 몰두했다.

그렇게 한 해가 지나갔고 친구는 이웃 도시인 J시의 여고로 진학을 했다. 나는 건강을 염려하는 부모님의 말씀을 따라 J시의 여고에 진학하지 않고 집에서 다닐 수 있는 여고로 진학을 했다. J여고에 입학한 친구와 편지를 자주 주고받았다. 친구는 내게 보랏빛 새벽 여명을 밟으며 공부한 열정이 더욱 밝은 분홍빛으로 빛나리라는 격려의 편지를 화선지에 붓글씨로 곱게 써서 편지를 보내주었다. 세월이 흐르면서 누렇게 바래진 그 편지는 지금도 내 앨범 속에 고서화처럼 고이 보관되어있다. 그 후 친구와 나는 약학대학에 입학하여 약학이라는 생명과학을 공부하였다.

비록 퀴리 부인처럼 훌륭한 과학자는 되지 못했지만, 나는 소녀 시절에 가졌던 보랏빛 꿈의 원동력이 이웃의 건강을 상담하고 조언할 수 있는 생명과학을 공부할 수 있게 해 주었다고 생각한다. 퀴리부인이 발견한 방사성 동위원소인 폴로늄의 은빛과 라듐의 파란빛이 어린 소녀를 인도하는 등불이 되어 소녀 시절의 꿈나라를 활짝 열어주었다고 믿고 있다.

보랏빛 꿈나라에서 분홍빛의 나라를 꿈꾸었던 소녀는 성장하여 생명과학을 공부하는 캠퍼스의 새내기가 되었다. 봄날의 교정에서 학우들과 문학을 논하고 철학을 논하는 꿈을 꾸었다. 그러나 캠퍼스의 80학번 새내기는 5·18 사태를 맞아 대학이 휴교하여 다음 학기가 되어서야 교정에 발을 디딜 수 있었다. 2학기에 개강이 되었지만, 화염병이 수시로 터지는 캠퍼스에서 몸과 마음을 다잡지 못하고 시름시름 야위어갔다. 허약해진 몸은 폐결핵과 늑막염이라는 병에 잡혀있었다. 동아리 활동을 하면서 교내 대학 방송 아나운서가 되고 싶은 꿈을 가지고 있었지만, 그것도 그만두고 마침내는 휴학계를 냈다.

투병기의 휴학 기간, 마음의 자유를 얻은 20대의 청춘은 종교와 철학의 명상, 그리고 음악의 세계를 넘나들며 무채색 꿈나라에서 머물렀다. 애지인(愛知人)을 연모하며 플라톤, 소크라테스, 칸트, 칼 융, 베토벤, 슈베르트 등과 조우하고 마음의 중심에 창조주를 영접했다. 인생의 푸른 봄, 청춘이라 일컫는 20대의 꿈은 초록빛 싱그러움도 아니었고 분홍빛 설렘도 아니었고 무채색 꿈의 시절이었다.

1년여의 투병 생활 후 건강을 회복하고 복학을 했다. 약제학 교수님의 강의를 수강하면서 나는 다시 꿈을 꾸었다. 생명과학이 중심이 되는 약학에 철학과 인생 그리고 한 편의 시까지 접목하여 강의를 해주신 교수님은 봄날의 캠퍼스를 기대했다가 꿈을 져버렸던 학생에게 꿈의 장막을 다시금 활짝 열어 펼쳐주었다. 꿈의 장막 너머에는 코호, 왁스만, 플레밍, 루이 파스퇴르, 그리고 지석영이 손짓하여 생명과학의 세계로 유인하면서 신비의 의약품 코드를 읽어주었다. 그 신비의 코드를 풀이하면서 독해하는 과정은 이웃들의 건강지킴이의 자격을 부여하는 학문의 한 발자국 한 발자국 징검다리를 주의 깊게 건너는 과정이었다.

30대로 접어들던 해 결혼을 하고 아이들이 태어났다. 자라는 아이들에게 꿈을 유전시켜 주고 싶어서 아이들의 눈높이로 대화하고 아이들의 개성을 존중해주었다. 이제 아이들은 대학생이 되었다. 아들은 약학을 공부하고 딸은 한국의 전통문화를 공부하고 있다. 아이들에게 나의 꿈이 유전된 듯하여 기꺼운 마음이 든다. 아들과는 동학문의 즐거움으로, 딸과는 우리의 문화와 역사에 대하여 함께 대화하고 탐구하는 꿈을 꾼다. 결혼을 앞둔 처녀 시절 북극성과 남십자성이 같은 하늘에서 빛나고 있는 꿈을 꾼 적이 있다. 나는 개성이 다른 두 아이가 태어나 자라는 것을 보면서 그 꿈이 생각났다. 극과 극의 별을 한 품에 안은 느낌이 들었는데……

옛날에 어머니가 철학관에 가서 나의 사주팔자를 보고 와서 전해주신 말이 생각난다. 중(僧)이 될 팔자라고…… 14살의 어린 나이에 그 말을 들었을 때 나는 소스라치게 놀라며 몸서리를 쳤다. 불자(佛子)의 수행(修行)이라는 것에 대하여 아는 바가 전혀 없었고 불교는 불상을 숭배하는 미신이라고 생각했기 때문이었다. 나는 현재 그리스도의 가르침을 믿고 있으며 신의 은총으로 영혼이 거듭나고 신앙 안에서 하루하루 삶의 비밀을 깨달아가고 있다고 믿는다. 삶의 비밀, 즉 생의 의미는 수행을 통해 순간순간 거듭나며 마침내 완성에 이른다고 믿는다. 수행의 도리가 깨달아지지 않으면 타인의 입장이 되어 역지사지해보는 방법으로 마음을 다스린다. 하여 지금은 중이 될 팔자라는 예언에 대해서도 거부감이 들지 않는다. 아니 어쩌면 정확한 예언이라는 생각마저 든다. 일터에서 일하며 타인들과 부딪히며 삶의 이치가 조금이나마 깨달아져 가는 즐거움이 크니 결혼하여 가족과 더불어 세속의 생활을 누리고 있지만, 마음만은 수도승이 된 느낌이 든다. 삶의 목표가 반드시 '행복의 추구'만은 아니라고 생각한다. 어려움 속에서 난관을 극복할 힘을 길러 나가듯 우리의 현실 앞에 다가오는 어려움과 시험은 삶을 더욱 강하게 연단시켜준다고 믿는다.

지천명이라는 연륜을 넘긴 후의 새로운 꿈은 보랏빛 여명이 분홍빛으로 승화되는 것을 기대하는 것이 아니고 하늘빛으로 맑게 펼쳐지기를 기대한다. 하늘빛으로 맑게 펼쳐져 하늘의 뜻을 알게 되는 것을 꿈꾼다. 세속의 명리에서 벗어나 자연과 벗하며 생명의 이치와 비밀을 아는 것에 더욱 이르고 싶다. 타인을 더욱 배려하고 언행을 조심하고 단순해지고 싶다. 불가의 윤회설에 의하면 수많은 공덕을 쌓아야 사람으로 태어난다고 한다. 내가 마주치는 모든 한 사람 한 사람은 전생에 많은 덕을 쌓아 사람으로 태어났으니 얼마나 소중한 대상인가? 천상천하유아독존(天上天下唯我獨尊), 하늘과 땅 아래 오직 한 사람으로 존중받을 수 있는 대상이다. 또한, 창조주는 자신의 형상을 따라 자신의 사랑의 대상으로 사람을 창조했으니 사람은 창조주와 동일할 정도로 존귀하며 소중한 존재이다. 창조주, 신 그 자신인 것이다.

북극성과 남십자성이 같은 하늘에서 빛나고 있었던 꿈을 아이들의 태몽으로 믿어온 범주에서 이제는 '극과 극의 화해(和解)와 상생(相生)'으로 그 꿈의 풀이를 하고 싶다. 북두칠성이 빛나는 하늘 대양에서는 별빛 받아 파도가 일렁이고 남십자성이 빛나는 천공의 성단에서는 '화해와 상생의 하모니'가 메아리치는 환청이 들려온다. 이제 나에게 누군가 앞으로의 꿈을 묻는다면 향리에서 텃밭을 가꾸며 생명의 탄생에 환희를 터트리며 그 생명을 길러 나가며 유전시키고 마침내 기력이 다하는 날, 육신은 고요히 땅에 스미고 가벼워진 영혼으로 하늘에 오르고 싶다고 말할 것이다.

내 마음의 거울

그녀는 거울을 들여다보고 있었다. 거울엔 여고생의 소녀가 공단 천을 수틀에 걸고 병풍을 만들 자수(刺繡)를 하고 있었다. 꿈을 수놓고 있었다. 다시 거울을 들여다보니 20대의 처녀가 된 그녀가 하이네의 서정소곡 시인의 사랑 중 참으로 아름다운 오월을 반복해서 들으며 미지의 사랑을 꿈꾸고 있었다. 결혼 후 아이들이 태어나고 아이들이 어미의 키보다 커진 어느 날 엔가부터 그녀는 이른 아침 시간의 여유를 얻어 자연을 관찰하며 사색할 수 있는 시간을 갖게 되었다. 거의 매일같이 이어지는 뒷동산의 산책길, 그 길에서 꽃과 나무를 만나 이야기를 나누고 사시사철 따라 변화하는 그들의 모습에서 대자연의 섭리를 읽어가는 모습이 보였다. 심미안과 혜안을 갖고자 열망하는 삶의 중반의 나이로 바람의 미소를 닮아가고 있었다. 자신의 잎을 뚫고 피어나는 가시연꽃에서 배우는 삶의 고난 끝의 희열, 비 오는 날 산책길에서 쓰고 있던 우산을 던져두고 비에 말갛게 씻어진 초목들을 렌즈에 담는 정경들이 선명한 컷으로 비취고 있었다. 자연의 향기와 모습을 닮아가려는 발자취가 아름다웠다.

나는 벗이 보내준 수필집을 읽으며 마치 거울을 들여다보는 착각에 빠져들었다. '내 맘의 강물'이라는 그녀의 자작 수필집인데, 강물의 발원지는 다르지만, 나의 삶도 그 강물과 합류되어 흘러왔지 싶은 느낌을 받았다. 어쩌면 그녀의 삶과 나의 삶의 정서는 매우 높은 교집합을 이루고 있다는 생각이 들었다. 글벗인 그녀를 3년 전쯤 알게 되었다. 나보다 몇 년쯤 연배가 높았지만, 그녀와 나는 서로 글벗이라 부르며 문우의 정을 나눠왔다. 지척에 살고 있지만, 일상의 생활에 얽매여 실제 만남은 손가락을 꼽을 정도이다.

그런 짧은 만남에도 불구하고 마음속의 벗으로 자리매김하여 거울을 들여다보며 자신의 모습을 비춰보는 듯 항상 동행하는 생각이 드는 벗이다. 풀잎 한 포기, 들꽃 한 송이에서 그들이 주는 의미를 예리한 시선과 관조하는 마음으로 정확히 읽어내고 묵상하며 교훈을 얻는 그녀에게서 많은 배움을 받고 있지만 나 자신이 꿈꾸며 지향하는 삶의 발자취인 듯도 하여 흠칫 놀라는 때가 많다.

그녀와 나는 지란지교를 꿈꾸는 여느 친구처럼 고춧가루가 잇새에 끼인 채 고무신을 끌며 자연스럽게 만나는 벗은 아니다. 하지만 더욱 고아한 향을 위하여 자신을 절제하면서 난을 키워 가는 그런 지란지교를 원함을 그녀도, 나도 알고 있다고 믿는다. 마음이 지나치게 넘치지 않도록 절제하는 예를 갖추며 적절하게 물을 주고, 적절하게 햇볕을 쬐며 키우다가 매서운 한파에도 신감(辛甘)한 향을 터트리며 피어나는 난 꽃 같은 지란지교를 소망한다는 것을.

사춘기 여고 시절에도 그런 마음의 벗을 둔 적이 있었다. 그녀는 그 시절에 내가 좋아했던 요절한 수필가 전혜린의 눈매를 닮았다고 생각했다. 키가 작았던 나는 제일 앞자리에 앉았고, 키가 컸던 그녀는 제일 뒷자리에 앉았다. 학창 시절의 교우 관계는 주변 앉는 자리로 형성되었었다. 점심시간이면 앞뒤로 돌려 앉아 도시락을 함께 먹고, 쉬는 시간에 짬짬이 도란도란 담소를 나누는 대상이 둘레에 가까이 앉은 급우들이었기에 그랬다. 맨 뒤에 앉은 그녀와 맨 앞에 앉은 나는 서로 대화할 기회가 거의 없었다. 어느 날이었다. 중간고사 시험 답지를 뒷줄에서부터 걷어오던 그녀는 맨 앞의 내 자리에서 시험지를 마지막으로 걷다가 내게 생긋 웃으며 눈인사를 했다. 그녀의 미소는 이지적이면서 다정한 느낌이었다. 그녀와 눈이 마주치는 순간, 그녀는 헤르만 헤세의 소설 데미안의 주인공 싱클레어에게 또 다른 성숙의 세계로 알을 깨고 나올 수 있게 도와준 데미안의 미소로 나에게 다가왔다. 누가 먼저였는지 모르겠다. 그날 이후 우리는 쉬는 시간이나 자율학습시간을 기다렸다가 쪽지 편지를 써서 대화했다. 부모님이나 형제자매들과도 나누지 못했던 이야기들을 우리는 편지에 담아 서로의 의견을 교환하곤 했다.

미숙한 자아를 형성시키고 길러가던 그 시절, 우주의 신비에 대하여, 인간이란 무엇인가에 대하여 '성장기 시절의 고뇌와 의문'이 떠오를 때면 우리는 쪽지를 썼다.

'호기심의 갈증'을 쪽지를 통하여 메마른 입술을 함초롬히 적실 수 있을 정도로 해갈하며 소통의 벗이 되어갔다. 대학입시를 위하여 오로지 공부만이 요구되던 고교 수험생의 시절, 우리는 함께 어울려 다니며 놀진 못했어도 자력의 강력한 이끌림처럼 서로의 마음을 찾아서 그 마음의 초점을 한곳으로 모았다. 데미안은 싱클레어의 또 다른 자신이었기에 그녀와 나는 서로에게 데미안이 되어 조언자가 되어주었고, 때로는 배역을 바꾸어 싱클레어가 되어 몸과 마음을 키워나갔다.

여름방학이 되었다. 친구는 고향 집에 다니러 갔고, 우리는 편지로 우정을 나누었다. 문구점에 가서 라벤더 향이 묻어나는 편지지를 고르고 장문의 편지를 써서 그녀에게 보냈다. 설렘을 가득 안고 답장을 기다렸다. 그런 어느 날이었다. 우편함을 확인하던 나는 빈 우편함을 보고 실망의 마음을 가득 안고 뒤돌아서다가 마당에 떨어져 있던 찢어진 종잇조각을 발견했다. 주워서 보니 친구가 보낸 편지였다. 마당에서 놀고 있던 강아지가 물어뜯어 놓은 것이었다. 나는 어머니에게 강아지를 혼내줄 것을 부탁드리고 마루에 앉아서 퍼즐을 맞추듯 찢어진 편지를 이어서 친구의 다정한 소곤거림을 읽어나갔다. 친구의 다정한 음성이 귓전에 들려오고, 내 마음엔 기쁨이 강물처럼 출렁거렸다. 편지의 행간에는 싱클레어에게 속삭이는 데미안의 다정한 음성이 들려왔다. 또 간혹 행간에는 데미안에게 부리는 싱클레어의 어리광도 삽입되어있었다. 대입 수험생 역할이 부담스러우니 이 팔청춘 꽃다운 나이에 시집이나 갈까나 하고.

벗과의 우정은 상대의 마음속에 존재하는 나를 찾는 여정이었다. 벗은 내 마음을 이해해주고 내 마음과 합일되는 '또 하나의 나'였다. 벗이라는 한자(友)는 두 사람이 서로 오른손(又 오른쪽 우, 또 우)을 마주 잡고 상대방의 일을 도와주려는 모양을 나타내는 형성문자라고 하지만 나는 오른쪽 우보다는 또 우의 의미로 해석하여 나의 분신, 또 하나의 나라고 하고 싶다.

불현듯 아버지가 생전에 들려주셨던 말씀이 또렷이 들려온다. 당신과 절친했던 친구 두 분에 대해 가끔 들려주신 말씀이다. 당신의 마음을 헤아려 항상 위로와 격려가 되어주었던 두 분의 친구는 당신 자신과 같았다고 말씀하셨다. '내겐 나 곧 나 자신이라고 말할 수 있는 벗이 두 명이 있다. 그들은 언제나 진심으로 나를 위로해주는 내 삶의 진정한 위안자가 되어주었다'라고.

아버지가 돌아가시고 며칠 후였다. 아버지의 벗 한 분이 나의 일터에 들르셨다. 당신의 벗을 저세상으로 하직하고서 비통한 마음에 잠을 이룰 수 없다고 말하는 벗님은 콧잔등을 시큰거리며 눈가에 맺힌 눈물을 닦아내었다. 당신의 벗이 묻힐 장지를 발인 전날, 그 추운 날에 미리 돌아보고 몸살이 나서 장례식에 참례하지 못한 것을 못내 미안해했다. 나는 수척해진 그분의 얼굴을 들여다보며 감사의 인사를 드렸다. 그리고 발인 후 장지로 향하던 길에 생전의 아버지와 그 벗님들이 즐겨 모여 담소를 나누셨던 동네 놀이터의 정자, 곧 당신들의 쉼터를 돌아 운구했음을 일러드렸다. 아버지는 생전에 놀이터 정자에 모여 삶의 애환을 당신의 벗들과 나누셨다. 등나무 그늘이 있는 그 정자는 가정사의 소소한 기쁨과 슬픔을 이야기하고 생활 정보, 건강 비법, 마음을 다스리는 법 등을 서로에게 일러 주며 인생 후반기의 우정의 교실이 열리던 곳이었다.

아버지의 장례식 날, 아버지는 유명을 달리한 몸이었지만 벗님들과 즐겨 만나던 놀이터의 정자에서 잠시 머무시다가 장지로 떠나셨다. 운구 리무진이 놀이터의 정자를 천천히 돌아나갔다. 그러나 벗님들은 벤치에 앉아 고개를 숙인 채 고인을 떠나보내는 깊은 슬픔에 잠겨있었기에 운구차의 행렬을 알아차리지 못했다. 나는 운구 리무진의 뒤차에 탑승하여 차창 너머로, 정자 벤치에 앉아 고개를 숙인 채 망연자실하고 있는 그분들의 실루

엣을 내 마음의 화폭에 담았다. 그 화폭은 흘러내리는 나의 눈물로 부옇게 흐려졌지만, 저세상으로 가는 벗을 영결하는 벗님들의 슬픈 영상을 확연히 담을 수 있었다. 그 영상을 소묘하듯 벗님께 자세히 일러드리니 마지막 떠나는 벗의 운구행렬을 지척에 두고 왜 알아차리지 못했을까 하고 눈시울을 붉히며 더욱 안타까워하신다. 나는 당신께서 깊은 슬픔에 잠겨있었기에 앞을 보지 못하고 그리되었을 것이라고 마음속으로 전해드렸다.

인생의 성장기 시절에 마음을 교감하며 나눈 싱클레어와 데미안 같았던 우정, 인생의 중반기에 내가 지향하는 삶 혹은 나의 모습과 닮은 삶을 살아가는 벗과 나누는 우정, 작고하신 아버지의 우정처럼 삶을 마치는 시점까지 진심으로 슬퍼하며 동행해주는 우정, 이 모두가 나를 찾고 나를 비춰주는 거울이었다. 그 거울에는 나와 같은 생각을 하는 나와 똑같은 벗이 미소 짓고 있었으며 나 곧 나 자신이 비취고 있었다.

라빈드라나드와 봄맞이 데이트를 하다

아직 쌀쌀한 날씨이지만 절기는 입춘이 지나 바야흐로 봄이다. 휴일을 이용하여 봄맞이 대청소를 시도했다. 마른 수건에 물을 적셔 서가의 먼지부터 닦기 시작했다. 서가에 꽂혀있는 책 중에서 '라빈드라나드 타고르의 생애와 사상'이라는 책이 나의 눈길을 유혹했다. 그 유혹을 이기지 못하고 물수건을 바닥에 던져둔 채, 책을 꺼내 들고 라빈드라나드 타고르와 데이트에 빠져들었다. 1913년 동양 최초로 노벨 문학상을 받은 인도의 시성 타고르는 특히 우리나라에 대해서 '동방의 등불'이라는 시를 헌정하여 일제강점기의 암울했던 시절에 독립의 희망을 주었던 시인이기 때문에 더욱 친근감이 드는지도 모르겠다.

만해 한용운은 지극히 종교적인 색채를 띠고 있는 타고르의 명상 시 '원정(園丁, The Gardener)'을 읽고 "옛 무덤을 깨치고 하늘까지 사무치는 백골의 향기"라고 평했다. 만해에 의하면 현실을 떠나 영원한 피안의 세계를 노래하는 타고르의 시는 그것이 아무리 아름답고 경건한 것이라 하더라도 결국은 절망의 노래요, 죽음의 노래일 수밖에 없다는 것이다. 그의 시는 치열한 삶을 영위하는 생존의 노래가 아니고 관념의 노래라고 평했다.

그러나 오늘 만나게 된 '타고르의 생애와 사상'에서 나는 만해가 말한 절망과 죽음을 전혀 발견할 수 없었다. 오히려 봄을 기다리면서 오늘 만난 라빈드라나드 타고르는 젊음과 청춘, 그리고 아름다운 자연을 진정한 심미안과 철학으로 노래하고 있었다.

또다시 나는 눈을 뜬다. 밤은 거의 다 가고,
세상의 꽃잎이 벙근다.
이는 뭐라 말할 수 없는 끝없는 놀라움……

그의 나라인 인도의 기후에 혹한의 겨울은 존재하지 않지만 봄이 오는 길목에서 데이트를 신청한 나에게 그는 봄에 대하여, 미래에 대하여 찬미가를 불러주었다. 어둠과 침묵의 밤이었던 추운 겨울은 이제 지나가고 꽃잎이 벙그는 봄의 도래를 끝없는 놀라움과 환희로 들려주었다. 타고르는 그의 고향에 '봄의 계절

축제'인 식수제(植樹祭)와 경작제(耕作제)를 만들었다고 일러준다. 음악과 춤과 베다의 낭송으로 꾸며진 소박하고 예술적인 의식을 겸한 그림과 같이 아름다운 이 축제는 자연의 풍요를 기원하고 영원히 소생하는 젊음을 상징하는 것으로 지금까지 해마다 개최되어 온다고 한다.

숲을 사랑한 타고르는 '숲의 소리'라는 시집을 발간하기도 했다. 나무들이나 꽃들을 노래하고 또 그러한 생명과 관계를 갖는 사계절을 각각 노래한 시를 모은 것이다. 자연을 지극히 사랑하는 그의 정서에 공감하는 독자로서 나도 라빈드라나드에게 화답하는 문집 한 권 발간하여 헌정하고 싶은 꿈을 꾸어본다. 인도의 시성(詩聖) 라빈드라나드 타고르에게 나의 마음속에 피어나는 초록의 잎과 보랏빛 꿈 조각을 헌정하고 싶은 것이다.

라빈드라나드가 제안한 식수제와 경작제! 태양의 고도가 조금씩 높아지고 봄을 예고하는 별자리로 바뀌고 있다. 얼어붙은 하늘에 육각의 다이아몬드처럼 빛나고 있던 겨울 하늘의 별자리가 봄을 알리는 부드러운 대곡선 별자리로 바뀌고 있다. 대곡선 별자리는 봄밤의 하늘에 나타나는 별자리인데 북두칠성의 손잡이 끝별에서 시작하여 처녀자리의 가장 밝은 별인 스피카라는 별을 잇는 부드러운 곡선형의 별자리이다. 밝아진 햇빛과 부드러운 별빛을 받고 있는 봄의 대지에 축제를 열어야겠다. 식수(植樹)의 축제와 경작(耕作)의 축제를 열어야겠다. 만물이 새 옷을 갈아입는 이 봄에 일일신(一日新)하는 참신한 마음 한 포기 대지에 심어야겠다. 이해와 소통의 싹을 틔워 조화와 공존의 향기가 넘치는 꽃을 피워야겠다.

봄맞이 청소를 마치고 서가 옆 테이블에 봄 향기 알싸한 히아신스 꽃 화분을 옮겨놓았다. 어쩌면 라빈드라나드 타고르 시성(詩聖)께서 히아신스 향을 흠향하고 보답으로 남국의 백단향 향기를 전해줄지 모르겠다고 생각해 보았다.

자카란다 꽃의 노래

꽃소식이 나의 우체통에 배달되었다. 개나리, 진달래, 벚꽃의 개화 소식이 아니었다. 맑은 밤하늘을 바라보면 북두칠성을 바라볼 수 있는 우리나라에 비하여 남십자성이 뜨는 나라의 꽃소식이었다. 호주 이민 작가인 나그네 향기 시인(시인의 필명)이 '환상'이라는 시집을 보내주셨다. 시인은 한 권의 시집에서 자카란다 꽃을 주제로 머나먼 이국의 화신(花信)을 서정성 짙은 필치로 알리고 있었다.

자카란다 꽃! 우리나라의 벚꽃처럼 봄에 피어나는 꽃이었다. 벚꽃이 연분홍빛으로 봄의 설렘과 환희를 이야기하는 꽃이라면 자카란다 꽃은 연분홍빛에 진한 그리움이 한 겹 덧입혀진 보랏빛이었다. 설렘과 환희를 넘어 그리움이 송이송이 매달려 있는 꽃이다. 지구촌의 남반구에만 피어난다는 자카란다 꽃의 향기를 찾아 웹 서핑하면서 몇 날 밤을 지새웠는지 모르겠다. 높은 나뭇가지에 보랏빛 꽃이 포도송이처럼 탐스럽게 주렁주렁 피어나는 사진을 보면서 오동꽃과 닮았다고 생각했다. 오동꽃이 피는 계절이면 아름드리 커다란 나무 아래 오동꽃이 송이송이 떨어져 있었는데 그 꽃을 주워 꽃 탑을 쌓으며 보랏빛 꽃의 아름다움에 취하곤 했었는데……

남반구 대양주의 봄은 자카란다 꽃이 보랏빛 터널을 이루고 보랏빛 꽃잎이 난분분 낙화한다고 한다. 보랏빛은 고귀, 신성함을 담고 있는데 하늘의 상징인 파란색과 인간 또는 혈액을 상징하는 빨강의 혼색이어서 신과 인간의 조화를 상징한다. 그래서 이 보랏빛 자카란다 꽃을 보면 꽃의 요염이나 고혹을 넘어 신의 축복과 같은 아늑함을 준다고 했다. 인도의 시성 타고르는 이 보랏빛 꽃나무를 바라보며 노래했다.

"고요하라, 나의 마음이여! 이 나무들이 기도하고 있나니
(Be still, my heart, these great trees are prayers)"

나그네 향기 시인은 이국의 땅에서 고국에 대한 그리움을 그곳 뜰에 피어난 자카란다 꽃 향기로 분향하면서 망향제를 올리고 있을지 모르겠다고 생각해본다. 태초의 언어가 태어난 보금자리, 무한한 자유로 소통되는 본향에의 회귀를 기원하는 간절한 기도문을 나지막하게 낭송하고 있는 소리가 들려왔다.

시간이 갈구하는 생의 원천, 여린 영혼으로 낙화하는
자카란다 꽃이여 내 젊은 추억이여……

호주의 퀸즐랜드대학교 캠퍼스 내에는 이상한 소문이 있었다. 보랏빛 자카란다 꽃이 피어나는 계절에 떨어지는 꽃잎을 머리에 맞으면 시험을 통과할 수 없다는 것이다. 그 소문을 믿어서일까? 보랏빛 꽃이 터널을 이루는 아름다움의 절정에도 불구하고 꽃을 구경하며 꽃놀이를 하는 학생들의 모습을 찾아보기 쉽지 않다고 한다. 자카란다 꽃이 피어나는 남반구의 늦봄 초여름은 마침 대학교 내에서 졸업시험과 기말시험을 보는 비상시기여서 종일 책 속에 파묻혀 있어야 하는 대학생들은 신의 걸작에 가까운 그 풍경들을 감상할 겨를이 전혀 없다고 했다. 그러므로 머리에 보라색 꽃잎을 달고 있는 학생은 공부에 관심이 없이 한가하게 돌아다니면서 열심히 공부하지 않았다는 것을 보여 주는 결과이니 당연히 시험을 통과하기 어렵다는 것이었다.

남십자성이 뜨는 남반구의 봄에 자카란다 꽃이 피어난다면, 북극성이 뜨는 북반구의 봄에는 어느 시인의 말처럼 벚꽃이 피어 하롱하롱 날리는데, 정작 나 자신도 캠퍼스가 유난히 아름답기로 소문났던 모교의 벚꽃 터널을 제대로 바라보며 지나 본 적이 없었다. 벚꽃이 만개하던 그즈음에는 항상 중간고사가 치러졌고 중간고사 기간이 지나면 벚꽃도 지고 말았다. 젊음의 대학 시절을 그렇게 보냈다. 학창 시절을 마치고 결혼하고 아이들이 태어나 성장한 후 비로소 벚나무 길을 여유 있게 거닐며 머리에 떨어지는 꽃잎을 만져보았다. 올봄에도 벚꽃길이 환하게 열렸다가 봄비와 함께 꽃비로 흩날렸다. 하롱하롱 흩날리는 벚꽃을 바라보며 이국의 자카란다 꽃을 떠올려 본다. 자카란다 꽃은 분홍빛의 젊은 시절을 보내고 생의 관조 시기를 보내고 있는 계절에 찾아온 화신(花信)이었고 삶의 성찰이 덧입혀진 보랏빛이었다.

머나먼 남반구의 이국을 그리며 눈을 감아보고, 생의 피안을 생각하며 두 손을 모아 본다.

아무도 모르게 꿈꾸던 진보라색 몽우리 아름다운 새소리에 내려놓고……

라빈드라나드 시인과 나그네 향기 시인이 시공을 넘어 자카란다 꽃그늘을 함께 거닐고 있다. 보랏빛 꽃송이가 나풀나풀 그들의 머리 위로 떨어진다. 문득 손가락으로 내 머리칼을 쓸어본다. 이윽고 보랏빛 꽃잎 하나를 떼어내 손바닥에 올려놓고 바라본다. 자카란다 꽃의 노래가 들려온다.

소라단 가는 길

'소라단 가는 길'은 소설가 윤흥길의 연작소설 제목이다. 그리고 그 길은 요즈음 나의 아침 산책길이기도 하다. 자동차가 다니지 않는 산책길을 찾아 나선 길목에는 번화한 도심 속에 작은 산골 마을이 숨겨져 있었다. 그 길을 발견한 첫날은 놀라움이었다. 고층 아파트와 빌딩 상가, 자동차들의 행렬이 끊임없이 이어지는 대로를 건너서 언덕배기로 오르는 순간 갑자기 타임머신을 타고 유년의 고향 땅에 들어선 느낌이 들었다. 산길에 오르는 좁은 골목에는 탱자나무 울타리에 텃밭이 딸린 집들이 있었고 동구 밖에는 커다란 오동나무 두 그루가 정자나무로, 서 있었다. 그 정경을 바라보면서 낯설지만, 눈에 익은 백일몽의 세계 속에 별안간 불시착한 느낌으로 오소소 소름이 돋았다.

그러나 이튿날부터 그 길에 바로 익숙해져 정겨운 산책길이 되었다. 텃밭에서 하루가 다르게 파릇파릇 자라고 있는 채소에 눈인사하고 길가의 야생화를 카메라에 담으면서 걷노라면 어느새 울창한 송림에 들었다.

소나무가 우거진 송림, 소라단은 원래 이름이 송전내(松田內)였다. 우리말로 부르면 '솔밭안'인데 발음의 변이과정에서 소라단이 되었다. 윤흥길 작가는 6·25 때 학살의 장소가 되었던 소라단을 기억하며, 환갑이 다된 초등학교 동창들과 모교 교정에 모여 6·25전쟁 그 시기의 참담했던 이야기를 소설 속에서 연작으로 풀어낸다. 모깃불을 가운데 놓고 둥그렇게 둘러앉아 수건돌리기라도 하는 듯, 어린 시절, 6·25 전쟁 그 시기의 이야기를 반추한다. 전쟁으로 인해 피폐해진 마을 풍경, 어수선한 마을 인심, 이산가족, 군인들이 휩쓸고 지나간 자리, 포성, 총성, 상이군인 등 6·25 전쟁 당시 모습을 순수한 아이들의 시선이 그려낸 이야기로 풀어나갔다.

황해도 사리원에서 남쪽으로 피난 오다가 가족들을 잃고 고아가 된 한 소년은 하굣길에 친구와 함께 우연히 소라단 숲속에 들어가게 되었다. 6·25 때 대학살의 장소였으므로 무덤 속에서 원귀라도 나타날까 봐 사람들이 근접하지 않는 산이었지만 소년은 숲속에 들어선 순간 환호성을 질렀다.

"사리원 우리 고향 뒤쪽에도 요거랑 똑같은 산이 있어."

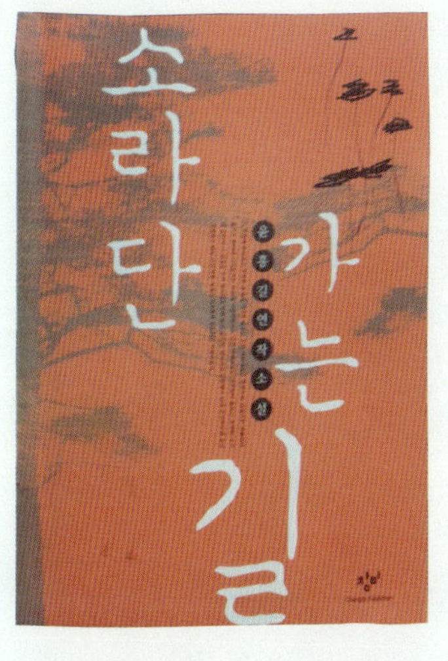

소년은 소라단 숲 속에서 고향 사리원 숲속의 냄새가 난다고 했다. 암녹색 나뭇가지들이 힘을 합하여 떠받치고 있는 푸른 하늘엔 엄마, 아빠 얼굴이 떠다닌다고 하며 전쟁고아로서 보육원에서 생활하는 강퍅한 소년의 얼굴이 부모님을 만나 어리광 부리고 있는 부드러운 표정으로 바뀌었다. 이처럼 소년의 회상을 통하여 전북 익산 땅의 소라단은 황해도 사리원 숲까지 연결된다. 숲을 통하여 통일을 소망한다.

소라단 숲속으로 들어서면 번호가 붙어 있는 비목이 지키고 있는 무덤들이 눈에 띈다. 그 무덤들은 전쟁이 끝날 무렵 학살의 장소가 되었던 그 당시의 상흔을 말해주고 있는 듯하다. 무덤가엔 씀바귀 꽃과 찔레꽃이 지천으로 피어, 아픈 흔적을 이겨내고 초연한 모습으로 비감한 아름다움을 보여 주고 있다.

지난달 오월 초순이었던가, 아카시 꽃이 향기를 품어내던 소라단 산책길에서 만난 노 수녀님의 뒷짐 진 손에는 아카시 꽃 한 송이가 묵주 대신 들려있었다. 소라단을 산책하는 노 수녀님의 마음엔 오로지 평화에의 기도만이 감돌고 있겠지. 이 땅에 다시는 전쟁이 없는 평화만이 깃들기를 함께 기원해 본다.

암실에서 피어난 백합

촬영이 끝난 필름에는 육안으로 보이지 않지만, 피사체가 잠상(潛像)으로 기록된다. 필름을 암실(暗室)에서 현상액에 일정 시간 담가 두면 눈에 보이지 않던 기록화상(陰畵像)이 나타난다. 흑화농도(黑化濃度)가 알맞게 되었을 때 정지액에 담그면 흑화가 진행되던 것이 중단되고, 아직 감광성이 남아있는 부분은 정착액에 넣으면 물에 녹는 물질로 변한다. 이것을 물로 씻어서 제거하면 고정된 음(陰)의 은화상(銀畵像)을 얻게 된다. 이렇게 해서 얻은 음의 은화상을 감광성 물질이 발라져 있는 인화지에 노출을 준 다음 다시 한번 현상·정지·정착·수세 과정을 거치면 피사체와 같은 양화상(陽畵像)을 얻게 된다. 이 과정이 흑백사진의 현상·인화 과정이다.

대학병원에 근무하던 시절이었다. 사진 촬영에 취미가 있는 병원 직원들로 구성된 사진동우회에 가입하여 활동했다. 대다수 회원은 아마추어를 넘어 작품사진을 촬영하는 수준이었지만 나는 단지 사진에 관한 관심 하나만으로 가입한 새내기 중의 새내기였다. 사진동우회 활동은 병원 근무가 끝나는 시간에 맞추어 모임 장소에 모여 사진 이론에 관한 공부를 하였다. 사진 이론 공부 과정을 수료하고 돌아오는 휴일에 회원들과 함께 장거리 야외 출사를 다녀왔다. 회원들은 출사에 다녀오면 촬영한 필름을 사진현상소에 맡기는 것이 아니고 암실에서 직접 현상·인화 작업을 했다.

회원 선배 하나가 자기 집에 암실이 있으니 함께 작업하자는 권유로 선배의 집에 가게 되었다. 평소 선배가 쓰는 방이 바로 암실이었다. 방에 들어가서 문을 닫고 암막 커튼으로 창문과 출입문의 빛을 차단하니 칠흑 같은 어둠으로 변하였다. 나는 선배가 시키는 대로 필름을 현상액에 담갔다. 그다음 정지액에 담갔다가 마지막 단계인 정착액에 담갔다. 작업하는 동안 작업시간을 설정해놓은 타이머 돌아가는 소리만 어둠 속에서 재깍재깍 들려왔다. 필름 현상작업이 끝나자 선배는 벽에 있는 스위치를 눌렀다. 낮은 촉수의 붉은 전구에 불이 켜지고 어둠 속에 붉은빛이 은은히 퍼졌다. 이제 인화지를 사용하여 현상, 정지, 정착의 일련의 과정을 거치면 인화지에 피사체의 영상이 드러난다. 드디어 인화까지 다 마쳤다. 선배는 암막 커튼을 젖히고 방에서 나와 인화지를 물로 씻으라고 했다. 촬영했던 백합꽃이 인화지에서 다시 선명하게 피어나며, 마침내 백합 사진이 완성되었다.

사진 작업을 마치고 나니 선배의 여동생이 식탁에 점심을 차려놓고 부른다. 여동생은 큰 키에 동그랗게 빛나는 눈망울을 지니고 있었다. 선배의 부모님은 출타 중이셨다. 식탁에는 보글보글 끓인 동태찌개와 들기름에 재어 구운 김, 시금치나물, 맛깔스러운 김치와 함께 김이 모락모락 피어오르는 고슬고슬한 밥이 차려져 있었다. 식탁 맞은편에 앉은 선배 여동생은 젓가락질하다 말고 몇 번인가 고개를 갸웃거리는 듯했다. 그리고 오빠의 얼굴을 자주 들여다보았다. 나는 조금 긴장하긴 했지만, 점심 식사를 마치고 선배의 배웅을 받으며 집에 돌아왔다.

그날 일과를 마치고 잠자리에 들려고 누운 순간 문득 심상치 않은 눈망울로 오빠의 얼굴을 살피던 선배의 여동생이 떠올랐다. 머릿속이 불이 반짝 켜지고 잠이 멀리 사라졌다. 나는 잠자리에서 일어나 책상 위에 놓인 백합 사진을 들여다보았다. 이윽고 타이프라이터를 켜고 그 눈빛에 답이라도 하듯 타이핑을 하기 시작했다.

잠깐 비추이던 한 줄기 광선
한 송이 백합을 포착하였다.
초롱한 눈망울에 담겨진 잠상

잊혀질 세라, 지워질 세라
두 눈을 꼬옥 감는다.
그리움에 눈물이 한 방울, 투명하고 까만 눈망울로부터
떨어진다.
잠시 후 하얀 백사장 위에 또 한 방울,
또 한 방울.
흘러내린 눈물은 모든 티끌을 씻어내고
순수하고 밝은 영상을
초롱한 눈망울에 다시 담아주었다.

나는 다만 카메라의 렌즈를 들여다보며 필름에 기록했던, 순수하고 밝은 백합의 영상을 선배의 암실에서 하얀 백사장 같은 인화지에 담아왔을 뿐이었다. 백합의 꽃잎 한 잎도 손상되지 않고 실물 그대로 담겨있었다.

요즈음 백합의 구근을 화분에 심어 가꾸고 있다. 꽃을 좋아하는 후배가 나누어준 백합 구근이다. 알뿌리에서 싹이 움트고 초록 이파리가 자라고 마디가 생기고 마디 위로 이파리가 또 피어나고 이제 제법 많이 자랐다. 제일 윗마디 우듬지 이파리는 백합꽃 봉오리와 정말 많이 닮아서 초록빛 백합꽃 봉오리를 보는 듯했다. 좀 더 햇볕을 많이 쬐고 자양분을 섭취하면 초여름쯤 백합꽃이 피어날 것을 기대하고 있다. 진한 향기를 내뿜으며 피어날 백합꽃을 상상하며 천진스럽고 순수했던 백합의 시절을 추억하노라니 그날 암실에서 들려왔던 타이머 소리가 이명(耳鳴)처럼 재깍재깍 들려온다. 나는 지금 컴퓨터의 자판을 두들기며 암실에서의 붉은 불빛의 잠상을 스케치한다. 붉은 불빛의 잠상은 백합꽃 송이를 피어나게 했고 그 추억의 향기는 맑고 투명하였다.

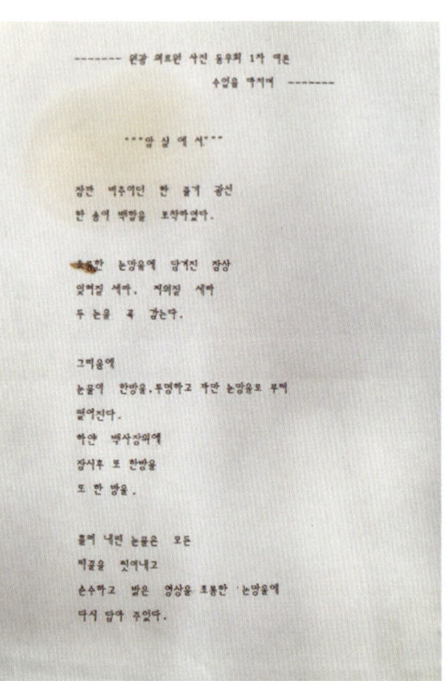

------- 원광 의료원 사진 동우회 1차 여름 수업을 마치며 -------

암 실 에 서

잠깐 비추이던 한 줄기 광선
한 송이 백합을 포착하였다.

초롱한 눈망울에 담겨진 잠상
잊혀질 세라, 지워질 세라
두 눈을 꼭 감는다.

그리움에
눈물이 한방울, 투명하고 까만 눈망울로 부터
떨어진다.
하얀 백사장의에
잠시후 또 한방울
또 한 방울.

흘러 내린 눈물은 모든
티끌을 씻어내고
순수하고 밝은 영상을 초롱한 '눈망울에
다시 담아 주었다.

소금(小笒)을 선물 받고

지인에게서 소금(小笒) 하나를 선물 받았다. 이 소금은 대나무의 뿌리를 잘라내고 밑동에서부터 한 자가 좀 넘는 40cm 정도의 길이로 대나무를 자른 후 다듬어서 지인이 손수 만든 악기이다. 취구(吹口)와 여섯 개의 지공(指孔)을 정교하게 뚫고 다듬었을 지인의 손길을 느끼며 취구에 입술을 대고 소리를 내보았다. 비록 연주 수준은 아니지만, 대나무의 빈 공명통에서 울려나오는 맑은 바람 소리 같은 것을 들으며 청명한 기운을 마음에 가득 담아보았다.

비워 가벼워졌기에 맑은 소리를 낼 수 있는 대나무의 성정을 생각하면서 문득 대나무로 유명한 담양의 소쇄원 원림을 떠올려 보았다.

소쇄 (瀟灑), '맑고 깨끗하다'라는 뜻이 담겨있는 소쇄원은 대나무로 둘러싸여 있는 자연 정원이다. 소쇄 양산보는 15세에 정암 조광조의 문하에서 수학하게 되는데, 스승이 바른 정치를 구현하다가 기묘사화에 연루되어 사약을 받고 죽게 되자 17세에 고향으로 돌아와 평생 세상에 나가지 않고 은둔하면서 처사의 길을 걸었던 인물이다. 선비로서 자신의 큰 뜻을 세상에 펼치지 못하였으나 자신의 처지를 비관하지 않고 학문에 힘쓰며 지역의 선비와 교류하고 나무와 화초를 가꾸고 소쇄원 원림을 조성하며 자연과 동화되어 바른 삶을 살아간 선비의 본보기가 되었다. 소쇄원의 주인, 양산보와 교류했던 선비들은 면앙정 송순, 석천 임억령, 하서 김인후, 고봉 기대승, 제봉 고경명, 서하당 김성원, 송강 정철 등 당대의 기라성 같은 선비들이었다.

소금의 취구에 입술을 대고 다시 소리를 내본다. 소쇄원 원림에서 들었던 한 줄기 바람 소리가 들려온다. 댓잎이 바람에 부딪히는 소리가 들려온다. 옛 선비들의 세모시 도포 자락의 곧은 올 틈새로 흘러나오는 면앙정가, 사미인곡이 들려온다. 대나무 숲 넘어 계곡 물소리에 어우러진 옛 선비들의 음성, 청아하다. 우국충정을 논하는 대쪽 같은 소리가 귓가에 쟁쟁하게 들려온다. 대나무처럼 곧고 푸른 절개를 지닌 소리가 들려왔다.

대나무 성정을 닮아 곧게 뻗은 마음이 한고비, 한고비 마디를 이루며 섬돌 한 계단, 한 계단을 밟으며 하늘의 뜻을 향해 오르고 있는 것이 보인다. 가지고자 하는 것이 없는 바람의 마음이기에 그들의 천로역정(天路歷程)은 거침이 없었다. 오곡문(五曲門)을 통하여 들어온 바람을 온몸으로 맞으며 청청(靑淸)한 노래를 부르고 있었다. 바람은 청아한 메아리로 화답하며 광풍각(光風閣), 제월당(霽月堂)을 감돌아 대나무 숲에 머물다 지나갔다. 소쇄원 죽림에서 들려오는 노래를 들었다. 대나무 같은 곧은 절개를 지녔던 선비들이 난세를 피하여 광풍각, 제월당에서 논하던 우국충정의 노래였다. 바람 소리만이 댓잎을 흔들며 광풍각에 메아리치고 있었고, 그 바람 소리 속에 선비들의 청아한 음성이 들려오고 있었다.

소금을 다시 만지작거리며 만파식적(萬波息笛)을 생각해본다. 삼국유사에 의하면 신라 제31대 신문왕은 아버지 문무왕을 위하여 동해변에 감은사(感恩寺)를 지어 추모하였는데, 죽어서 바다의 용이 된 문무왕과 죽어서 천신(天神)이 된 김유신이 합심하여 용을 시켜 동해에 있는 한 섬에 대나무를 보냈다. 이 대나무는 낮이면 갈라져 둘이 되고, 밤이면 합하여, 하나가 되는지라 왕은 이 기이한 소식을 듣고 현장에 가보았다. 이때 나타난 용에게 왕이 대나무의 이치를 물으니, 용은 "비유하건대 한 손으로는 어느 소리도 낼 수 없지만 두 손이 마주치면 능히 소리가 나는지라, 이 대도 역시 합한 후에야 소리가 나는 것이요… 또한 대왕은 이 성음(聲音)의 이치로 천하의 보배가 될 것이다…"라고 예언하고 사라졌다.

왕이 이 대나무를 베어서 피리를 만들어서 부니, 나라의 모든 걱정·근심이 해결되었다 한다. 그리하여 이 피리를 국보로 삼았는데, 이 설화에는 신라가 삼국통일 이후, 흩어졌던 백제와 고구려 유민의 민심을 통합해 나라의 안정을 꾀하려 했던 호국 사상이 담겼다.

지인이 선물해 준 소금의 소리에서 연상된 소쇄원의 죽림에서 들은 선비의 우국충정 음성과 만파식적에 담긴 화합의 화음을 연주하는 것은 아무래도 나의 실력으로 불가능하기에 소금(小笒)을 곁에 두고 자주 들여다보기만 한다. 하지만 내가 연주하지 않아도 이명처럼 그 소리가 귓전에 들려오니 다행이랄까.

음악에 붙임

스물두 살의 나는 대청마루에 앉아 수틀에 바늘을 한 땀 한 땀 찔러 넣으며 블라디미르 아슈케나지(Vladimir Ashkenazy)의 피아노 연주로 쇼팽의 '24개의 전주곡'을 듣고 있었다. 그중 '제15번 빗방울' 전주곡이 연주되는 순간 내 마음속에도 비가 내리기 시삭했나. 빗방울은 심연으로 방울방울 똑똑 떨어지다가 점점 거센 빗줄기로 바뀐다. 빗줄기는 들뜬 신열과 마음속의 미진까지 씻어 내리며 이윽고 냇물이 되어 푸른 하늘 같은 마음의 시원으로 흘러간다. 푸른 하늘엔 솜털 구름이 흐른다.

바람은 어디에서부터 시작하여 구름을 흐르게 할까? 화단의 초목들이 산들바람에 흔들린다. 초록빛과 금빛이 뒤섞여 마냥 빛난다. 푸른 하늘과 진한 초록빛은 근원을 알 수 없는 짙은 슬픔을 나의 가슴에 음영으로 드리운다. 다시 가슴이 응어리진 채로 아파지기 시작한다. 하지만 이 아픔과 슬픔은 미지에 대한 그리움과 또는 대자연의 경이감에 대한 기쁨의 극치 인지도 모르지.

마음의 평정을 위해선 그리움과 기쁨에서도 벗어나 무념으로 돌아가자. 수틀 속의 난초를 꽃피우자. 고요히 흐르는 선율 속에 몰입하자. 하여 침묵과 고요 속에서 나를 발견하고 나의 존재를 허락하신 창조주께 무한한 감사를 올리자. 수틀에 바늘을 꽂아 놓고 두 손을 모아 본다. '음악에 붙임'이라는 송가를 그분에게 드린다.

무한 속을 흐르는 선율이 있다.
광량자(光量子)가 상대적(相對的)으로 흐르고 있다.

신이여!
선율도 복음(福音)이라고 말씀하소서.
당신께서는 이미 나타내신바 되었나이다.
당신의 음성, 자연계의 음향은
빗방울로, 산들바람으로
당신의 법칙 안에서 맑은 소리를 내고 있습니다.

당신이 보시기에,
당신이 들으시기에

정녕 아름다웠을 줄 믿습니다.

대학 선배 일우언니(一友는 선배의 실명이다)는 나의 삶에 가장 소중한 전환기를 마련해주었다. 대학 3학년 때 나는 학교를 휴학하고 알코올 냄새가 배어있는 하얀 시트가 깔린 병실 침대에 누워있었다. 폐결핵이 심해져 늑막에 물이 차오르는 늑막염까지 겹치는 바람에 학업을 계속할 수가 없었다. 학교에 1년의 휴학계를 내고 투병 생활을 시작했다.

언니는 병문안을 오면서 꽃다발 대신 카세트테이프 하나를 예쁘게 포장하여 들고 왔다. 카세트테이프엔 쇼팽의 24의 전주곡이라고 쓰여 있었다. 고전음악을 거의 접할 기회가 없었기에 처음 듣는 음악이었다. 병실에서 폐결핵과 싸우며 고독과 우울을 벗 삼아 지내던 나는 그 음악에 매료되기 시작했다. 빗방울 전주곡은 1839년에 쇼팽이 폐결핵 요양 중 연인 조르즈 상드와 함께 지중해의 마요르카섬에서 지내던 때에 작곡한 것으로, 낙숫물을 묘사한 우울한 표현이 쇼팽의 초조와 권태를 반영하고 있어 이와 같은 이름이 붙은 것이다.

아마도 언니는 쇼팽처럼 폐결핵과 투병 중인 후배를 위하여 선곡한 듯싶다. 나는 병실에 누워 빗방울 전주곡을 반복해서 들으며 마음을 비에 흠뻑 적셨다가 몸을 일으켜 창가에 앉아 여운처럼 스며드는 햇살에 말리곤 했다.

병세가 호전되어 퇴원 후 집에서 안정 가료를 하게 되었다.

휴학하면서 전공 공부는 잠시 접어두고 자수(刺繡)로 마음을 한 땀 한 땀 채워가면서 빗방울 전주곡을 시작으로 한 고전음악과의 열애에 빠져들었다.

다시 언니의 안내로 슈베르트와 슈만의 연가곡의 서정의 세계로 여행을 떠났다. 여고 시절 제2외국어로 프랑스어를 배웠기에 독일어로 부르는 리트(lied : 독일의 가곡 가운데 한 종류)는 생소한 이국어의 느낌을 맛보여주었다. 딱딱한 음감을 가진 언어라고 독일어에 대한 선입견을 품었던 나는 깜짝 놀랐다. 괴테, 하이네, 아이헨도르프 등의 낭만적 서정시에 음악을 붙여 만든 리트는 연독(連讀)을 하며 노래하기에 정말 감미롭고 애절하며 부드럽고, 초연하게 들려왔다.

20개의 가곡이 이어지는 아름다운 물방앗간의 아가씨 중 네 번째 노래 '시냇물에의 감사'를 듣는데 바레 사알 소겐 마인으로 들리는 가사가 나의 마음을 시냇물처럼 휘감아왔다. 나중에 원어 가사가 바르 에스 알소 게마인트(War es also gemeint)라고 표기된 악보를 보면서 연독의 묘미를 더욱 느끼게 되었다.

이 매혹은 독일어로 된 노랫말을 찾아 고전음악 순례자의 길로 나를 이끌었다. 나는 학교도서관에 가서 독일어 원문으로 된 슈베르트와 슈만 가곡집을 대출하여 복사를 했다. 빌헬름 뮐러의 시에 노래를 붙인 겨울 나그네, 아름다운 물방앗간의 아가씨, 백조의 노래까지 슈베르트의 3개의 연가곡집과 하이네의 시

에 노래를 만든 슈만의 '시인의 사랑' 등을 한 장 한 장 복사하여 자료를 모았다. 그리고 철끈으로 묶고 표지를 만들어 한 권의 책을 제본하였다. 표지에는 '슈베르트와 슈만의 가곡(Schubert und Schumann's Lied)'이라고 제목을 붙인 다음 1984년 제작이라고 표기하였다. 그 책은 그 시절에 쓴 몇 권의 빛바랜 일기장과 함께 지금도 서가에 꽂혀있다.

고전음악에 대한 순례는 고전음악 감상실로 이어졌다. 그 당시 집에서 LP 음반을 들을 수 있는 오디오 시스템을 가지고 있지 않았기에 고전음악 감상실에 가서 음악을 신청하여 들었다. 아직 카페인에 탐닉하지 않았던 그 시절의 나는 커피 대신 우유 한 잔을 주문해 놓고 고전음악 감상실에서 한나절을 보냈다. 음악 감상실에 빼곡히 꽂혀있는 음반 중에서 하나를 빼내어 음악을 신청하고 그 LP 재킷에 쓰여 있는 해설이나 원문 가사를 노트에 적으며 음악을 듣고 있노라면 한나절이 훌쩍 지나갔다. 제이비엘이나 탄노이 스피커에서 흘러나오는 서라운드 스테레오 입체음향으로 흘러나오는 음악 감상실에서의 음악은 하루 천원이 전부였던 용돈을 음악 감상 비용으로 아낌없이 헌납하였다.

대학을 졸업하고 대학병원에 취직한 나는 첫 월급으로 오디오 시스템을 장만하였다. 적은 액수의 월급이었기에 아마 오디오 시스템의 그 금액을 몇 개월 정도 분할로 월납 했던 것 같다. 그때 구매한 오디오 인켈은 미혼인 내 재산 목록 제1호였다. 그날 이후로 나의 오디오 인켈은 나의 첫사랑의 연인이 되어 본격적으로 고전음악에 마음 놓고 탐닉하게 하였다. 바흐에서부터 모차르트, 베토벤, 슈베르트, 슈만, 쇼팽, 드보르자크, 시벨리우스, 말러에 이르기까지 클래식의 웅장하고 아름다운 음악들을 끊임없이 들려주었다.

그런데 바쁘다는 일상의 이유와 디지털 문화에 익숙해지면서 언젠가부터는 첫사랑의 연인을 잊고 살았다. 편리한 CD 음악을 선호하게 되었다. 며칠 전 문득 오디오를 일터로 옮겨놓아야겠다는 생각을 했다. 그동안 골동품 취급을 받으며 거실 한쪽에서 잠들었던 오디오를 이제 하루 10시간 이상을 가까이하며 볼 수 있게 되었다. 드디어 일터의 서재 한쪽에 오디오를 안치했다. 그리곤 첫사랑의 연인을 다시 만난 듯 LP 한 장을 꺼내어 조심스

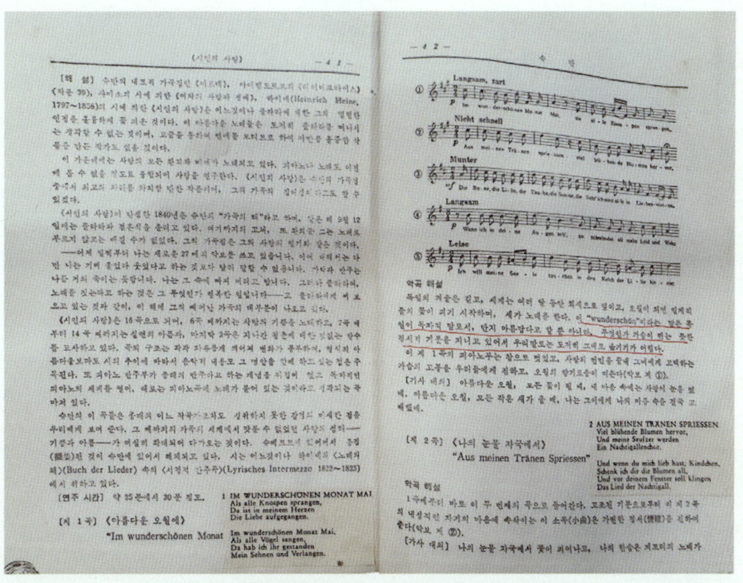
[제 1곡] 〈아름다운 오월에〉
"Im wunderschönen Monat

1 IM WUNDERSCHÖNEN MONAT MAI
Als alle Knospen sprangen,
Da ist in meinem Herzen
Die Liebe aufgegangen.

Im wunderschönen Monat Mai,
Als alle Vögel sangen,
Da hab ich ihr gestanden
Mein Sehnen und Verlangen.

[제 2곡] 〈나의 눈물 자국에서〉
"Aus meinen Tränen Spriessen"

2 AUS MEINEN TRÄNEN SPRIESSEN
Viel blühende Blumen hervor,
Und meine Seufzer werden
Ein Nachtigallenchor.

Und wenn du mich lieb hast, Kindchen,
Schenk ich dir die Blumen all,
Und vor deinem Fenster soll klingen
Das Lied der Nachtigall.

럽게 턴테이블 위에 올려놓았다.

아, LP는 천천히 회전하면서 슈만의 '시인의 사랑'을 헤르만 프라이의 아름다운 음성으로 들려주었다. 다시 두근거리고 설레는 가슴으로 첫사랑과 만남을 계속할 것이다. 봄비가 빗방울 전주곡처럼 심연에 촉촉하게 적시고, 혈맥엔 스물일곱 해 전의 풋풋한 수액이 흘러내리고, 나는 파릇파릇한 봄 동산을 맨발로 달려 봄의 성문 앞에 도달한다. 성루에서는 봄의 교향악의 팡파르가 울려 퍼졌다.

감미로운 연말정산

프롤로그

한 해가 지나가는 강물의 하구(河口)에 서서 시간의 여울머리로 거슬러 올라가는 범선 한 척 띄우고 저인망(底引網)을 던져봅니다. 잠시 후 건져 올린 그물엔 조가비를 비롯하여 삶의 폐기물이 그득합니다. 눈을 크게 뜨고 잘 살펴보니 다행히 진주조개도 한 알 보였습니다. 진주의 생성과정은 삶의 고통과 눈물의 응결이었겠지만, 그 신산(辛酸)한 고통은 '빛나는 보석을 생성하는 아름다운 꿈'이었기에 정말 다행이었습니다. 그물에서 진주조개를 집어 들고 껍질에 어려 있는 삶의 문양들을 들여다보며 한 해를 되돌아보았습니다.

해솟음달의 첫날, 참으로 고요한 마음으로 범선 한 척을 생의 항로에 띄워놓고 순항을 기원했습니다.

시샘달의 여울목에 이르러 잠시 범선의 닻을 내리고 정박했습니다. 꽃샘바람이 매섭고 진눈깨비가 날리고 있습니다. 입춘이 지났지만, 겨울이 아직 머물러 있는 숲에 들어가 풀꽃들의 묘역을 참배했습니다. 꽃다운 영령들이 잠들어있고, 묘비명만 눈에 가득 들어옵니다. 금낭화, 매발톱, 우산나물, 짚신나물, 엉겅퀴 등의 묘비 앞에 서서 그 꽃다운 영령들의 이름을 불러봅니다. 가신 님들은 아무 말이 없었지만, 아지랑이 피어오르고 강물에 난류 흐르는 날, 새 풀잎의 환한 미소로 다시 오시리라 믿으며 그 꽃다운 영령들의 이름을 애틋한 마음으로 불러보았습니다. 그리운 님들이여! 새봄의 향기 넘치는 날, 봄의 환희로 활짝 피어나소서!

물오름달의 여울목입니다. 범선은 등대를 발견하고 멈추었습니다. 빈 들에 올라서니 물오른 나뭇가지 등대에는 황금의 꽃등 하나가 걸려있었습니다. 메마른 나뭇가지에 산수유가 노란 꽃망울을 맺고 있었습니다.

꽃샘바람 등지고, 빈들에서 외연히 솟아오른 황금의 꽃등, 꽃샘바람 잦아들 제 부드러운 화심(花心)은 뜨거운 화심(火心)으로 타올라 연애(煙靄, 아지랑이)로 심연(心淵)이 아롱지고 있었습니다.

잎새달의 여울목에 다다르니 범선의 돛대가 나뭇가지에 걸려 운행이 느려졌습니다. 어쩌면 초록빛의 유혹이었는지도 모르겠어요. 푸른 비단이 펼쳐있는 언덕을 넘어 봄의 순례자가 되어 청마를 타고 진달래 숲을 향하여 달렸습니다. 봄의 순례자가 청마를 타고 빈숲에 들던 그 날, 숲속 깊은 골짜기에선 샘물이 솟아오르고 연분홍 진달래꽃이 활짝 피어났습니다. 봄의 순례자는 상춘곡의 선율에 취하고 청마는 푸른 계곡을 향하여 질주했어요.

푸른달의 여울목입니다. 휴일 오전 범선은 따뜻한 물이 솟아오르는 노천 온천탕에서 정박했습니다. 여아와 더불어 노천탕에 몸을 담그고 오월의 햇살을 온몸에 휘감아 보았습니다. 댓잎에 햇살이 반짝이고 열일곱 살난 여아의 금낭화 같은 얼굴에선 땀방울이 흘러내려 햇살에 반짝입니다.

누리달의 여울목은 물살이 호수처럼 잔잔합니다. 청평 가람에서 영지(影池)를 발견하고 범선은 영지에 한참 동안 머물렀습니다. 영지는 닦아야 할 자신의 마음을 오롯이 비춰주고 있었어요. 영지를 마음속에 담아 오니 그 청정한 여운은 마음의 거울이 되었습니다.

견우직녀달의 여울목입니다. 범선은 광한루에 가서 오작교를 바라보며 잠시 멈추었습니다. 오작교 아래 연지에서 논병아리가 연잎 위를 뛰어다니며 놀고 있습니다. 보슬보슬 까만 털로 덮여있는 아기 논병아리가 얼마나 귀여운지 연못을 한참 들여다보다가 다음 운행을 위한 범선에 올랐습니다. 그날 밤, 은하수 흐르는 하늘에는 견우직녀별이 해후하고 기쁨의 눈물이 영롱했습니다.

타오름달의 여울목입니다. 타오르는 태양을 뒤로하고 계곡에 머물렀습니다. 계곡 아래에서 탁족을 하며 더위를 식히다가 수원을 찾아 계곡 상류로 올라갔습니다. 종이배를 만들었습니다. 종이배는 급물살을 타고 계곡 아래로 내려갑니다. 계곡 아래에 있던 여아는 달려오는 종이배를 발견하고 계곡 상류를 향하여 두 손을 흔들었습니다. 그날 이후 그 종이배는 딸아이의 기억 속에 아주 오래오래 정박했습니다.

열매달의 여울목입니다. 사랑가가 여울가에 메아리칩니다. 득음의 흉내를 내며 백일 동안 연습한 춘향전 사랑가를 열매달의 선상 무대에서 공연했습니다. 사랑가를 절절한 마음으로 부르면서 우리의 멋과 가락을 온몸에 느낍니다.

어허둥둥, 내 사랑이야, 아매도 내 사랑이로다.

아아, 아매도 내 사랑입니다.

하늘연달의 여울목에 이르러 범선을 여울가의 단풍나무에 매어 두고 짧은 기차여행을 했습니다. 황금의 들녘을 지나 정읍역에 도착하니 정읍사(井邑詞)의 여인이 반겨 맞아줍니다. 정읍사의 여인은 천년의 광음이 흘러도 변하지 않는 석상(石像)이 되어 달하 노피곰 도다샤 어긔야 머리곰 비취오시라, 비손을 하고 있었습니다.

미틈달의 여울목입니다. 만추의 신전에서 미네르바의 탄생을 보았습니다. 미네르바 또는 아테나라고 부르는 지혜의 여신이 아버지인 주피터의 이마를 뚫고 탄생했다는 신화를 들은 날부터 지금까지 그 신화는 풀리지 않았던 의문이었습니다. 그런데 여신이 이마를 뚫고 탄생하는 순간을 목격한 신비를 무엇으로 형언할까요?

여신은 주피터의 철갑을 두른 이마를 뚫고 탄생하여 백옥의 주렴이 달린 붉은 화관을 쓰고 온 땅에 지(智)의 미(美)를 선포했습니다. 온 천하에 지혜를 선포한 여신은 이윽고 화려한 나래를 펼친 극락조의 모습으로 바뀌어 창공을 향해 비상했습니다.

지인이 꽃망울이 예쁘게 맺힌 게발선인장 화분을 들고 왔습니다. 게발선인장은 단단한 철갑처럼 보이는 머리끝에 꽃망울을 맺고 있다가 봉오리가 서서히 부풀어 오르더니 붉은 화관 모양의 꽃을 피웠습니다. 화관 모양의 꽃은 만개하니 전설 속의 극락조의 모습과도 닮아갔어요. 그리스 신화의 미네르바 여신은 게발선인장의 모습을 빌어 아버지의 단단한 이마를 뚫고 탄생했습니다.

매듭달, 이제 범선은 11개의 여울목을 지나 여울머리에 이르렀습니다. 삶의 물결이 소용돌이치며 도도히 흘러내립니다. 여울머리의 소(沼)에서 물을 길어 물병에 담았습니다. 삶터의 일상으로 돌아와서 다기에 물을 부어 오미자차 한잔을 만들었습니다. 오미자차를 마시며 오미자에 함유된 짜고, 맵고, 시고, 쓰고, 단 다섯 가지 맛으로 삶을 치유하는 처방전을 만들었습니다.

삶이 싱거워졌다면 짠맛으로 간을 더하고
삶이 허해졌다면 매운맛으로 활력을 찾고
삶에 지쳤다면 신맛으로 생기를 더하고
삶에 좋은 약이 된다면 쓴맛으로 치유하여
삶은 정녕 감미로움이어라.

에필로그

그렇습니다. 삶은 정녕 감미로움이었습니다.
올 한 해 삶에도 짠맛으로 움츠리고, 매운맛에 숨 가쁘고, 신맛으로 놀라고, 쓴맛의 오싹함이 복병처럼 도사리고 있었지만, 그 오묘한 맛의 치유력은 놀랍게도 감미로움으로 남아 이렇듯 다음 해를 향하여 항해할 무한한 힘을 선물할 것입니다.

서평

고독을 산책하는 버들 약사

김지명 시인 · 평론가

서평

고독을 산책하는 버들 약사

영혼을 다 사용한 긴 목
세상의 낡은 것들
모두 점령하고
무너뜨려
다시 돌아올 수 없는 여행을 떠난 이들에게
잠시, 무례를 속죄하는
포클레인 기린

- 졸시 「도시 기린」

삶은 허공에 매달린 거미와 같다고 한다. 거미가 사력을 다해

허공에 오르면 그곳은 다시 허공이다. 바람이 불면 바람에 매달려, 비가 오면 빗방울을 매달고 우리의 일상은 그런 중력을 견디며 살아간다는 의미일 것이다. 우리가 사는 일상(거미줄)에서 살짝 발부리의 방향을 바꾸고 잠시 하늘을 바라볼 수 있는 순간이 있다면 우리는 봄을 가질 수 있다. 앞만 보고 걷는 습관에서 탈피한다면 먼 길을 걸어온 어여쁜 봄이 여기 우리와 함께 있음을 목도할 수 있다.

『감미로운 연말 정산』의 작가는 약사이자 시인으로서 주변에 널린 자연의 작은 신호에서 단서를 주도면밀하게 탐색하며 사색의 외연을 확장한다. 산책은 어느 날 내가 버리고 놓치고 주워 다듬은 나를 되돌아보며 나에게 말 걸기 걸음이다. 내면 깊숙이 고독으로 입문하는 것이다. 그러다가 시간을 거슬러 뒤란에 떠오른 별을 헤듯 엄마 아빠 형제 이웃을 소환하기도 한다.

1. 어느 산책자의 해찰 방식

말을 짚어
생각을 걸었네

달무리 우물을 길어
물 깊은 방에 놓았네

(중략)

말은 말대로 생각은 생각대로
청유리에 걸어 두었네

달무리에 생각이 휘도네
달 우물에 말이 부유하네

-「달 우물」 부분(윤병무, 『당신은 나의 옛날을 살고 나는 당신의 훗날을 살고』)

파란 하늘에 흩어진 뭉게구름이 있으면 산책하기 딱 좋은 날이라고 한다. 잠자리의 홑눈처럼 시야를 여러 곳으로 두고 걷다가 주변의 자연경관을 관찰하고 신호를 수집한다. 대부분 과학자들은 자연을 관찰하고 실험하지만 작가는 감각하고 정리한다. 자연이 보내는 신호를 생활에 투사하고 그 의미를 정립하며 느린 걸음으로 걷다 보면 생활 철학자가 되기도 한다.

「황금 소낙비를 기다리며」에서 갈색 꽈리 모양이 나뭇가지에 매달려 있다. 꼬투리를 만져보니 안에는 까맣고 동그란 씨앗이 반짝이고 있다. 식물에 대한 애착과 호기심이 남다른 작가는 명패에 무환자나무라는 걸 본다. 아는 게 힘인 건지 병인 건지 산더미처럼 쌓인 일을 뒤로하고 컴퓨터에 앉는다. 모감주나무였다. 열매는 불가의 스님들이 사용하는 염주를 만들어 염주나무라고도 한다. 모감(耗減)은 닳거나 소모되어 줄어든다는 뜻으로 염불을 외우며 업장을 소멸시키는 의미로 유추할 수 있다. 영어 이름으로 Gold rain tree, 즉 황금비 나무로 한 여름에 떨어지는 꽃을 맞는다면 행운이지 않을까. 우울한 장마철에 황금 소낙비가 유성우처럼 분위기를 띄우지 않을까.

「자카란다 꽃의 노래」는 멀리 지인이 보내온 우체통의 꽃소식이다. 남반구에만 피어난다는 자카란다 꽃은 보랏빛으로 하늘을 뜻하는 파란색과 인간의 혈액을 뜻하는 빨간색의 혼색으로 신과 인간의 조화를 상징한다. 포도송이 모양의 꽃은 요염이나 고혹을 넘어 신의 축복을 엿볼 수 있다. 그래서인지 인도의 시성 타고르는 꽃을 보며 "고요하라, 나의 마음이여! 이 나무들이 기도하고 있나니"라 노래했다고 한다. 이국에 사는 지인은 자카란다 꽃 시에서 자신을 이입하여 고국에 대한 그리움의 깊이를 한층 돋보이게 한 것이다.

「백제왕궁터에서 세기의 소리를 듣다」는 작가의 지적 호기심의 정도를 간파할 수 있다. 익산은 고도로서 세계문화유산에 등재된 미륵사지 석탑과 왕궁리 유적지가 있다. 왕궁리 유적지는 백제의 탁월한 건축물로 추정되는 건물지와 자연친화적인 조경기술을 엿본다. 또한 공방터에서 출토된 도가니는 유리 제작용과 금속 제작 등으로 그 시대의 대단위의 금의 제련과 정련뿐만 아니라 귀금속의 세공까지 이루어졌음을 확인한다. 21세기 보석의 도시 익산이 천사백여 년 동안 백제인의 숨결과 손끝이 그대로 유지되고 꽃피고 있다는 사실에 "역사는 현재와 과거와의 끊임없는 대화(E. H 카)" 임이 방증되는 자리다.

2. 뒤란에 떠오른 별

지구의 구멍은 달이에요
먼 곳의 엄마 아빠 만나러
그리움이 나선형 계단을 타고 오른 통로에요

- 졸시 「달구멍」

『감미로운 연말 정산』을 읽다 보면 작가는 고아다. 추억의 좌판을 가득 채워 놓고 부모님은 천국으로 가셨다. 살면서 피붙이가 곁에 없으면 옆구리가 허전해 찾기 마련이다. 더구나 오감으로 시를 쓰고 이성으로 글을 쓰는 작가는 부모님의 부재에 대한 결핍이 역설적으로 글이 풍성해질 수 있는 동기가 될 수 있다.

「칠석 전야제」에서 엄마는 작가의 생일을 깜빡 잊고 있다가 라디오에서 내일이 칠월 칠석이라는 말에 부리나케 장을 보러

간다. 원기 보충하는 닭백숙과 과일 팥떡까지 저녁상에 올라왔다. 오늘이 작가의 생일인 것이다. 삼복더위에 논밭에서 일하다가 출산을 했다고 한다. 한데 아버지가 타지로 전근을 가시는 바람에 어머니 따라가 할머님과 살게 되었다. 그래서 엄마는 항상 작가를 누군가 납치해 가는 악몽에 시달리곤 했다 하니 엄마의 사랑을 듬뿍 받고 자랐음을 알 수 있다. 엄마의 분꽃같이 화사한 웃음을 밤하늘 은하수의 여울에 그리움의 실타래를 엮어 오작 징검다리를 수놓는다는 문장이 엄마에 대한 애틋한 글귀로 남아 독자를 사로잡는다.

「뒤란에 떠오른 별」은 전근을 가진 부모님과 함께 살던 초가집의 뒤란 이야기다. 어스름이 걷히자 뒤뜰을 건던 아버지와 엄마가 도라지꽃을 보며 정담을 나누던 목소리를 소환한다. 보라색 별꽃 같은 도라지꽃을 외웠던 동심 속, 엄마의 청초한 얼굴을 더듬으며 부지런한 엄마의 손이 초가집을 반짝반짝 빛나게 했음을 뒤돌아본다. 먼 곳에 계신 두 분은 새벽 별 같은 도라지꽃을 기억하고 계실까. 아련한 추억은 물기를 머금는다.

「백소자즙탕」을 읽다 보면 그 옛날 정월대보름이 큰 명절임을 알 수 있다. 대보름의 절식인 들깨탕은 쌀을 불리고 깨를 씻고 믹서에 갈아 체에 걸러내어 들깨즙을 만든다. 소고기를 볶다가 들깨 즙을 붓고 두부를 넣고 끓인다. 특이점은 따뜻할 때보다 차게 먹으면 더욱 고소하다는 것이다. 엄마의 손맛을 닮아 작가도 제법 들깨탕을 잘해 먹는데 어느 보름날, 딸이 약국 일하랴 살림하랴 바쁜 걸 아는 아버지가 오곡밥과 들깨탕을 끓여 오셨다. 싱겁고 맹탕인 음식을 눈물로 간을 해서 작가는 먹었다 한다. 엄마의 빈자리를 흉내로 메워 주던 아버지… 가시고기 물고기를 떠올리는 것이 무리는 아닌 것 같다.

3. 바람에 나부끼는 양류관음의 버들가지

번데기 속에서 일어나는 일
짧은 다리를 잊어가는 일

반창고 속에서 일어나는 일
짝꿍이 낸 상처를 잊어가는 일
파란 멍이 보라색으로
보라색 멍이 희미하게
아무 일도 없었던 것처럼

아무도 몰래
일어나는 일

-「일」 전문(김준현, 『나는 법』)

우리가 흔히 아는 전문직에 종사하는 직업군들은 혼자 감당하는 일을 한다. 물론 협업으로 진행되는 경우도 있지만 대부분 혼자 일하는 경우가 많아 외로움을 양산한다. 작가는 오늘날 무한 정보의 홍수 속에서 외로움을 키우고 고독을 산책하다가 결고운 시인이 되지 않았나 싶다. 전공에서 유사한 식물들을 접하면 약리학 관점으로 이끌어 안내하는 모습이 산문집 곳곳에 배치되어 있다. 생물이나 사물에 대해 구체적이면서 논리적 접근법으로 혹은 다정하고 감성 어린 문장으로 시선을 제압하고 있다.

「디기탈리스 꽃의 매혹으로」를 보면 생약학 교과서에서만 보았던 디기탈리스를 수목원에서 만난다. 디기탈리스는 생약재로서 심장을 튼튼하게 하는 강심제로 사용되는 약용식물이기에 작가의 호기심을 자극한다. 남편 도움으로 시속 140km을 밟아 마주한 디기탈리스는 예쁜 종 모양의 진분홍 꽃잎에 까만 점이 있는 매혹적인 꽃이다. 남편은 꽃을 달가워하지 않는다. 혹여 드라이플라워로 벽에 걸어 놓은 꽃들도 내다 버리곤 한다. 드라이플라워가 곰팡이균의 온상이라 질병을 일으킬 수 있다는 이유에서다. 삼십 년이 흐르는 동안 부부는 닮아 간다. 언제부터인가 남편은 작가가 좋아하는 꽃들에 관심을 보인다. 마치 화공약품 염산이 양잿물인 수산화나트륨과 결합하여 중화반응으로 맑은 물과 소금으로 남듯이 서로의 취향을 인정하며 순응한다. 인고의 강심장 부부는 발효가 잘된 씨간장 맛이 아닐까.

「헬렌 켈러의 에세이를 읽다가 은사님을 생각하며」에서 헬렌 켈러를 도와준 설리반 선생님을 만나자 추억이 소환된다. 대학 2학년 때 폐결핵으로 휴학을 했다가 복학을 했는데 체력이 뒷받침 되지 않아 공부에 흥미를 잃고 있었다. 유기화학이나 생화학 구조식은 눈에 들어오지 않고 머릿속에는 하이네나 타고르의 시가 맴돌기 일쑤였다. 그러던 중 약제학 교수의 삶의 철학, 윤리, 심지어 예술까지 넘나드는 강의에 심취하게 됐다. 어느 날 교수님이 연구실로 불러 "학생은 어학에 뛰어난 능력이 돋보인다."며 겨울방학 동안 약물동력학과 생물약제학의 영문 원서를 번역해 보라고 하신다. 하늘은 스스로 돕는 자를 돕는 것 같다. 작가가 학문에 대한 흥미가 심화될 수 있도록 열심인 작가에게 기회를 준 것이다. 이런 기회는 작가 본인이 뿌린 씨앗을 거두는 당연한 결과가 아닐까.

「바람에 나부끼는 양류관음의 버들가지」 읽으며 시인이 가진 달란트가 참으로 다양하다는 것을 점검하게 된다. 딸의 전공 교재를 보다가 양류관음도(楊柳觀音圖)와 마주친다. 오른손에 버들가지를 들고 왼손 왼쪽 가슴 위에 올려놓고 아래쪽 모서리에 선재동자(善財童子)를 배치하여 대각선의 회화구도인 고려 시대의 귀중한 불화 자료이다. 고려 말 왜구의 노략질에 약탈되어 일본 신사와 사찰에 소장되어 있다. 작가는 관세음보살의 오른손에 들려 있는 버들가지가 중생의 병고(病苦)를 듣고 치유해 주는 자비의 상징이라고 한다. 버드나무 껍질이 소염진통효과가 있는 약리작용이 있기 때문이라는 것이다. 그래서 작가도 약국을 찾는 많은 이들에게 버들약사로서 보살행의 의미를 다시금 부여했으리라 생각한다.

물은 여성 시인을 표상한다고 한다. 물은 타자 속에 스며들지만 거기에 머물지 않고 떠나는 속성으로 얼마간 거리를 확보한다. 살면서 우리는 어느 집단에 소속되어 있건 가정에서의 위치가 있기 마련이다. 엄마로서 아내로서 딸로서 며느리로서 형제로서 이웃으로서 많은 관계를 형성하고 있다. 그런 관계로 앞만 보고 사는 일상에서 방향을 바꿔 느린 산책을 한다면 물의 언술처럼 자유로운 시적 영혼으로 살기는 쉽지 않지만 작고 낮은 목소리를 들을 수 있다.

작가는 시간을 쪼개 일하고 생활하고 글을 쓴다. 가끔 별을 보며 시간을 파는 상점에 들러 먼 곳에 계신 부모님을 만지고 목소리를 듣는다. 그리고 한쪽 손은 온전히 버들약사로서 관음보살의 역할을 담당하고 있다.

쉼표 느낌표를 쓰다가 문득, 자신을 해체하고 세상 만물에게 말을 걸고 있는 작가에게 고독의 높이를 물어 본다.